한국고전문학 수업

한국고전문학 수업

초판 1쇄 발행 2019년 12월 20일
초판 2쇄 발행 2024년 8월 14일

지은이 정병설

펴낸곳 서울대학교출판문화원
주소 08826 서울 관악구 관악로 1
도서주문 02-889-4424, 02-880-7995
홈페이지 www.snupress.com
페이스북 @snupress1947
인스타그램 @snupress
이메일 snubook@snu.ac.kr
출판등록 제15-3호

ISBN 978-89-521-2032-8 03810

한국고전문학 수업

정병설 지음

서울대학교출판문화원

머리말

한국고전문학 입문서는 이미 시중에 여럿이 나와 있다. 선배 학자들이 심혈을 기울인 역작들이 다수 있음에도 불구하고 여기 새로 하나를 더하는 이유는 새로운 시대에 맞는 책이 필요하다고 생각하기 때문이다. 한국문학은 광복 이후에야 서서히 체계를 갖추어 연구되기 시작했고, 1970년대부터 본격화하여 이후 비약적인 성장과 축적이 있었다. 이제 이런 성과들을 반영한 책이 필요한 시점이 되었다. 그리고 그사이 주로 민족주의적 시각으로 진행되던 한국문학 연구 경향이 탈민족주의의 바람을 타고 크게 달라진 것도 이유가 된다. 민족에 대한 관점이 크게 바뀐 만큼 그러한 변화가 반영된 새로운 입문서가 필요하다. 이 밖에 페미니즘이나 퀴어 이론 등 새로운 문학 연구 시각도 새로운 입문서에 대한 요구를 절실하게 했다. 문학사를 보는 큰 틀이야 선배 학자들이 세운 것에서 크게 바뀌지 않았지만, 세부에 있어서는 적지 않은 변화가 있었던 것이다.

기왕의 한국고전문학 입문서는 단독 저서보다는 공저가 많다. 단독 저서와 공저는 각각 일장일단이 있다. 공저는 개별 글 한 꼭지 한 꼭지의 전문성은 높으나, 체계성과 일관성을 갖추기 어렵다. 반면 단독 저서는 일관성 면에서는 장점이 있으나, 전문성이 다소 떨어질 수 있고 또 개인적 시각의 편협함에 빠지기 쉽다. 전문성을 택할 것인가, 일관성을 취할 것인가가 문제일 수 있는데, 아주 협소한 분야의 전문성을 요하지 않는 입문서라면 단독 저서가 오히려 독자들에게 도움이 된다고 생각했다. 더 전문적인 내용이 필요한 독자라면 참고문헌을 통해 안내된 글로 보완할 수 있을 것이다.

이 책은 당초 외국인을 위한 입문서로 기획되었다. 한국문학번역원에서 외국인 번역가를 양성하기 위한 번역아카데미에서 사용할 수 있는 입문서를 써달라는 부탁을 받고 집필한 것이다. 한국인보다 훨씬 한국문학을 잘 아는 외국인도 없지 않겠지만, 현실적으로 '외국인용'의 의미는 한국고전문학에 대한 기초적 지식이 부족한 사람을 대상 독자로 한다는 뜻이다. 그런데 요즘은 초중등 교과 과정에서 고전문학의 비중이 줄어서, 한국인들도 고전문학에 관한 지식과 교양의 수준이 매우 낮다. 한국고전문학에 관한 한 내외국인의 차이가 거의 없다. 따라서 외국어로 번역하면 외국인도 어렵지 않게 읽을 수 있고, 한국어로 그대로 출간해도 한국인이 쉽고 흥미롭게 읽을 수 있는 책이 되도록 노력했다. 이런 사정을 감안하여 가급적 다른 논문을 참고하지 않고 기억에 의지해서 서술하고자 했다. 내 머릿속에 있는 것 이상의 지식과 정보까지 입문자들이 알 필요가 있다고 생각하지 않았기 때문이다.

결과적으로 보면 당초 외국인을 대상 독자로 삼은 것이 이 책의 장점이 되었다고 생각한다. 소아적인 국수주의 또는 민족주의에서 벗어나고자 하더라도 한국인이 한국문학을 다루면 민족주의에 빠지기 쉽다. 어떤 사람이라도 자기중심성에서 빠져나오기가 쉽지 않기 때문이다. 그런데 일차 독자가 외국인이다 보니 집필 내내 늘 객관성을 의식하지 않을 수 없었고, 이로써 민족주의 자기중심성에서 다소나마 빠져나올 수 있었다고 생각한다.

이 책은 또한 영상과 인터넷 등 이전과 전혀 달라진 매체 상황을 반영하여 독자들에게 친숙한 영화에서 시작하여 고전의 세계를 안내하는 방법을 취했다. 「서편제」를 통해 『춘향전』과 판소리를, 「사도」를 통해 『한중록』과 궁중문학을 알 수 있도록 하여, 조선 후기 여러 계층의 문학과 인간을 흥미롭게 이해할 수 있게 했다. 나아가 21세기적 상황에 맞추어 북한의 고전문학 연구, 중국 및 일본과의 비교문학, 젠더문학, 성소수자 문학 등을 추가했으며, 이 밖에 근대문학으로의 전이에 있어서도 최근의 연구 성과를 얼마간 담고자 했다.

이 책은 크게 3부로 구성되어 있다. 제1부는 한국고전문학을 대표하는 주요한 주제를 개별 작품을 통해 해설한 부분이다. 이로써 전근대 한국인의 삶과 사상을 대략 이해할 수 있을 것이다. 제2부는 문학사의 주요 갈래와 작품을 간단히 설명한 부분이다. 앞으로 한국문학을 번역하고 연구할 이들에게 길잡이 역할을 할 수 있을 것으로 기대한다. 마지막 제3부는 한국고전문학의 전체상에 대한 짧은 개관이다. 다소 무미한 설명일 수 있지만, 한국사와 한국문화에 대해 기초가 거의 없는 사람이라면 이 부분을 먼저 읽는 것이 좋을 수도 있다.

이 책은 한 학기 수업을 위한 교재로 기획되었기에, 한국문학의 주요 영역과 작품을 가능한 한 널리 포함하고자 했지만, 한 학기에 소화할 수 있는 분량을 넘어설 수도 없었다. 이런 제약으로 인해 부득이 뺀 것이 적지 않다. 가장 방대한 전승량을 자랑하는 한문학 유산을 충분히 다루지 못했고, 구비문학 자료들도 그렇다. 문집에 실린 한시, 묘지문이나 상소문 등의 한문 산문, 그리고 야담이나 탈춤 등의 자료를 충분히 활용하지 못했다. 이 책에서 충분히 다루지 못한 것은 독자들이 개별 연구 성과를 참고하여 보충하기 바란다.

거듭 말하건대 이 책은 한국문학번역원의 제안으로 시작되었다. 우리 학계의 부족한 부분을 찾아서 좋은 기획을 하신 한국문학번역원에 감사드린다. 한국문학번역원은 이 책이 번역원 밖에서도 쓰일 수 있도록 한국어 출판권을 허락해주셨다. 그 덕에 서울대학교출판문화원에서 한국어본을 간행할 수 있게 되었다. 이 책이 출간되기까지 도와주신 여러 분들께 다시 심심한 사의를 표한다.

2019년 12월

정병설 쓰다

차례

한시와 한문

시와 소설

야담과 일기

근대문학으로의 길

제3부 한국문학 개설

제1부

한국문학의 영역과 주제

문학과 영화

종교와 사상

여성의 현실과 이상

억압과 소외

문학과 영화

『춘향전』과 「서편제」

한국영화사와 『춘향전』

한국은 세계에서 가장 영화를 사랑하는 나라라 해도 과언이 아니다. 한국영화진흥위원회의 「2017년 한국영화산업 결산」 보고서에 의하면, 영화관에서 영화를 관람하는 횟수가 1인당 연평균 4.3회인 1위 아이슬란드에 이어 4.25회로 2위를 차지하고 있다. 아이슬란드와는 매년 1위를 다투고 있는데, 한국의 뒤를 이어 싱가포르가 3.9회, 호주가 3.7회, 미국이 3.5회이다. 영화관에 가지 않고도 영화를 볼 수 있는 수단이 아주 많아진 최근의 상황을 생각하면 실제로 보는 영화 편수는 훨씬 많을 것이다.

한국에서 영화는 일제강점기에 처음 도입된 뒤 곧바로 선풍적인 인기를 누렸다. 한국영화사의 첫 작품이라고 할 수 있는 1919년의 「의리적 구토(義理的仇討, '의로운 복수'라는 뜻)」 이후, 1923년에는 「춘향전」이 제작되어 흥행에 큰 성공을 거두었다. 초기 한국영화사에서는 적지 않은 작품이 조선시대 소설을 원작으로 삼아 만들어졌는데, 일제강점기와 해방 공간 그리고 6·25한국전쟁의 열악한 정치적·경제적 상황에서도 영화 제작은 이어졌고, 1955년 새로 만들어진 「춘향전」이 대성공을 거두면서 한국영화가 부흥했다.

『춘향전』은 조선시대 소설이면서 동시에 판소리로 널리 알려졌는데, 19세기부터 시작된 판소리의 전국적 유행은 20세기 초에 이르러 절정에 도달했다. 그것이 영화로 이어졌고 그 인기의 정점에 『춘향전』이 있었다. 『춘향전』의 줄거리는 한국인이라면 누구나 알 만큼 유명하다. 남원부사의 아들 이몽룡과 기생 춘향이 사랑하여 약혼하나, 이몽룡은 아버지를 따라 서울로 올라가고 그사이 신관 사또가 남원에 와서 춘향에게 수청을 강요한다. 이를 거부한 춘향은 감옥에 갇히는데, 이몽룡이 암행어사가 되어 남원에 내려와 춘향을 풀어주고 이 사건을 들은 임금이 춘향의 지위를 올려주어 두 사람이 결혼한다는 내용이다.

1955년 이후에도 1957년, 1958년, 1961년, 1968년, 1971년 등 끊이지 않고 『춘향전』은 영화로 제작되었다. 2000년에도 임권택 감독의

광한루 『춘향전』의 무대가 된 전라북도 남원의 이름난 누각.

춘향 영정 광한루 공원 내 춘향사당에 걸린 상상화. 근대 이후 소설 주인공인 춘향을 열절(烈節)의 유교적 이념을 지킨 실존 인물로 만들어 추숭하는 분위기가 만들어졌다. 남원에는 풍문에 기초하여 춘향의 무덤까지 찾아서 조성해놓고 있다.

「춘향뎐」이, 2010년에는 『춘향전』을 현대적으로 각색한 「방자전」이 개봉했다. 이렇듯 『춘향전』은 20세기 한국인의 정서적 공감대를 대표하는 원천 격의 이야기였다.

「서편제」

판소리 『춘향가』(소설 『춘향전』을 판소리로 부를 때의 제목)의 예술적 진면목을 영화로 가장 잘 그린 작품이 「서편제」이다. 「서편제」는 1993년 임권택 감독이 만든 영화로, 소설가 이청준이 1976년 발표한 동명의 소설을 원작으로 삼았다. 본래 서편제란 동편제, 중고제 등과 함께 판소리의 음악적 유파를 나타내는 말이다. 주로 섬진강 서쪽의 광주, 보성, 나주, 고창 등에서 전승되는 애잔하고 기교 넘치는 소리를 가리킨다. 이 작품은 서편제에 속한 판소리 창자(唱者)의 음악적 삶을 그렸다.

「서편제」는 20세기 말 판소리에 대한 관심과 애정이 더 이상 예전 같지 않은 상황에서, 한국영화 가운데 처음으로 서울 지역 관객 수로만

백만 명을 돌파하는 기록을 세웠다. 이 영화의 인기로 판소리에 대한 관심이 다시 높아질 정도로 뜨거운 반응이 있었는데, 영화 내에서 가장 많이 등장하는 판소리 역시 『춘향가』였다.

영화는 동호라는 한 젊은이가 전라남도 보성의 소릿재라는 곳에 있는 주막에 가서 그곳에 살았던 여성 소리꾼의 흔적을 찾는 데서 시작된다. 동호는 가출하면서 헤어진 이복 누나 송화를 찾으려 한 것인데, 이후 영화에는 동호가 송화를 찾아가는 스토리 전개와 더불어 그들의 지난 사연이 겹쳐지면서 제시된다. 동호의 어머니는 동호가 어릴 때 떠돌이 소리꾼 유봉을 만나 그와 살림을 차리고 살다가 출산 중에 사망한다. 유봉은 동호와 양딸 송화를 거두어 이들 남매에게 소리를 가르치며 살아간다. 당시 한국은 광복 후 미국 문화가 수입되면서 판소리에 대한 관심이 빠르게 식어갔고 소리꾼을 천시하는 의식만 남았다. 유봉은 광복 전 판소리의 인기가 높던 시절 유망한 소리꾼이었는데, 스승의 애첩을 사랑하게 되면서 파문을 당해 떠돌이 소리꾼이 되었다. 유봉은 소리에 대한 자부심만은 남달라서 자신이 이루지 못한 소리의 꿈을 송화에게 넘겨 딸을 최고의 명창으로 만들고자 했다.

유봉은 세상의 천시와 냉대에 맞서면서 자신의 음악 세계를 지키고자 했지만 끼니를 챙기지 못하는 지독한 가난 속에 있었다. 결국 동호는 가난을 견디지 못해 가출하고, 송화는 고단한 유랑 속에서 유일한 벗이자 희망이었던 동생이 가출하자 삶의 의지를 잃고 시름시름 앓는다. 이에 유봉은 송화가 소리에 집중하도록 독성이 강한 부자라는 약을 먹여 송화의 눈을 멀게 하고, 기력이 약해진 송화를 위해 닭을 훔쳐 먹이다가 주인에게 들켜 흠씬 맞고 난 뒤 죽음에 이른다. 혼자 남게 된 송화는 여기저기 주막을 떠돌면서 소리를 하며 살아간다.

오랜 시간이 흐른 뒤 동호는 시골 주막에서 송화를 만난다. 그러나 자신이 누구인지는 밝히지 않은 채, 자신은 북채를 잡고 송화에게는 소리를 하게 하며 밤을 함께 보낸다. 송화는 동호의 북장단만으로도 그가 누구인지 알아채지만, 둘은 끝끝내 정체를 밝히지 않고 헤어진다. 소리로 서로의 한을 푼 것이다.

소리꾼 광대의 예술혼을 그린 이 영화는 작품 곳곳에 판소리 가락을 넣었을 뿐만 아니라, 떠돌이 소리꾼이 한국 방방곡곡을 떠도는 모습을 아름다운 영상미 속에서 재현했다. 「서편제」는 음악 영화이면서 미술적으로도 뛰어난 작품이다.

이 영화는 1993년 상하이영화제 최우수 감독상, 최우수 여우주연상, 제31회 대종상 최우수 작품상 및 감독상, 제14회 청룡영화상 최우수 작품상과 남우주연상, 제4회 춘사영화예술상 대상, 작품상, 감독상, 여우주연상 등을 수상하였다. 제작진들은 거의 판소리 전문가와 다를 바 없는 사람들이었는데, 감독 임권택이 판소리에 조예가 있음은 물론이고, 유봉 역의 김명곤도 상당한 소리 실력을 갖춘 배우이며, 특히 송화 역의 오정해는 실제 판소리 명창의 문하생이었다. 단순한 흉내 내기 수준을 넘어선 판소리가 배우들에 의해 구현되었으며, 판소리 연행이 서사 전반에 이질감 없이 녹아들어갔다는 점에서, 「서편제」는 판소리의 정수를 보여준 영화라 할 수 있다.

「서편제」와 근대의 판소리

「서편제」는 20세기 판소리사의 현장을 잘 보여준 영화이다. 영화 내에서 주인공 유봉은 출신이 명확하지는 않으나 사람들에게 '재인(才人)'이라고 불리며 천대를 받는다. 판소리 창자를 요즘은 명창이라고 부르지만 당시는 보통 낮춤말이라고 할 수 있는 광대라고 부르는 일이 많았다. 재인도 광대나 다를 바 없는 말이다. 판소리 창자는 대개 평서인 이하의 하층민 신분이어서 사회적 존중을 받지 못했다. 드물게 상층에 속하는 한량 등 양반 출신으로 광대가 된 사람이 있었으니, 이들을 비가비라고 불렀다. 대표적인 비가비로 권삼득을 들 수 있다. 사람들은 판소리 듣기는 좋아했으나 판소리를 부르는 사람은 천대했던 것이다.

판소리의 인기는 발생기보다 20세기에 들어와 더욱 높아졌다. 채만식의 『태평천하』(1938)와 같은 소설을 보면, 구두쇠인 주인공 윤직원은 판소리 공연장에는 가고 싶으나 돈이 아까워 늘 뒷문으로 몰래 들어가려 한다. 이러던 차에 판을 돌려 소리가 나오는 축음기를 보고는 무척 좋아한다. 음반은 아무리 돌려도 돈을 더 주지 않아도 되니, 공짜로 판소리를 실컷 들을 수 있었던 것이다. 「서편제」에서도 스승에게 파문을 당한 유봉이 시골을 떠돌다가 친구를 만나는 장면이 있는데, 친구는 창극 『춘향가』에서 이몽룡 역을 맡아 절정의 인기를 누리고 있다. 근대로 들어오며 판소리는 오페라 등의 영향을 받아 창극이라는 음악극의 형식으로 변모를 꾀했다. 영화 안에 그 인기가 그려진 것이다. 이 무렵 잘나가는 판소리 명창은 마치 현대의 대중가요 가수와 비슷한 대접을 받았으니, 20세기 초반은 판소리의 최전성기였다.

이 시기에 가장 인기가 높았던 판소리는 물론 『춘향가』이다. 영화 「서편제」에도 현재까지 전승되고 있는 다섯 마당의 판소리 가운데 『춘향가』가 가장 많이 나오고, 그다음이 『심청가』이다. 판소리 다섯 마당 중에서는 『춘향가』, 『심청가』, 『흥부가』가 많은 사랑을 받았는데, 그 비중은 영화에도 그대로 반영되어 있다. 영화에 나오는 판소리 노래로는 『춘향가』의 「사랑가」, 「옥중가」, 「어사출도 대목」 등이 있고, 『심청가』의 「심봉사 눈 뜨는 대목」과 『흥부가』의 「돈타령」이 있다. 물론 단가인 「사절가」도 있고 민요인 「진도아리랑」도 나오는데, 모두 소리판에서 청중의 요구에 따라 불리곤 하던 노래들이다.

「서편제」에서 유봉은 소리에 재능이 있는 딸 송화는 노래를 부르게 하고, 아들 동호는 북을 잡는 고수가 되게 했다. 아들이 소리에 재능이 없음을 알았기 때문이다. 판소리에서는 '일고수 이명창(一鼓手 二名唱)'이

판소리 연행상 전라북도 남원에 있는 19세기의 명창 송흥록의 생가에 만들어놓은 상. 판소리 광대가 서서 소리를 하고 고수가 앉아서 북을 치며 장단을 맞추고 있다.

라고 하여 창자보다 고수가 더 중요하다는 말이 있을 정도로 고수의 역할을 높이 평가했다. 실제로 고수가 더 높은 평가를 받았다는 것은 아니고 그만큼 중요하다는 의미이다. 고수는 장단을 맞추어 노래를 이끌며, 동시에 '얼쑤' 등의 추임새를 넣어 흥을 돋운다. 추임새는 고수만이 아니라 청중도 넣을 수 있는데, 창자와 청중은 추임새를 통해 교감하며 일체감을 형성한다.

떠돌이 소리꾼 유봉은 자식들과 함께 잔칫집, 기생집에서는 물론 나중에는 떠돌이 약장수, 화장품 장수를 따라다니며 소리를 판다. 그러나 광복을 맞이하고 전쟁이 나고 미국 문화가 밀려들면서 판소리의 인기는 급속히 식어간다. 한때 창극의 주연을 맡아 잘나가던 유봉의 친구는 판소리의 인기가 떨어져 벌이가 줄자 좌절감을 이기지 못해 마약에 빠진다. 유봉은 마지막까지 송화의 소리를 위해 노력하지만, 소리를 해서는 더 이상 먹고살기 어려운 지경에 이른다. 어느덧 어른이 된 동호는

지긋지긋한 가난을 견디지 못해 가출을 하고, 유봉이 죽은 후 맹인 소리꾼으로 남은 송화는 이 동네 저 동네 이 남자 저 남자에게 의지하며 떠돈다. 수 년인지 십수 년인지 모를 세월이 흘러, 한약방에서 일하게 된 동호가 누나를 찾아 나서고, 마침내 시골 주막에 기식하던 누나를 만나 창자와 고수로 소리를 맞추며 밤을 지새운다. 이렇듯 「서편제」는 유봉이라는 소리꾼의 인생을 통해 판소리의 역사를 그린 영화이다.

근대 이전 판소리와 『춘향가』

판소리는 이야기를 노래로 부르는 것이다. 창자가 고수의 반주에 맞추어 노래로 이야기를 전하는 일인(一人) 음악극이다. 판소리의 시원(始原)에 대해서는 여러 견해가 있지만 무당굿 기원설이 유력하다. 무당굿에서 무당들이 신을 청하거나 맞이할 때 부르는 서사무가(敍事巫歌)에서 비롯되었다는 것이다. 특히 판소리가 전라도 지역에서 크게 유행하였으므로 전라도 무당굿과 연관 짓는 견해가 우세하다.

현전하는 최초의 판소리 자료는 1754년 유진한(柳振漢)이 남원·보성·장흥 등 전라도 지역을 유람하고 돌아와 지었다는 이른바 『만화본 춘향가(晩華本春香歌)』이다. 만화는 저자 유진한의 호이니 유진한이 기록한 『춘향가』라는 말이다. 유진한은 당시 전라도 지역에서 불리던 『춘향가』를 한시로 옮겨 적었다. 아들이 지은 유진한의 「행록(行錄)」을 보면, 유진한이 이 작품을 짓고 선비들의 놀림을 받았다고 한다. 민간에 떠도는 통속적인 노래를 양반이 한시로 바꾸었으니 그런 놀림을 들었을 것이다. 몇몇 방증 자료로 볼 때 판소리는 대개 17세기 후반부터는 불리지 않았나 추정한다.

주로 하층에서 향유되었던 판소리가 18세기 후반에 들어와서는 상층 양반 청중을 확보해가기 시작했다. 이 시기에 들어서면 판소리 광대를 '명창'이라고 높이기 시작했는데, 하층의 문화인 판소리가 상층의 문화로 격을 높이던 과정에서 주목되는 사람이 신재효(申在孝, 1812~1884)이다. 신재효는 전라도 고창의 아전이었지만 상당한 재력과 학식을 가지고 상층 인사와 교유했다. 신재효는 여기저기서 산발적으로 전승되던 판소리를 체계적으로 정리했을 뿐 아니라, 광대를 모아놓고 교육하기도 했다.

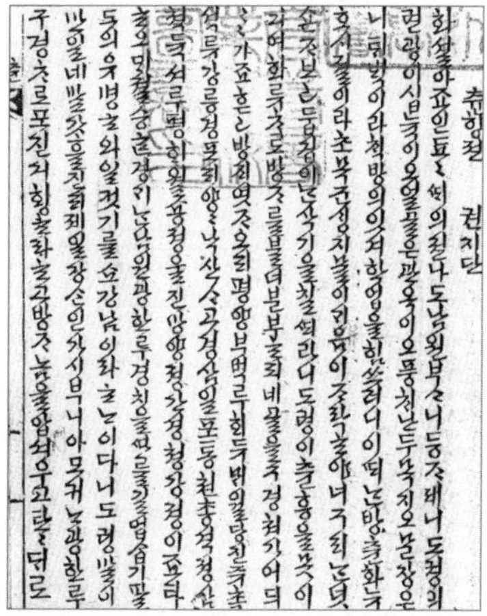

경판본 30장 『춘향전』 도쿄외국어대학 도서관 소장. 19세기 중반 서울에서 출간된 목판본으로 전근대에 가장 많이 유통된 이본이라 할 수 있다.

하층에서 상층으로 청중의 범위를 넓혀나간 판소리는 19세기 후반에는 천민부터 왕실까지 전 계층을 사로잡는 연행예술로 정착하였다. 그리고 20세기 전반에는 전 국민에게 사랑을 받는 국민예술이 되었다 지금까지도 판소리로 불리는 작품은 『춘향가』, 『심청가』, 『수궁가』, 『흥부가』, 『적벽가』 다섯 작품인데, 이 가운데 특히 『춘향가』, 『심정가』, 『흥부가』는 한국 사람이라면 그 줄거리를 모르는 사람이 없을 정도로 유명하다. 1843년 기록된 송만재(宋晩載)의 한시 「관우희(觀優戲)」에 따르면 당시에는 판소리가 모두 열두 마당, 곧 열두 작품이 있었다고 하는데, 현재는 다섯 작품만 온전히 전할 뿐이다. 하지만 전하지 않는 작품이라고 해서 내용을 알 수 없는 것은 아니어서 그 대본의 성격을 띤 것이 소설로 전하기도 한다.

『춘향가』는 남원부사의 아들 이몽룡과 기생 춘향의 이루어지기 어려운 사랑을 그린 것이고, 『심청가』는 맹인 심학규의 딸 심청이 아버지의 눈을 뜨게 하기 위해 뱃사람들에게 몸을 팔아 항해의 희생 제물로 나선 이야기이며, 『흥부가』는 욕심 많은 형 놀부와 착한 동생 흥부의 관계를 그린 작품이다. 이들은 각각 연인, 부녀, 형제 등 가장 기본적이고 중요한 인간관계를 다루고 있는데, 각각의 작품에서 이 관계가 모두 파탄이 났다가 회복된다. 몽룡과 춘향이 헤어졌다가 다시 만나 부부가 되고, 심학규와 심청 부녀도 헤어졌다가 다시 만나며, 놀부와 흥부는 형제관계가 깨지는 상황에 이르렀다가 회복된다. 그런데 여기서의 회복은 단순히 원래 상태로 돌아가는 것이 아니라, 상승하고 고양되는 회복이다. 기생인 춘향은 마지막에 양반의 정실부인이 되는데, 이는 현실적으로 거의 불가능한 신분 상승이다. 또 심청은 여성으로서는 최고의 자리인 황후가 되며, 아버지 심학규의 눈을 뜨게 한다. 그리고 흥부는 갑부가 되어 지긋지긋한 가난에서 벗어난다. 이렇듯 이들 주요 판소리 작품은 모두 대단원에 축제적 역전이 있다. 이는 조선 사람들의 인생 역전에 대한 바람을 반영한 것이라 볼 수 있으니, 차별을 딛고 평등으로, 장애에서 극복으로, 가난을 넘어 풍요로 가고자 하는 조선 사람들의 염원을 그렸다.

「서편제」에서 불린 판소리

「서편제」에서 불린 판소리 대목 중에는 『춘향가』에서 나온 것이 가장 많은데, 「사랑가」, 「옥중가」, 「어사출도 대목」 등이다. 먼저 「사랑가」를 보자. 「사랑가」는 십 대 중반의 어린 남녀가 방에서 서로 업고 놀며 사랑을 나누면서 부르는 노래다. 조선 후기에는 십 대 중반이면 이미 성인이다. 임금도 열다섯 살이 되면 성인으로서 직접 통치를 할 수 있었으니, 열여섯 살의 몽룡과 춘향이 「사랑가」를 부르며 사랑 놀음을 하는 것은 결코 어색하지 않다. 극중의 「사랑가」를 들어보자.

네가 무엇을 먹으려느냐
시금털털 개살구 작은 이 도령 서는 데 먹으려느냐
아니 그것도 나는 싫소
그러면 무엇을 먹으려느냐
당동지지루하니 왜가지 단참외 먹으려느냐
아니 그것도 나는 싫어
아메도 내 사랑아
포도를 주랴 앵두를 주랴 귤병사탕에 회화당을 주랴
아메도 내 사랑

저리 가거라 뒤태를 보자
이리 오너라 앞태를 보자
아장아장 걸어라 걷는 태를 보자
방긋 웃어라 잇속을 보자
아메도 내 사랑아

「서편제」에서는 이 노래를 송화가 술집에서 부른다. 상층 남성인 이몽룡이 하층 여성인 춘향을 단둘의 공간에서 은밀히 희롱하는 장면에서 부른 노래를 젊은 여성 소리꾼이 술꾼 앞에서 부른 것이다. 장면 자체도 그렇지만 가사를 보면 젊은 여성 창자가 부르기에 적절치 않고 부끄러운 내용일 것인데, 이런 것을 술꾼 남성들의 기호에 맞추어 불렀다.

먼저 이몽룡이 춘향에게 무엇을 먹겠느냐면서 신 개살구가 어떠냐고 한다. 임신을 해서 입덧을 할 때 흔히 신맛을 찾으니, 둘이 맺은 관계로 인해 임신을 하지 않았겠느냐고 놀리는 것이다. 그랬더니 춘향이 수줍은 듯 거절하고, 이에 이몽룡이 다른 음식을 권한다. "당동지지루하니"가 무슨 뜻인지 분명하지 않지만, 문맥으로 볼 때 '마땅치 않으니' 정도의 의미인 듯하다. 다음에는 단맛의 과일을 권하는데 이번에도 춘향이 거절한다. 그러면서 서로 사랑을 확인한다. 마지막에는 다시 온갖 과일과 사탕 등을 다 권하는 이몽룡의 말을 통해, 어떤 것이라도 주고 싶어 하는 사랑을 보여준다.

이몽룡은 말을 바꾸어 춘향의 예쁜 자태를 자세히 보려 한다. 앞모습, 뒷모습과 걸음걸이는 물론 치아까지 살피고는 춘향이 얼마나 사랑스러운지 말한다. 「사랑가」가 보여주는 청춘 남녀의 사랑 놀음은 거침이 없다. 『춘향전』의 일부 이본에 보이는 이몽룡과 춘향의 성애 묘사는 「사랑가」의 자연스런 연장이라고 할 수 있을 정도로 직설적이고 노골적이다.

> 도련님이 춘향이 옷을 벗기려 할 제 이리저리 어른다. 만첩청산 늙은 범이 살찐 암캐를 물어다 놓고 이가 없어 먹지는 못하고 흐르릉 흐르릉 아웅 어르는 듯 (중략) 춘향의 가는 허리를 후려쳐 다 담쏙 안고 팔다리를 아드득 떨며 귓밥도 쪽쪽 빨고 입술도 쪽쪽 빨면서 주홍 같은 혀를 물고 오색단청을 한 순금 새장으로 쌍쌍이 날아드는 비둘기같이 꾹꿍 꾹꿍 흐흥거려 뒤로 돌려 담쏙 안고 젖을 쥐고 발발 떨며 저고리, 치마, 바지속옷까지 활딱 벗겨놓으니 (『열녀춘향수절가』)

인용은 이몽룡이 춘향의 옷을 벗기는 장면이다. 조선시대의 지배 이념인 유교는 욕망을 억누르는 것을 기본으로 삼으므로 조선 사회에서 성은 거의 그려지지 않거나 아주 어둡게 그려질 것이라고 추측하곤 한다. 그러나 조선의 소설과 이야기를 보면 성이 의외로 밝게 그려진다. 인용문에서 춘향의 옷을 벗기고 애무를 하는 이몽룡의 모습에서는 하등의 거리낌이 느껴지지 않는다. 『춘향전』 등에서 볼 수 있는 이런 직설적인 성 묘사에 대해, 일본문학 연구자인 소메야 도모유키(染谷智幸) 교수는 이런 이야기에 나타나는 사랑의 공간을 '밝은 성의 세계'라고 말한

바 있다(정병설, 『조선의 음담패설』에 수록된 소메야 교수의 추천사). 서양 중세 기독교 사회에서도 라블레와 같은 작가들이 욕설과 욕망을 거침없이 표현하며 민중의 카니발적 세계를 드러냈듯이, 한국에서는 『춘향전』이 민중적 욕망과 해학을 직설적으로 그려냈다.

한편 「옥중가」는 「서편제」에서 유봉이 직접 송화에게 가르치지 못한 노래로 나온다. 「옥중가」는 춘향이 감옥에 갇혀 자신의 신세를 한탄하며 부른 노래이다. 명창 송흥록이 이 대목에서 귀신이 곡을 하는 소리를 내면 실제로 촛불이 꺼지고 귀신 소리가 들렸다는 말을 영화에서 옮기고 있는데, 그 정도로 절절하게 불러야 하는 노래라는 뜻이다. 옥중에 갇힌 춘향의 신세는 인간적 대접을 받지 못하는 모든 민중의 처지를 대변한다. 춘향이 「옥중가」를 통해 억울하게 감옥에 갇혀 죽은 원혼들을 부르는 장면은 지배층에 눌리고 맞고 터진 모든 민중의 한을 쏟아낸 것과 다를 바 없다.

이 밖에 「어사출도 대목」은 사태를 역전시키는 대단원의 장면에서 불리는 것으로, 이몽룡이 크게 어사출도를 외치자 순식간에 탐학한 관원들이 도망을 치고 연회장이 난장판이 되는 급박한 장면을 빠른 속도로 부르는 노래이다. 암행어사 이몽룡은 신관 변 부사가 수하의 군수·현감을 모아놓고 벌인 생일 잔치에서 한시 한 수를 짓는데, 이 시를 열어본 사람들은 경악을 금치 못한다. 이것이 유명한 「금준미주시(金樽美酒詩)」이다.

금술잔의 좋은 술은 백성들의 피요	金樽美酒千人血
옥쟁반의 좋은 안주는 백성들의 살이라	玉盤佳肴萬姓膏
밤잔치 촉농 떨어질 때 백성들 눈물 떨어지고	燭淚落時民淚落
노랫소리 높은 곳에 원망소리 높도다	歌聲高處怨聲高

백성들은 먹을 것이 없어서 굶어죽는 일이 다반사인데, 관장은 궁민에게 수탈한 것으로 술판을 벌이고 있으니 그 원망을 어떻게 감당하겠느냐는 경고이다. 거지 행색의 초라한 선비 이몽룡이 남원부사의 면전에서 당당하고도 엄중히 경고의 시를 날렸으니, 그가 비밀 사찰을 맡은 암행어사라는 것을 누구라도 모를 수 없다. 백성들의 고통이 근본적으로 피지배 민중이 지배자와 대등하게 서지 못하는 현실에 있음을 말하는 대신, 그저 지배자를 착한 관리와 나쁜 관리로 나누어 착한 관리의 지배를 받고자 하는 것으로 결론을 낸 것이 작품의 한계라고 할 수 있지만, 당장이라도 세상을 바꾸고자 하는 백성들의 바람은 이 장면에서 절정에 이른다. 여기서 『춘향가』는 사랑의 이야기를 넘어서 민중의 여망을 담은 문학이 된다.

「서편제」에서는 「돈타령」도 불리는데, 이는 『춘향가』는 물론 『흥부가』에서도 불린다. 『춘향가』에서는 춘향을 잡으러 간 군노사령들이 월매가 준 돈을 받는 장면에서 부르고, 『흥부가』에서는 매품을 팔러 간 흥부가 돈을 받는 장면, 또는 박을 타다가 돈이 쏟아지는 장면에서 부른다. 돈이 세상 무엇보다 중요한 요소라는 점에서 「돈타령」은 어느 장면에 들어가도 어색하지 않다.

이 밖에 동호와 송화가 재회하는 장면에서는 『심청가』 가운데 「심청이 인당수에 빠지는 대목」과 「심봉사 눈 뜨는 대목」을 부른다. 서로 그리워하던 사람들이 헤어졌다가 다시 만나는 상황이라는 점과, 심봉사와 송화가 모두 맹인이라는 점에서 「서편제」와 『심청가』는 상통한다. 『춘향가』, 『흥부가』, 『심청가』 세 판소리에 나오는 노래만으로도 조선 사람들의 삶의 애환을 다 그려낼 수 있다고 감히 말할 수 있으니, 이를 토대로 만든 「서편제」가 쇠락하는 판소리를 다시 끌어올렸던 것도 그 공감력에 기댄 것이다.

마지막으로 「서편제」를 통해 널리 알려진 단가 「사절가」를 소개한다. 「사절가」는 소리꾼이 전국을 떠도는 장면에서 한국 산천의 아름다운 사계절 변화와 함께 흘러나왔다.

> 이 산 저 산 꽃이 피니 분명코 봄이로구나. 봄은 찾아왔건마는 세상사 쓸쓸하더라. 나도 어제 청춘일러니 오늘 백발 한심하구나. 내 청춘도 날 버리고 속절없이 가버렸으니, 왔다 갈 줄 아는 봄을 반겨 한들 쓸 데가 있느냐? 봄아, 왔다가 가려거든 가거라. 네가 가도 여름이 되면 녹음방초승화시(綠陰芳草勝花時)라. 예부터 일러 있고. 여름이 가고 가을이 돌아오면 한로삭풍(寒露朔風) 요란해도 제 절개를 굽히지 않는 황국단풍(黃菊丹楓)도 어떠한고. 가을이 가고 겨울이 돌아오면 낙목한천(落木寒天) 찬바람에 백설만 펄펄 휘날려 은세계 되고 보면, 월백설백 천지백하니 모두가 백발의 벗이로구나. 무정세월은 덧없이 흘러가고, 이내 청춘도 아차 한번 늙어지면 다시 청춘은 어려워라. 어와, 세상 벗님네들, 이내 한 말 들어 보소. 인간이 모두가 팔십을 산다고 해도, 병든 날과 잠든 날, 걱정 근심 다 제하면 단 사십도 못 산 인생, 아차 한번 죽어지면 북망산천(北邙山川)의 흙이로구나. 사후의 만반진수(滿盤珍羞)는 불여생전일배주(不如生前一杯酒)만도 못하느니라. 세월아, 세월아, 세월아, 가지 마라. 아까운 청춘들이 다 늙는다. 세월아, 가지 마라. 가는 세월 어쩔거나. 〔세월을〕 늘어진 계수나무 끄트머리다가 달랑 매달아놓고, 국곡투식(國穀偸食)하는 놈과 부모 불효하는 놈과 형제 화목 못하는 놈, 차례로 잡아다가 저세상 먼저 보내버리고, 나머지 벗님네들 서로 모아 앉아서 '한잔 더 먹소', '그만 먹게' 하면서 거드렁거리고 놀아보세.

「사절가」는 판소리 연행 등에서 따로 불리는 짧은 노래인데, 노래의 첫머리를 따서 「이 산 저 산」이라고도 한다. 봄이 되어 세상이 따뜻하고 환해졌지만 자신의 인생은 여전히 추운 겨울을 넘기지 못했다고 한탄하는 데부터 시작한다. 자기 인생에도 봄이 있었건만 그것은 순식간에 가버렸으니 오히려 새로 온 봄이 원망스럽다고 했다. 봄이 아무리 좋아도 그 또한 금방 지나가리니, 여름, 가을이 지나고 겨울이 되면 자신의 현재 처지와 같아질 것이라고 한다. 그러면서 세상 사람들에게 인생이 원래 이렇게 짧은 것이니, 좋은 사람들끼리 즐겁게 술이나 마시며 놀자고 권한다. 판소리 창자나 청중이나 세상이 술에 의지해서 살 수 있는 게 아니라는 것을 모를 리 없지만, 그런 도피처라도 생각하지 않으면 견디기 어려운 것이 삶이라는 사실을 전하는 노래이다.

참고문헌

송성욱 옮김, 『춘향전』, 민음사, 2004.
판소리학회 엮음, 『판소리의 세계』, 문학과지성사, 2000.

『한중록』과 「사도」

「사도」

「사도」는 2015년 개봉한 영화로, 1762년 7월에 있었던 사도세자의 죽음이라는 역사적 소재를 다루고 있다. 사도세자는 아버지인 영조에 의해 8일 동안 뒤주에 갇혀 있다 죽었다. 도대체 아들을, 그것도 자신의 왕위를 이을 세자를, 그냥 죽이는 것도 모자라 한여름 더위에 뒤주에 가두어 기갈 속에 죽게 했다. 이렇게 엽기적인 사건이 일어났는데도 궁궐 밖에서는 그 이유를 정확히 알 수 없었다. 일국 왕세자의 죽음에 대해 누구도 감히 왈가왈부할 수 없었던 것이 중요한 이유이다. 영조는 사건 이후 이 문제를 입에 올리지 말라고 명령했다. 그러나 이런저런 소문이 떠돌았고, 숨길수록 말은 더욱 분분했다. 이런 미궁에 빠진 사건을 역사적 고증을 철저히 하여 제작한 영화가 「사도」이다. 철저한 역사 고증에 바탕을 두었다는 점에서 '정통 사극'으로 홍보되었다.

사도세자의 죽음에 대한 기록에는 『조선왕조실록(朝鮮王朝實錄)』이나 『승정원일기(承政院日記)』 등 국가의 공식적 편년 사료와 당시 그 주변에 있었던 사람들이 보고 들은 것을 단편적으로 적은 사적 기록들이

뒤주 쌀을 담는 궤. 사도세자가 갇힌 뒤주는 군대에서 쓰는 큰 것이었다. 가정용은 모양은 같으나 작다.

얼마간 있으며, 대표적인 것으로 사도세자의 아내인 혜경궁 홍씨가 쓴 장편의 『한중록』을 들 수 있다. 20세기 중반에 들어와 당대에 떠돌던 소문들과 『한중록』을 바탕으로 이 사건을 다룬 영상물이 제작되기 시작했는데, 1956년 영화 「사도세자」가 제작된 이후, 영화로는 임권택 감독의 「망부석」(1963)과 함께 정조를 중심으로 사도세자 사건을 재조명한 「영원한 제국」(1995), 「역린」(2014) 등이 있었고, 텔레비전 드라마는 「한중록」(KBS, 1972), 「안국동 아씨」(MBC, 1979), 「하늘아 하늘아」(KBS, 1988), 「조선왕조 500년: 한중록」(MBC, 1988), 「대왕의 길」(MBC, 1998), 「이산」(MBC, 2007), 「정조암살미스터리 8일」(채널CGV, 2007), 「무사 백동수」(SBS, 2011), 「비밀의 문: 의궤 살인 사건」(SBS, 2014)과 함께 영화처럼 1부작으로 제작된 「붉은 달」(KBS, 2015) 등이 만들어졌다. 그리고 연극으로는 오태석 연출의 「부자유친」(1987)과 이윤택 연출의 「혜경궁 홍씨」(2013)가 있으며, 이 밖에 오페라나 뮤지컬로 제작된 것도 있다. 이처럼 많은 연행예술 또는 영상예술 장르에서 다루어져온 사건을 완성도를 높여 만든 영화가 「사도」이다.

「사도」는 육백만 명이 넘는 관객을 모아 상업적으로도 성공한 영화가 되었고, 작품성으로도 호평을 받아 한국영화기자협회에서 주최한 '올해의 영화상'과 청룡영화상, 백상예술대상 등 많은 상을 받았다.

「사도」의 줄거리와 역사 기록

「사도」는 사도세자가 칼을 차고서 휘하의 무관을 이끌고 아버지 영조를 죽이러 가는 장면으로 시작한다. 이어서 사도세자의 생모인 선희궁 이씨가 영조에게 자기 아들을 죽여달라고 청한다. 영조는 자기를 죽이려고 한 세자를 대역죄인으로 처형하고자 하지만, 세자의 측근들이 자기 몸을 아끼지 않고 막는 통에 방도를 찾지 못하던 중 뒤주에 가두는 방법을 떠올린다. 영화는 뒤주에 갇힌 세자가 여드레를 견디는 과정을 한 축에 두고, 뒤주에 갇히기까지 삼십 년이 못 되는 그의 짧은 인생을 병렬적으로 보여준다. 사도세자가 죽음을 당한 일은 1762년 임오년에 일어난 일이기에 후대에 임오화변으로 불렸다. 「사도」는 사도세자가 임오화변으로 죽기까지의 경과를 가능한 한 역사적 기록에 충실하게 재현했다.

영화에서 그리는 사도세자의 삶은 영조가 오래 기다리던 아들을 중년에 얻는 것에서 시작된다. 영조는 아들의 탄생이 너무도 기뻐 통상적으로는 어느 정도 성장한 다음에 지정하는 세자의 지위를 태어나자 바로 내린다. 사도세자는 어릴 때 착하고 총명하여 아버지와 할머니 등 주위의 기대를 한 몸에 받는데, 성장하여 본격적으로 후계자 수업을 시작하는 단계에서부터는 공부를 꺼리고 게을리한다. 세자는 책을 읽는 공부가 성격에 맞지 않았고, 시를 쓰고 그림을 그리고 잡서 읽는 것을 더 좋아했다. 영조는 사도세자가 학문을 열심히 하여 신하들보다 높은 학식을 갖추고 임금의 직무를 잘 수행하기를 바라지만, 사도세자는 자기가 좋아하는 것에 빠져든다. 아버지의 기대와 아들의 성향이 맞지 않았던 것이다.

영조는 사도세자가 훌륭한 임금이 되기를 바라면서, 열다섯 살이 되자 바로 대리청정을 하게 한다. 자기 일의 일부를 아들에게 넘겨 자기 부담을 덜고자 하는 뜻도 있었을 것이고, 아들을 잘 가르치고자 하는 뜻도 있었을 것이다. 그런데 그 대리청정은 온전한 대리가 아니라 아버지가 지켜보는 가운데 일을 처결하는 방식이라, 영조는 어린 아들의 판단이 마땅치 않아 늘 꾸짖기만 한다. 스스로 판단하면 판단이 잘못되었다고 하고, 자신이 없어 머뭇거리며 아버지의 눈치를 살피면 작은 일도 스스로 판단하지 못한다고 꾸짖었다.

아버지를 만날 때마다 꾸지람을 듣고 여러 신하 앞에서 공개적으로 조롱을 받던 세자는 처음에는 아버지를 두려워하고 피했지만 나중에는 아버지에 대해 분노했다. 아버지로부터 느끼는 압박감은 결국 사도세자의 정신까지 온전하지 못하게 하여, 두렵고 긴장하여 위축되던 단계에서 나아가 공격적인 성향으로 나타났다. 특히 옷을 잘 입지 못하여, 옷을 갈아입다가 마음에 들지 않으면 시중드는 사람을 죽이기까지 했다. 죽기 2년 전에는 아버지와 떨어져 지내면서 자기 집 근처에 지하방을 만들고 거기에 다시 관을 두어 관 속에 누워 죽은 사람처럼 지냈다. 그러다 마침내 아버지에 대한 분노가 폭발하여 아버지를 죽이고자 했다.

이와 같은 「사도」의 주요 내용은 기본적으로 『한중록』의 내용과 거의 일치한다. 그리고 이는 『조선왕조실록』과 『승정원일기』 등 여러 핵심 편년 사료의 기록과도 상통한다. 사도세자의 죽음은 조선 후기 정치사에서 가장 중요한 사건으로 꼽힌다. 왕조 국가인 조선에서 임금의 후계자가 죽었다는 것도 큰일인데, 그것도 임금이 직접 아들을 죽였기에 문제가 복잡해졌다. 이후 죽은 아들의 아들이 왕위에 올랐는데, 그는 아버지가 잘못이 없다고 하면 할아버지의 잘못이 드러나고, 할아버지의 행위를 정당하다고 하면 아버지의 잘못이 드러나는 난처한 상황에 놓였다. 그래서 사건의 잘잘못을 따지기보다 과실은 덮어두고 아버지의 장점을 부각하는 방식으로 아버지의 행적을 그려나갔다. 정조가 쓴 아버지 사도세자의 전기인 「현륭원지」가 이를 잘 보여준다.

사도세자와 역사적 해석

사도세자는 죽어서 무속의 신이 되었다. 가장 높은 지위에서 가장 비극적인 죽음을 당했을 뿐만 아니라, 그 죽음이 억울하다고 보았기 때문이다. 뒤주에서 죽었다고 흔히 '뒤주대왕'이라는 이름의 무신으로 모셔지는 그는 서울 근처 무당들이 가장 많이 섬기는 신이다. 살아생전에도 무당들이 하는 독경을 좋아했던 사도세자가 죽어서 무신이 된 것이다.

「사도」의 주제 음악은 독경을 리메이크한 것으로 죽은 사람의 한을 풀어주는 경문(「망자해원경」)을 노래 부르듯 읽는다. 사도세자는 한창 미쳐가던 시절, 도교 위경(僞經)인 『옥추경』을 읽으면 귀신을 부릴 수 있다는 말을 듣고 그것을 읽으며 신을 부르다가, 마침내 「옥추경」의 중심 신격인 뇌신(雷神)에 감응한 듯이 비가 오고 벼락만 치면 두려워했다. 귀신을 부리려다가 오히려 귀신의 부림을 당한 것이다. 사도세자가 무당들의 의식을 좋아해서인지, 무당이 사도세자의 한 맺힌 운명에 깊이 공감해서인지 사도세자는 무당들이 섬기는 제일의 신이 되었다.

사도세자의 죽음은 정치적으로 복잡한 문제를 제기했다. 효도를 가장 중요한 덕목으로 생각하는 조선에서 아버지가 아들을 죽였다는 것은 아들을 불효자로 보지 않으면 이해할 수 없는 일이다. 아들을 불효자로 보아야 아버지의 처분이 이해할 수 있는 것이 되고, 그렇지 않으면 아버지의 과오가 된다. 영조를 아들을 죽인 과오가 있는 사람으로 만들지 않으려면 사도세자가 불효자나 죄인이 될 수밖에 없는데, 이렇게 되면 사도세자의 아들인 임금 정조는 불효자나 죄인의 아들이 된다. 혈연을 무엇보다 강조하는 조선에서 정조, 순조를 비롯한 후대의 임금들이 죄입을 이은 자손이 되는 것이다. 사도세자가 죽은 실제 이유가 무엇이건 간에 후대 임금들로서는 자신의 아버지 또는 할아버지에게 큰 결함이 있었다는 사실을 인정할 수 없었다. 더욱이 부왕을 죽이려고 반역을 저지른 죄인이었다는 것은 더욱 받아들일 수 없었다. 왕권의 정통성을 혈연에 기대고 있는 상황에서 이는 권력 기반을 흔드는 논리가 될 수 있다. 후대에 사도세자에 대한 평가와 해석이 극단으로 엇갈릴 수밖에 없었던 이유를 여기서 짐작할 수 있다.

『한중록』 외의 『조선왕조실록』과 『승정원일기』 등 편년 역사서에서와 달리, 정조가 쓴 아버지 사도세자의 전기인 「현륭원지」는 사도세자가 어릴 때 총명했으며 무예에 뛰어났고 온양 온천을 다녀올 때는 백

창덕궁 후원 여기서 사도세자는 활도 쏘고 말도 타며 갑갑한 마음을 달랬다.

성들에게 자상한 모습을 보여 백성들이 크게 칭송했다고 말한다. 그런 세자가 역신들의 모함을 받아 억울하게 죽음에 이르렀다는 것이 정조가 쓴 아버지 전기의 핵심이다. 정조에 의하면 사도세자는 불효자도 반역 죄인도 아니다. 물론 광증도 전혀 그려지지 않았다. 오히려 정신과 육체가 건강하고 우수한 것으로 그려놓았다. 『한중록』에 집중적으로 그려진 것과 같은 사도세자의 광인 이미지는 여기에는 전혀 나타나지 않는다. 이런 이미지가 한동안 영화나 텔레비전 드라마 등에 자주 사용되었다. 사도세자를 죽음에 이르게 한 것은 당시 집권파인 노론인데, 『한중록』을 쓴 사도세자의 부인 혜경궁 홍씨의 집안이 노론이니, 혜경궁이 남편에게 광인이라는 부정적 이미지를 씌워 자신들의 정치적 모략을 합리화했다는 설을 세워 따랐다.

사도세자에 대한 이런 엇갈린 이미지에 관해서는 방대한 편년 역사

서들의 데이터베이스가 활용되면서 해석의 가닥이 잡혔다. 사도세자의 죽음을 좀 더 풍부한 기초 자료에 바탕을 두고 해석하면서, 완곡히 표현된 사건 서술을 정확하게 이해하는 것이 가능해졌다. 예를 들어 「사도」의 첫머리이기도 한, 사도세자가 아버지를 죽이러 가는 장면은 『한중록』 외에 다른 어떤 자료에도 나오지 않는다. 『한중록』에도 그저 "수구(水口)를 통해 윗대궐(영조가 사는 궁궐)로 가신다 하다가 못 가시고 도로 오시니" 정도로만 기록되어 있다. 이것을 『조선왕조실록』과 『승정원일기』 등의 방대한 편년 사료를 이용하여 아래와 같이 재구성할 수 있었다.

> 10일 밤부터 서울에는 큰비가 내렸다. 하루 넘게 비가 오는 바람에 궁궐 안팎의 개천에 물이 잔뜩 불어 있었다. 세자는 한밤중에 이런 물길을 뚫고 경희궁으로 갔다. 그의 미행(微行)이 보통 때와 다름없었다면 거의 백 명에 이르는 수하인이 뒤를 따랐을 것이다. 세자는 그들과 장대비를 맞으며 칼을 빼들고 서울의 밤거리를 가로질렀다. 아무리 한밤이라지만 일대의 장정이 서울 거리를 누볐으니 소문이 나지 않을 수 없다. 세자는 경희궁으로 가는 중간에 자기가 무슨 일을 하고 있는지 깨달았다. 반란이다. (정병설, 『권력과 인간』, 217쪽)

미친 아들, 비 오는 밤, 청계천을 따라 뛰듯이 걷는 백 명의 칼을 든 무사들, 아버지를 죽이려는 시도. 『승정원일기』 등 당대의 각종 사료를 종합하여 이 장면을 재구성하였고, 사도세자가 아버지 영조를 죽이려고 한 사실을 구체적으로 확인함으로써 사도세자의 죄가 반역죄라는 것이 분명해졌다. 『한중록』을 비롯하여 그 어떤 기록도 반역죄라고 말하지 못한 것은 사도세자가 일국의 왕위를 이을 세자였기 때문일 뿐만 아니라, 이후 아들 손자가 임금이 되었기 때문이다. 사도세자 사건을 가장 명료하게 표현한 『한중록』조차도 그저 '죄'라고만 완곡히 적었다.

그렇다면 아들조차 숨기고자 한 사도세자의 행적을 아내가 굳이 드러내고자 한 이유는 무엇일까? 이 사건으로 인해 혜경궁의 친정이 곤욕을 겪었기 때문이다. 다시는 친정이 어려움을 겪지 않도록 사건의 경과를 자세히 기록했다. 혜경궁의 친정은 정조가 왕위에 오르기 전에 이미 사도세자를 잘 보호하지 못했다고 반대파의 공격을 받았다. 그래서 혜경궁은 정조가 왕위에 올라 친정의 억울함을 해소해주기만 바랐으나, 막상 정조는 왕위에 오르자 오히려 외가를 공격했다. 정조 즉위 후에 혜경궁 친정은 정치적으로 더 큰 어려움을 겪었다. 정조는 아버지를 광인이나 반역자로 둘 수 없었고 거꾸로 총명하고 우수한 세자로 그리고자 했는데, 그 과정에서 희생양이 필요했으니 외가가 그 중심에 있었다. 간단히 말하면 『한중록』은 정조가 쓴 사도세자의 전기에 대한 혜경궁의 반박문이다. 정조 생시에는 이러한 반박문을 감히 성안할 수 없었다. 그런데 정조가 죽고 정순왕후가 수렴청정을 하던 때, 정조가 설정한 논리로 인해 반대파의 공격을 받은 혜경궁의 남동생이 제주도로 유배 가서 사약을 받고 죽음에 이르렀다. 상황이 여기까지 다다르니 혜경궁은 새로 왕위에 오른 손자 순조에게 친정의 억울함을 자세히 말해주고자 했다. 혐의를 남겨두면 언제 어떤 상황에서 다시 공격을 받을지 알 수 없으니 직접 친정의 결백을 밝히는 글을 쓴 것이다.

「사도」는 기본적으로 『한중록』을 비롯하여 『조선왕조실록』과 『승정원일기』 등의 사료에 나타난 논리에 충실하지만, 몇 부분은 사료에서 확인되지 않거나 잘못 이해했다. 대표적인 것이 영조가 사도세자 사후에 보인 태도이다. 영화에서는 영조가 아들의 죽음을 슬퍼하고 후회한 것처럼 표현했으나 사료들에서 그런 모습은 확인되지 않는다. 심지어 「사도」에서는 영조가 아들이 죽은 다음 내린 '사도'라는 이름을 '생각할 사(思)', '슬퍼할 도(悼)' 즉 '너를 생각하며 슬퍼하노라'로 풀었는데, 단순히 일차적인 낱말 뜻으로만 보면 영조가 죽은 아들을 생각하며 슬퍼한 것처럼 이해되지만 실제로는 그 반대의 의미이다. 중국은 물론 조선 왕실에서 사후에 시호를 내릴 때는 '시법'이라고 하는 정해진 법식을 따른다. 시법에 의하면 '사'는 이전에 저지른 잘못을 후회한다는 뜻이고, '도'는 일찍 죽었다는 뜻이다. 다시 말해서 '사도'라는 말은 후회해야 할 잘못이 있고 일찍 죽은 자라는 뜻이다. 이름을 지어준 아버지 영조가 아들에 대해 내린 최종 판단이, 잘못을 저질러 일찍 죽은 자라는 것이니 사도라는 이름에서 찾을 수 있는 아버지의 감정은 후회와 연민이 아니라 분노에 가깝다. 그런데 영화는 아들 죽인 아버지에게서 분노가 아니라 후회를 읽고자 했다. 이런 점에서 「사도」는 역사 고증을 충실히 했지만, 어디까지나 역사가 아니라 영화다.

『한중록』에 대하여

흔히 『한중록』을 사도세자의 죽음만을 다룬 글로 생각하나 이는 실상과 다르다. 『한중록』은 혜경궁이 쓴 세 편의 글을 편집한 책이며, 그중 한 편만이 사도세자의 죽음을 집중적으로 다루고 있다. 세 편의 저술 시기를 보면, 맨 처음의 것은 환갑 때인 1795년으로, 조카에게 자기의 일생을 담담히 회고하는 내용을 담고 있다. 두 번째와 세 번째 글은 같은 시기에 저술되었는데, 1802년 남동생이 제주도에서 사약을 받고 죽은 다음 초고를 썼고, 정순왕후의 수렴청정이 끝나고 반대파가 세력을 잃은 후인 1805년에 완성하였다. 두 편은 각각 사도세자의 죽음을 다룬 글과 사도세자 사후 자기 친정에 겨누어진 여러 정치적 혐의에 대해 변호한 글이다. 이 외에 1806년에는 자기 친정을 변호한 글의 부록을 완성했는데, 이는 기존의 『한중록』에는 포함되어 있지 않다. 이 글들은 당시에는 출간되지 않았는데, 여러 사람들이 읽도록 지은 것이 아니기 때문이다. 글의 대상 독자를 보면 첫 번째 글은 자기 친정 후손들이고, 두 번째와 세 번째 글은 손자 순조를 중심으로 임금 주변 사람들이다. 이런 글들

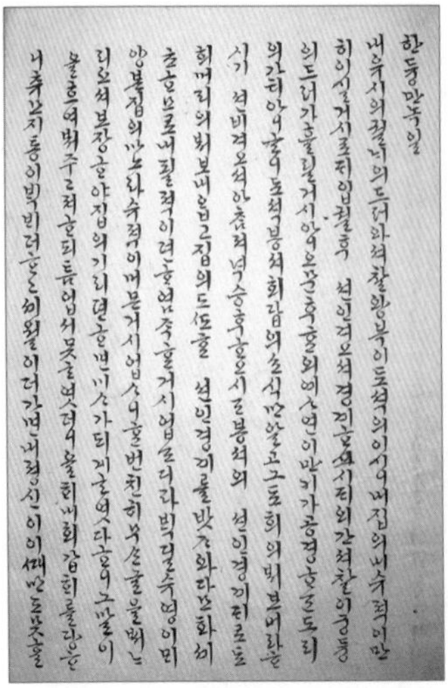

『한중만록』 『한중록』은 『한중만록』, 『읍혈록』 등의 제목으로도 남아 있으며 필사본 20여 종이 전한다.

을 후대에 친정 후손 가운데 누군가가 편집한 후 '한중록'이라고 표제를 달았던 것으로 추정한다.

혜경궁의 글 가운데 남편 사도세자의 생애와 죽음을 그린 것은 마치 한 인물의 전기이자 소설처럼 흥미진진해서 20세기 이후 『한중록』이 세상에 알려지자 금방 주목을 받았다. 1947년 이병기 역주의 『한중록』이 처음 간행되었을 때 이 편만 출간되었다. 그런데 『한중록』은 궁중에서 벌어진 참극을 다루고 있어서 자연 말이 완곡하며 자세하지 않아 사건의 선후와 전모를 이해하기가 쉽지 않다. 더욱이 혜경궁이 주변 인물에게 준 글이기 때문에, 사건의 배경을 알지 못하면 서술의 맥락을 잡기도 어렵다. 여기에다 현대인들은 당시의 궁중 습속이나 술어를 모르니 이해하기 더욱 어렵다.

예컨대 사도세자가 죽은 사건을 역사에서는 임오화변이라고 부르는데 『한중록』에서는 '모년사(某年事)'라고 한다. '어느 해의 일'이라는 말이다. 차마 그 사건을 바로 대놓고 부르지 못해 이렇게 완곡하게 부르는 것이다. 불러서는 안 되는 사건이고 다시 생각해서도 안 되는 사건이지만 어쩔 수 없이 언급하게 되었음을 보여주려고 한 표현이다. 마찬가지로 사도세자가 갇힌 뒤주도 그것을 있는 그대로 부르지 못해서 '일물(一物)'이라고 한다. '어떤 물건'이라는 말이다. 그래서 1762년 사도세자가 뒤주에 갇혀 죽었다는 말을 '경모궁이 모년에 일물로 돌아가셨다'는 식으로 적는다. 정황을 모르고 표현을 모르면 읽어도 쉽게 이해할 수 없는 책이 『한중록』이다. 다만 조선의 핵심 집단인 왕실에서 일어난 국가 중대 사건을 다루고 있는 만큼, 여러 관련 사료를 참조하며 꼼꼼히 읽게 되면 흥미로운 점을 많이 찾을 수 있다.

『한중록』 연구 초기에는 자료의 성격을 온전히 이해하지 못해 그저 남편을 잃은 여인의 한 맺힌 회고 정도로 보았다. 혜경궁이 어떤 지위의 인물인지, 『한중록』이 어떤 성격의 기록이며 어떤 목적의 글인지 제대로 파악하지 못했던 것이다. 혜경궁은 궁궐의 일개 평범한 여성이 아니다. 세자빈이었을 뿐만 아니라, 비록 왕비는 되지 못했지만 왕의 어머니이자 할머니였다. 효도를 국시처럼 내세우는 유교 국가인 조선에서 왕의 어머니와 할머니는 왕과 버금가는 지위를 가진다. 그런 사람이 자기 친정을 살리기 위해 자기 아들인 임금의 견해를 반박하고 비판하는 장문의 글을 썼던 것이다.

실제로 『한중록』의 서술 내용을 꼼꼼히 검토해보면, 이 글이 개인의 기억과 회고를 넘어서는 철저히 제반 기록에 기반을 둔 역사 서술임을 알 수 있다. 사오십 년도 더 지난 수많은 사건들에 대해 날짜와 시간을 틀린 데 없이 적고 있을 뿐만 아니라, 여러 문건들을 정확히 인용하여 서술하고 있다. 근래에 혜경궁 친정에서 편집된 왕가와의 왕복 간찰집이 발견되었는데, 혜경궁이 『한중록』의 대부분을 집필하던 1800년대 초에 친정에다 왕가와의 왕복 간찰을 수집·정리·편집할 것을 지시했음을 볼 수 있다. 『한중록』은 이렇게 정리된 일차 사료를 바탕으로 기록된 글이다.

『한중록』은 단순히 사실에만 충실한 기록이 아니다. 사건을 그저 무미건조하게 나열하지 않고 사건의 원인과 경과를 논리적으로 기술했을 뿐만 아니라, 덧붙여 작가의 감정까지 풍부히 드러내고 있다. 그 서술 동기로 보면 문학이라 부르기 어렵지만, 구체적인 사건 묘사와 충실한 감정 기술로 인하여 자연스레 작품성이 풍부한 문학이 되었다. 『한중록』은 역사와 문학의 경계에 놓인 기록문학이라 말할 수 있으며, 그 수준을 두고 말하면 한국 기록문학의 백미라 할 수 있다.

또한 『한중록』은 조선시대 여성문학을 대표하는 명편이다. 『한중록』의 문학적 특징은 무엇보다도 사건에 대한 자세한 서술과 심리 분석에 있다. 혜경궁이 열 살에 처음으로 영조를 만나 훈계를 듣는 장면을 보면, 영조가 "세자 섬길 제 부드러이 섬기고 목소리나 얼굴빛을 가벼이 말고 눈이 넓어 무슨 일을 봐도 궁중에서는 예삿일로 여겨야 하니 네 모르는 체하여 먼저 아는 빛을 보이지 말라. 여편네 속옷 바람으로 남편네를 뵐 것이 아니니 네 세자 보는 데 옷을 마음대로 헤쳐 보이지 말고, 여편네 수건에 연지 묻은 것이 비록 연지라도 아름답지 아니하니 묻히지 말라"고 충고했다고 한다. 열 살 어린 나이에 들었던 일을 예순 살이 되어서까지 기억하는 것도 놀랍거니와, 연지 묻은 수건까지 신경 쓰는 영조의 모습을 그려서 그 소심하면서도 엄격한 성격을 잘 부각하고 있다. 또 오십 년이 지난 어린 시절의 사소한 일을 기억하고 묘사하며 이런 자잘한 성격이 오히려 실제로 문제가 된 큰일보다도 근본적이고 중요할 수 있음을 보여주고 있다. 이런 서술은 조선시대 남성들의 기록에서는 좀처럼 찾기 어려운 요소이다.

섬세한 필치는 또한 심리 분석과 연결되어 있다. 『한중록』에서 심리 분석이 가장 돋보이는 부분은 사도세자의 죽음을 다룬 글이다. 이 편은 저작 동기부터 심리 분석에 치중해야만 했다고 할 수 있는데, 사도세자가 아무 죄가 없이 죽었다고 하면 혜경궁 친정은 세자를 잘 보호하지 못한 책임을 면할 수 없고, 사도세자가 아버지를 공격하려다가 처벌을 받은 사실을 인정하면 정조를 곤란한 처지에 빠트리게 된다. 혜경궁은 사도세자가 잘못은 있었지만 그 잘못이 광기에서 비롯되었기에 책임을 물을 수 없다는 논리를 폈는데, 그러기 위해 사도세자 광증의 발병 과정을 자세히 그려야만 했다. 사도세자의 광증과 반역 혐의가 사실이든 아니든 광증을 자세히 그리지 않으면 안 되었고, 광증을 자세히 그리자니 당대로는 쉬이 찾아보기 어려운 치밀한 심리 분석의 경지에 이를 수 있었다.

『한중록』에 대한 첫 번째 본격 논문이 김용숙의 「사도세자의 비극과 그의 정신분석학적 고찰」(1958)인 데서도 알 수 있듯이, 심리 분석은 『한중록』을 가장 돋보이게 하는 부분이다. 혜경궁이 영조와 사도세자에게 가하는 분석의 날카로운 칼날은 그것 자체만 잘 정리해도 편집증이나 강박증에 대한 훌륭한 보고서이다. 실제로 『한중록』을 대상으로 이미 정신분석 분야의 논문과 책이 여러 편 나왔다. 사도세자의 정신병이 깊었음을 증명하기 위해 쓴 글이라고는 하지만, 발병 원인부터 병증 심화까지 현대 전문가의 눈으로 보아도 조리가 맞을 만큼 각각의 계기들을 순차적으로 깊이 있게 기술할 수 있었던 것은 혜경궁의 정확한 관찰력과 기억력, 그리고 뛰어난 문학적 감수성과 표현력 덕분이라고 할 수 있다.

혜경궁이 수준 높은 문학성을 지닌 『한중록』을 집필할 수 있었던 배경에는 조선 후기 서울 사대부 집안 여성의 한글문학 전통이 있다. 혜경궁의 친정은 문학 전통이 강한 집안이었다. 혜경궁의 아버지 홍봉한(洪鳳漢)의 외할아버지인 임방(任埅)은 조선 최초의 본격적 야담집인 『천예록(天倪錄)』을 편찬했다. 또 조선 후기의 중요한 야담집인 『동패낙송(東稗洛誦)』의 찬자 노명흠(盧命欽)은 홍봉한 집안의 교사였다. 뿐만 아니라 조선 후기 3대 야담집의 하나로 손꼽히는 『계서야담(溪西野談)』은 혜경궁 외가에서 나왔는데, 찬자 이희평(李羲平)의 조부 이산중(李山重)은 혜경궁을 각별히 아낀 외사촌이다. 이렇듯 혜경궁의 친정은 조선시대 야담 서사의 중요한 발원지였다. 여성 쪽으로 봐도 일찍이 17세기 궁중문학인 『계축일기』의 주요 인물인 정명공주가 이 집안으로 시집왔으며, 실제로 혜경궁 친정은 『계축일기』의 이본이 전해 내려온 곳이다. 또 한글문학의 대표적 명문으로 알려진 「의유당관북유람일기」의 작자인 의령 남씨는 혜경궁 작은어머니의 올케이다. 의령 남씨의 남편 신대손이 홍봉한의 이복 동생인 홍인한의 부인 신씨와 남매지간인 것이다. 작은어머니 신씨는 혜경궁에게 한글을 가르쳐준 사람으로 혜경궁이 각별히 따랐다.

『한중록』이 이런 문학적 전통에 기대고 있음은 작품 내부에서도 확인된다. 혜경궁은 스스로도 번역된 '국조야사(國朝野史)'를 많이 읽었다고 말했는데, 그의 독서는 야사에만 그치지 않았다. 『한중록』에 한글소설을 인용하거나 읽었다고 밝힌 부분들이 있기 때문이다. 『한중록』에서는 인물들의 대화를 통해 장면을 그려나가는 수법이 자주 사용되는데, 이는 당대에 크게 유행한 한글 장편소설과 흡사하다.

요컨대 『한중록』은 역사 기록의 성격을 강하게 가지면서, 동시에 소설과 비슷한 문학적 특성을 보여주고 있다. 사건을 자세히 그릴 뿐만 아니라 인물의 감정과 내면을 충실히 드러내어 흥미진진한 기록문학이 되었다. 『한중록』을 영어로 번역한 고 김자현 교수의 말에 의하면, 『한중록』은 미국 컬럼비아대학에서 진행한 '동아시아 고전 강독' 강의 시간에 가장 많은 학생들이 감동한 작품이었다고 한다. 『한중록』은 한국에서 영화 등 많은 이차 창작물의 근원 자료가 되었을 뿐만 아니라, 영국 작가 마거릿 드래블(Margaret Drabble)의 『붉은 왕세자빈(*The Red Queen*)』처럼 외국에서도 소설의 소재가 되었다. 『한중록』은 역사 기록, 여성문학을 넘어서 한국의 대표 고전이 되었다.

『한중록』과 궁중문학

문학사에서는 『한중록』을 궁중문학으로 분류하기도 했는데, 『계축일기』, 『산성일기』, 『인현왕후전』 등 궁궐을 배경으로 삼은 일부 산문 또는 소설을 거기에 포함한다. 궁궐은 조선 정치와 문화의 최고 중심지이자 조선의 축도라고 해도 과언이 아닐 만큼 조선의 모든 것이 응축된 곳이었다. 한반도에는 일찍부터 중앙집권적 관료제도가 정착되었고, 고려시대부터 과거시험을 거쳐 선발된 관료들이 지방에 파견되어 중앙정부의 통치를 대리했다. 중앙정부를 통제하는 조정, 곧 궁궐이 일찍부터 전국 정치·행정의 구심적 역할을 했다.

궁궐은 정치·행정의 중심일 뿐만 아니라 문화의 중심이었다. 외국의 새로운 문물들이 가장 먼저 수입되었고, 가장 고급스러운 것들이 시도된 곳이었다. 전국에서 가장 뛰어난 시인들이 기량을 겨루고, 중국에서 수입된 소설이 가장 먼저 읽히고 가장 앞서 번역되는 곳이었다. 영조가 중국소설 등을 탐독했음이 『승정원일기』 등에서 확인되고, 사도세자는 수입된 중국소설에 대한 가장 방대한 목록을 남기기도 했다. 이런 정치·문화의 중심지에 많은 이야기가 모였고, 동시에 많은 이야기가 그곳으로부터 생겨났다.

궁궐 내에서 생산된 상당한 양의 글 중에서 한글로 된 기록이나 문학은 극히 드물다. 혜경궁의 『한중록』이나 숙종 계비인 인원왕후의 「선군유사(先君遺事)」, 「선비유사(先妣遺事)」와 같이 출처가 분명한 것들도 있지만, 『계축일기』, 『산성일기』, 『인현왕후전』처럼 작가나 제작 배경이 분명치 않은 것도 있다. 궁궐의 권력 다툼을 다루다 보면 자칫하면 권력 집단이 꺼리는 바를 건드릴 수도 있으니, 작가가 정체를 노출하려고 하지 않았을 것이다. 실제로 이들 작품은 언제 누가 지었는지 알 수 없을 뿐만 아니라 널리 읽혔다고 볼 근거도 없다. 그렇지만 권력의 핵심부에서 일어난 중요한 사건을 다루고 있기에 독자들의 관심을 끌기에 충분하다.

『계축일기』는 1613년 계축년에 일어난 이른바 계축옥사(癸丑獄事) 이후 인목대비가 서궁에 갇힌 사건을 다룬 작품이다. 인목대비는 선조의 두 번째 왕비이다. 선조의 첫 번째 왕비가 아들을 얻지 못하고 죽는 바람에 인목대비가 두 번째로 왕비가 되었다. 그런데 선조는 그사이 후궁에게서 아들 몇 명을 얻었다. 그중 하나가 광해군인데, 광해군은 후궁의 자식이면서 임진왜란의 혼란기에 공적을 세워 특별히 세자로 책봉되었다. 일반인의 경우로 말하면 첩의 아들, 즉 서자가 왕위를 잇게 된 것이다. 뿐만 아니라 광해군은 서자 가운데에서도 큰아들이 아니라 작은아들이었다. 적자와 장자를 높이는 조선 사회에서 서자이면서 차자인 광해군이 종통을 잇는 특이한 일이 발생한 것이다. 세자로서 광해군의 지위는 그만큼 불안했다. 그러던 차에 인목대비에게서 딸 정명공주와 아들 영창대군이 태어났다. 선조로서는 영창대군이라는 적자를 얻게 된 것이다. 광해군은 비록 먼저 세자의 자리를 얻었지만, 적자가 태어난 이상 앞으로 어떤 일이 벌어질지 알 수 없었다. 후계자가 바뀔 가능성이 높아지면서 광해군의 불안감이 커졌다.

『계축일기』는 정명공주의 출생 장면으로 시작된다. 혹시 왕자가 태어나 자신의 왕위 계승에 문제가 생기지나 않을까 염려하는 광해군과 그의 장인 류자신 일파의 걱정과 음모에서 이야기가 출발한다. 우여곡절 끝에 왕위에 오른 광해군은 자신의 자리를 위태롭게 할 가능성이 있는 영창대군을 그대로 두고 볼 수 없었다. 그래서 인목대비는 별궁에 가두고 영창대군은 죽이는 만행을 저지른다. 광해군에게 인목대비는 비록 친어머니는 아니지만 아버지의 부인이므로 어머니로 대우하지 않을 수 없는 사람이다. 같은 논리로 영창대군은 형제다. 광해군은 어머니를 가두고 동생을 죽인, 유학에서 가장 중요한 덕목인 효제(孝悌)를 위반한 패륜을 저질렀다. 광해군의 중대 범죄는 인조반정이라는 쿠데타로 단죄된다. 인조의 쿠데타가 성공하지 않았다면 인목대비와 그 자녀의 고통은 기록되어 전해지기 어려웠을 것이다.

『계축일기』는 엄중하고 복잡한 궁중사를 박진감 넘치는 한글 문체로 그려내어 일찍이 학계의 주목을 받았다. 『계축일기』는 실제 사건을 그린 것이지만 구성이나 문체는 다분히 소설적이어서, 역사 기록이라기보다는 역사소설적 성격이 강하다. 작품의 말미에 “내인들이 잠깐 기록하노라”는 필사기가 있어서 작가를 당시의 내인으로 보는 견해도 있지만, 이런 종류의 말미 기록은 소설에서 흔히 볼 수 있는 것으로 실제 작가를 나타낸 것으로 보기 어렵다. 이렇게 보면 『계축일기』는 실제 역사를 소재로 삼아 창작한 작가 미상의 역사소설이라 할 수 있다.

실제 역사를 『계축일기』보다 더 소설적으로 형상화한 작품이 『인현왕후전』이다. 인현왕후는 숙종의 왕비이다. 숙종은 흔히 장희빈으로 불리는 후궁 장씨에게 빠져, 1689년 인현왕후를 궁 밖으로 내쫓고 장씨를 정식 왕비로 삼았다. 처를 내쫓고 첩을 처로 삼는 행동은 일반인에게는 불법이다. 임금이 일반인도 해서는 안 될 일을 한 것이다. 더욱이 백성들이 왕을 아버지로, 왕비를 어머니로 생각하는 시절에 왕비를 내쫓는다는 것은 집안에서 어머니를 내쫓는 일과 다를 바 없다. 나중에 인현왕후는 복위되고 장씨는 벌을 받아 독약을 마시고 죽는데, 이런 궁중 비사를 소설로 만든 것이 『인현왕후전』이다.

조선시대 남성의 축첩은 흔한 일이었고, 따라서 여성들은 첩 문제를 가장 큰 가정 문제로 인식했다. 이런 상황에서 왕이 첩을 들여 나라를 어지럽게 했다는 이야기는 누구나 관심을 가질 만한 소재였고, 그 사건을 통해 전할 교훈이 적지 않다. 인현왕후 이야기는 후대에 소설은 물론 야사나 야담에서도 거듭 다루어졌다. 전하는 말에 의하면, 김만중의 『사씨남정기』도 이 사건을 빗댄 작품이라고 한다.

이 밖에 병자호란 당시 남한산성에 피난한 인조가 만주족에게 항복할 것인가 아니면 몰사를 불사하고 항전할 것인가 갈등하는 상황을 그린 『산성일기』와 같은 작품도 있다. 조선시대에 궁궐을 배경으로 삼은 소설 등 문학작품은 수도 없이 많지만, 직접 조선 궁궐을 다룬 작품은 손으로 꼽을 정도로 적고, 그나마도 누가 지었고 어떻게 유통되었는지

모를 뿐만 아니라, 당연하게도 출판된 것은 하나도 없다. 모든 궁중문학은 매우 조심스럽게 만들어지고 유통되었다.

참고문헌

혜경궁 홍씨, 정병설 옮김, 『한중록』, 문학동네, 2010.

정병설, 『권력과 인간: 사도세자의 죽음과 조선 왕실』, 문학동네, 2012.

종교와 사상

무속과 무가

『숙향전』과 한국인의 보편적 사상

한국인의 보편적 사상과 정서를 잘 보여주는 대표적인 문학작품으로 어떤 것을 들 수 있을까? 한 민족의 보편적 사상과 정서라는 것이 존재할까 하는 것부터 의문이니, 그런 작품을 찾는 것은 쉽지 않고 가능하지 않은 일일 수 있다. 이런 근본적인 의문에도 불구하고 특정한 역사 시기에 한 집단을 다른 집단과 구별되게 하는 집단적 공통성은 어느 정도 발견할 수 있을 것이다. 그렇다면 조선시대, 그중에서도 근대와 가까운 조선 후기 한국의 사상적·정서적 성격을 가장 잘 보여주는 문학작품으로 무엇을 들 수 있을까?

조선시대 한국인의 보편적·평균적 사상과 정서를 가장 잘 드러낸 작품으로 나는 『숙향전(淑香傳)』을 꼽아야 하지 않을까 한다. 『숙향전』은 작가는 물론 창작 연도마저 밝혀져 있지 않지만, 1703년 일본인이 이 작품으로 한국어를 공부했다는 기록이 있어서 늦어도 17세기에는 존재

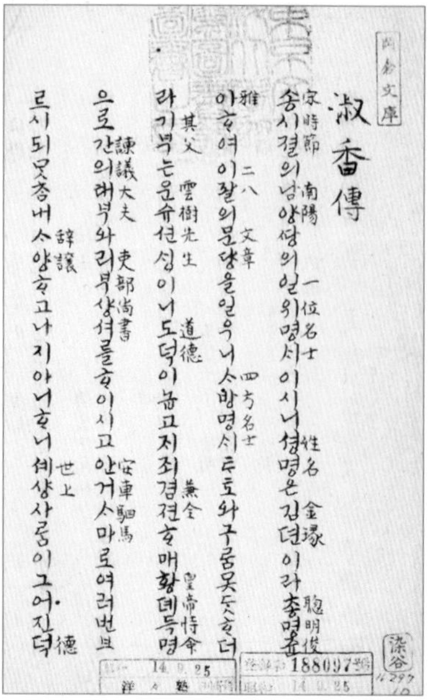

『숙향전』 일본 쓰쿠바대학 도서관 소장본. 이 자료는 19세기 말 조선에 영어를 가르치러 왔고 후에 일본 영문학계의 태두가 된 오카쿠라 요시사부로(岡倉由三郎)가 소장했던 것이다.

한 작품임을 알 수 있다. 『숙향전』은 『구운몽』, 『춘향전』, 『조웅전』 등과 함께 조선 후기 내내 전 계층에서 널리 읽힌 소설이다. 조선시대의 중간을 가로지르는 시기에 존재한 작품으로 조선 전(全) 시기를 대표한다는 의미가 있을 뿐만 아니라, 쉬운 한국어로 되어 있어 여성과 하층에게까지 두루 읽힌 작품으로 확인된다. 가장 오랜 시간 동안 가장 넓은 영역에서 한국인의 공감을 얻은 문학작품이라고 말할 수 있다. 『숙향전』은 외래 종교인 불교·도교·유교의 습합적 성격을 잘 보여주면서, 동시에 한국의 전래 사상 또는 관습도 잘 드러내고 있다. 이런 이유 때문인지 이 작품은 18, 19세기 일본인들이 한국어를 배우고 한국을 공부하는데 교과서로 사용하기도 했다. 먼저 『숙향전』의 줄거리를 살펴보자.

중국 송나라의 어진 선비인 김전은 결혼 후 오랫동안 자식이 없었는데, 어부에게 잡힌 신이한 거북을 구해주고 기이한 태몽을 꾼 다음 딸 숙향을 얻는다. 관상가 왕균의 예언대로 숙향은 어려서 난리를 만나 부모와 헤어져 떠돌다가 짐승과 신인 등의 도움을 받아 목숨을 유지한다. 그 과정에서 만난 선녀 후토부인(后土夫人)도 숙향의 미래를 예언한다. 이후에 몸을 의탁하게 된 장 승상 집에서 양녀처럼 사랑을 받으며 십 년 동안 살던 숙향은 승상 부부의 총애를 시기하는 시비 사향의 흉계로 쫓겨난다. 떠돌며 위기를 겪던 숙향은 표진강에 몸을 던져 자살을 시도하는데, 용녀(龍女)가 나타나 구해준다. 다시 떠돌다가 갈대밭에서 화재를 만나는데 이번에는 화덕진군(火德眞君)이 구해준다. 이렇듯 고초를 겪던 숙향은 결국 마고(麻姑)할미의 술집으로 들어간다. 하루는 숙향이 신이한 꿈을 꾸고 꿈에서 본 장면으로 족자에 수를 놓았더니 어떤 사람이 그 족자를 사간다.

한편 숙향과 생일 생시가 같은 남자 주인공 이선은 우연히 숙향이 수놓은 족자를 얻고, 수놓은 사람이 자기와 같은 꿈을 꾸었음을 보고는 천정배필이라고 여겨 찾아 나선다. 이선은 가까스로 숙향을 찾아 결혼하려고 하지만, 부모가 결혼을 반대하여 난관에 부딪힌다. 이선의 아버지 이 상서는 낙양 수령이 된 김전에게 숙향을 죽일 것을 명령하는데, 곤장이 움직이지 않아 죽이지 못하고 옥에 가둔다. 이선의 고모가 이 상서를 질책하여 숙향은 옥에서 풀려나고 마고할미는 사라진다. 결국 숙향과 이선은 천정배필임을 인정받고 결혼한다. 이선은 내란 수습 등의 공을 세워 벼슬이 계속 높아져 초왕에까지 이르고, 숙향은 헤어졌던 부모와 만나 무궁한 복락을 누린다.

『숙향전』에는 조선시대는 물론 현대 한국인에게서도 어렵지 않게 찾아볼 수 있는 사상들이 보인다. 우선 숙향의 아버지가 사람들에게 잡아먹힐 뻔한 거북을 살려주고 거북이 보답하는 이야기에서는 불교의 생명존중 사상에 근거한 방생과 인과응보의 사상을 엿볼 수 있다. 또 작품 앞부분에서 관상가와 선녀가 숙향의 장래를 예견하고 그것이 그대로 실현되는 것에서는 인간의 생사화복은 이미 하늘에서 모두 결정해놓았다는 천정관(天定觀)과 운명론을 볼 수 있다. 그리고 화덕진군이나 후토부인 그리고 마고할미는 명칭만으로는 중국 도교의 신선과 닿아 있으나, 실질적으로는 한국 전통 선가의 신선과 통한다. 특히 비중 있게 등장하는 마고할미의 경우 중국의 여신 마고처럼 젊은 여자가 아니라 할머니로 나오는데, 마고가 명칭으로는 중국의 영향의 받았을지언정 실질은 한국 전래의 여모신(女母神)이 중국 문화의 영향을 받아 이름이 바뀌었을 가능성을 시사한다.

『숙향전』의 사상 중에는 현대에 와서는 아주 약화된 것도 있다. 그 한 예가 이인관(異人觀)이다. 신선들이 하늘에서 내려와 인간 세계에서 사람들과 섞여 살고 있다는 생각이다. 마고할미와 같은 신선적 존재가 세상에서 술집을 운영하며 살고 있다는 설정에서 분명히 볼 수 있다. 이런 이인관은 『조선왕조실록』 가운데 반역자들의 혐의를 기술하는 장면에서도 드물지 않게 볼 수 있을 만큼 역사에서도 확인이 된다. 정조는 "신인(神人)이니 이인(異人)이니 하는 말을 추안(推案)에 다시는 쓰지 말도록 도사(都事)에게 엄하게 신칙할 것"을 하교할 정도였다(『정조실록』 1785년 3월 23일). 거짓으로 꾸민 허황한 사건과 신인·이인 같은 특별한 존재를 너무도 많은 사람이 믿기에, 임금이 이런 명령까지 내렸던 것이다.

조선 사람들의 이인관을 흥미롭게 보여주는 일화로 백범 김구(金九)의 회고록인 『백범일지』를 들 수 있다. 김구가 일본인 첩자를 살해한 이른바 치하포 사건을 기술한 부분이다. 김구는 일본인을 공격하기 전에 스스로를 이인으로 꾸몄다고 적고 있다. 섣불리 공격했다가 주변에 있는 같은 무리에게 거꾸로 공격을 당할 수 있으니, 스스로를 이인으로 꾸며서 주변 사람들이 감히 대들지 못하게 했다는 것이다. 그래서 식사를 1인분만 시키지 않고 7인분이나 시켰는데, 그러자 주위에서 수군거리며 저 사람이 행색은 초라해도 이인일지 모른다고 말했다고 한다. 김구의 의도가 어느 정도 성공했던 것이다.

『숙향전』이 보여주는 인간관계의 양식은 유교 이념에서 한 치도 벗어나지 않는다. 이른바 부자유친(父子有親), 군신유의(君臣有義), 부부유별(夫婦有別), 장유유서(長幼有序), 붕우유신(朋友有信)의 오상(五常)은 군위신강(君爲臣綱), 부위자강(父爲子綱), 부위부강(夫爲婦綱)의 삼강(三綱)과 합쳐져 삼강오륜을 이루는데, 이 삼강오륜이 철저히 지켜지는 것이 『숙향전』이다. 주인공이 부모에게 효도하며 임금에게 충성을 다하는 것은 물론이고, 숙향과 이선의 부부관계도 유교 이념상 흠을 잡을 것이 없다.

이처럼 『숙향전』은 유교·불교·도교가 한 작품에 녹아 있는데, 유학자에게 엄준한 비판을 받은 불교조차 작품 속에 들어와 있는 모습은 유불도 삼교가 한국인의 보편적 사상과 잘 결합되어 있음을 보여준다. 보응관, 운명론, 이인관, 충효 사상 등이 유불도 삼교와 연결된 채 한국 전통의 사상으로 자리 잡고 있는 것이다.

이상적 현실주의

『숙향전』이 보여주는 보응관, 운명론, 이인관을 하나로 묶어 낭만주의 또는 이상주의로도 이해할 수 있다. 막연하나마 이 세상 저편에 저 세상이 있다고 생각하고, 또 그곳과 이곳이 연결되어 있어서 그곳의 일이 이곳에 영향을 끼친다고 여기는 것이다. 이런 측면에서 보면 『숙향전』은 초월적이고 이상적인 세계에 대한 지향을 보여주는 이상주의와 연결되는 것도 같은데, 그 실질을 보면 이상 세계를 지향하는 이상주의가 아니라 현실주의에 가깝다. 이상을 인정하지만, 현실을 버리고 이상 세계로 가려는 이상주의가 아니다.

한국인의 현실주의적 지향을 잘 보여주는 이야기로 18세기 정조 때의 유명한 이야기꾼인 김중진(金仲眞)이 연행했다고 하는 「삼사발원기(三士發願記)」를 들 수 있다. 세 선비가 옥황상제에게 가서 다시 태어날 때 무엇이 되기를 바라는지 소원을 말하는 이야기이다. 한 선비는 높은 벼슬아치가 되기를 바랐고, 다른 선비는 큰 부자가 되기를 바랐다. 옥황상제는 그들의 소원을 모두 들어주었다. 그런데 마지막 선비는 시골에서 천수를 누리며 편히 살다 죽기를 바랐다. 그러자 옥황상제가 이런 복은 하늘도 아끼는 것이라서 아무에게나 주지 않는다면서, 그런 삶이 있다면 자기도 옥황상제 노릇을 그만두겠다고 한다.

앞의 둘은 보통의 조선 사람들이 보편적으로 지향하고 소망한 삶의 가치이다. 그리고 마지막 것은 앞의 둘에 대한 반성의 결과이다. 권력과 부를 추구하는 것이 얼마나 위험할 수 있는지에 대한 반성이다. 하지만 마음 편히 살 수 있으려면 기본적으로 어느 정도 부와 지위의 뒷받침이 필요하다. 애덤 스미스도 『도덕감정론』에서 행복의 기본 조건으로 최소한의 부와 건강을 말한 바 있다. 이 이야기는 한국인의 현실주의를 잘 보여주고 있다.

천정관과 운명론에 얽매여 있으면서도, 『숙향전』에서 실제 문제가 되는 사건들은 모두 현실적인 것이다. 이 세계 너머에 저 세계가 있고 그것이 이 세계와 후대의 삶에 영향을 미친다는 인식 때문에 현실의 삶을 이욕으로만 채우지는 않지만, 그렇다고 저 세계에 대한 지향을 보여주지도 않는다. 저 세계로 인해 현실을 포기하지는 않는 것이다. 한국인은 이상주의와 현실주의의 줄다리기 속에서 삶을 이어왔다고 할 수 있는데, 때로는 조선 후기 천주교 순교자들처럼 이 세상을 버리고 저 세상을 향하기도 했지만, 대개는 이상주의를 버리지는 않되 이상으로 향하기보다 현실을 향하는 현실주의를 보였다고 할 수 있다. 그것을 이상적 현실주의라고 말할 수 있다. 그런 사상이 가장 잘 드러나는 부분이 한국 전통의 무속과 무가이다.

「바리데기」

어떤 민족 고유의 사상은 종교에서 가장 잘 발현된다. 중국에서 도교가 그렇고 일본에서는 신도(神道)가 그렇다. 한국에서는 무교(巫教)가 그에 해당된다고 할 수 있다. 도교나 신도는 각기 자기 나름의 사원을 가지고 있고 그 나라의 중심적 신앙으로 자리를 잡은 반면, 한국의 무교는 교단이나 교리를 체계적으로 갖추지 못했을 뿐만 아니라 사원도 제대로 형성하지 못했다. 토속 종교로는 무교 외에도 동학과 그것을 이은 천도교라든지 단군교로 시작해 이름을 바꾼 대종교 등을 들 수 있지만, 이는 모두 20세기 이후 종교적 모습을 갖추었으니, 한국 고유 사상을 종교에서 찾으려면 무교 외의 다른 것을 생각할 수 없다.

무교에는 경전이 따로 없으므로 그 사상은 무가에서 가장 잘 나타난다. 무가는 무당이 굿을 하면서 부르는 노래이다. 무당은 무병에 걸려 신내림을 받아서 되는 경우도 있지만, 어머니나 시어머니 등으로부터 무업을 전수받는 경우도 있다. 무당은 죽은 사람의 영혼을 달래주거나 사람들의 한을 위로하고 병을 치료하는 역할을 했는데, 이때 자신이 섬기는 무신의 힘을 빌린다. 무신의 힘을 빌리기 위해서는 신을 먼저 청해서 현장으로 모셔야 하는데 이때 무가를 부른다. 고대 시기에야 제사장이 임금을 겸하였다고 하지만, 중세 이후에는 무당이 그런 지도자적 위치에 이르지 못했다. 오히려 조선에서는 무교가 유교에 의해 배척당하고 불교에 의해 주변으로 몰리는 처지였다. 세력 자체로 보면 미약하지 않지만, 위상으로 보면 변두리의 낮은 종교였다. 사정이 이러니 무당의 지위 역시 높을 수 없었고 제사장이나 지도자는커녕 천인으로 취급되었다. 여기서는 무가 중에 가장 널리 알려진 「바리데기」(또는 「바리공주」)를 살펴보기로 한다. 각편(各篇)에 따라 이야기가 약간씩 다른데, 여기서는 1937년 이후 2001년까지 서울 지역에서 채록된 각편들을 정리한 『무가문학의 세계』(서대석, 2011)에 실린 요약본을 소개한다.

옛날 어느 왕국의 왕이 즉위하여 결혼을 하려고 점을 치자 점쟁이가 "금년에 대왕께서 혼례를 하게 되면 공주만 일곱을 낳을 것이고, 내년에 혼례를 하면 왕자 셋을 낳을 것"이라고 예언한다. 왕은 점쟁이의 말을 믿지 않고 바로 그해에 결혼을 하는데, 왕비가 계속해서 공주만 여섯 명을 낳는다. 왕은 점쟁이의 예언이 실현되는 것을 보고 왕자를 낳게 해달라고 치성을 드린다. 왕과 왕비는 상서로운 태몽을 꾸고 일곱째 아기를 잉태하여 왕자가 태어날 것을 기대했으나, 낳고 보니 공주여서 화가 나 공주를 옥함에 넣어 강에 버린다. 이렇게 버려진 바리공주는 석가세존의 지시를 받은 할미와 할아비에게 구조되어 그들에게 길러진다. 바리공주가 열다섯 살이 되던 해에 왕이 병이 드는데, 꿈에 신의 사자인 청의동자가 나타나 일곱째 공주를 내버린 죄로 병이 든 것이라며 병을 고치려면 버린 공주를 찾아내어 그가 길어온 신선세계의 약수를 마셔야 한다고 말한다. 왕의 명령을 받은 신하가 바리공주를 찾아내어 궁중으로 데려와 부모를 만나게 하고, 바리공주는 약수를 구하려고 여행길에 오른다. 바리공주는 여러 신들의 도움으로 저승세계를 지나서 신선세계에 도달하여 약수를 지키는 무장승을 만나 약수 값으로 삼 년 나무해주기, 삼 년 물 길어주기, 삼 년 불 때주기의 일을 하고 무장승과 결혼하여 아들 일곱을 낳은 다음 약수를 얻어서 돌아온다. 바리공주를 기다리던 왕이 이미 죽어 장례를 지내려고 할 때, 바리공주가 약수를 가지고 나타나 죽은 아버지를 살려낸다. 살아난 왕은 바리공주가 자신을 살려낸 사실을 알고 바리공주의 소원을 들어준다. 바리공주는 무신이 되어 무당의 제향을 받게 하고, 일곱 아들은 저승의 십대왕이 되게 하고, 무장승은 산신이 되게 한다.

「바리데기」의 주제는 기본적으로 버림받은 딸의 효성이라고 말할 수 있다. 유교의 대표적 덕목인 효도가 작품 전반에 주제의식으로 작용하고 있는 것이다. 「바리데기」의 기반 사상은 대체로 유교와 상통한다고 할 수 있으나, 부모가 자식을 버리는 앞부분의 이야기는 유교와 거리가 멀다. 아이를 버리는 이야기로 고대 그리스에서는 「오이디푸스 이야기」로 유명하지만, 한국에서도 「주몽신화」와 같은 고대 신화부터 적지 않게 보인다. 한글소설로 전승된 설화 중에 가장 오랜 연원이 확인되는, 최치원의 이야기를 그린 『최고운전』(또는 『최충전』)도 맨 앞부분에 최치원의 아버지가 어린 최치원을 버리는 설정이 있다. 최치원의 어머니가 금돼지에게 납치되었다가 돌아와 낳은 아들이 최치원이어서, 아버지가 최치원을 금돼지의 자식으로 생각하여 버렸다는 것이다.

19세기 말 『최고운전』을 번역한 일본인 작가 나카라이 도스이(半井桃水)는 『최고운전』에 자식을 버리는 이야기가 나온다고 해서 그것을 조선의 일반적인 관습으로 받아들이지는 말라는 주석을 달았다. 실제로 아이 버리기 모티프는 조선 후기의 사상으로 보나 실정(實情)으로 보나 현실의 반영으로 읽을 수 없다. 『숙향전』에도 이유야 다르지만 전쟁터에서 일시적으로 아이를 버리는 설정이 있다. 『숙향전』 이본 중에는 숙향의 남편 이선이 황태후를 위해 약을 구하러 여행을 떠나는 장면을 지닌 것도 있으며, 운명론, 보은관 등 핵심적인 사상 역시 「바리데기」와 흡사하다.

무교 사상의 원형

무교 사상이라는 것이 하나의 일관된 체계를 가진 것이 아니니, 시대에 따라 지역에 따라 그리고 사람에 따라 약간씩 차이가 있다. 그러나 대개는 무가가 채록된 시대의 지배적인 사상과 크게 다르지 않다. 그런데 상대적으로 큰 차이를 보이는 무가도 있으니, 일부 제주도 무가가 그렇다. 제주도는 한반도에서 멀리 떨어진 섬으로 육지에서의 뱃길이 험하여 해난 사고가 잦았다. 제주도는 한반도 역사에서 한 번도 정치·문화의 중심지 역할을 한 적이 없었고, 중심지의 문화적 변동이 가장 늦게 영향을 미치는 곳이었다. 언어 면에서나 문화 면에서나 고유성과 독자성이 강한데, 언어의 예를 들자면 제주도 방언에는 20세기 이후까지도 다른 지역에서는 사라진 모음인 '아래아(ㆍ)'가 남아 있었다. 또 불교나 기독교 등 외래 종교의 영향이 상대적으로 적었는데, 조선 후기까지도 불교 사찰이 거의 없었다고 할 정도로 외래 종교의 영향이 적었고, 초기 기독교 포교 시대에 가장 반발이 컸던 곳이기도 하다. 그만큼 제주도는 전통적 무교의 영향력이 강했고, 현재까지도 전국에서 가장 많은 서사무가가 전래되고 있다. 제주도는 유교에 깊은 영향을 받은 육지에 비해 고유 사상의 흔적이 잘 남아 있는데, 제주도 서귀포 본향당의 서사무가, 곧 본풀이를 예로 들 수 있다. 1931년 아키바 다카시(秋葉隆)가 채록해 『조선민속지』에 수록한 것을 보면 다음과 같은 이야기가 있다.

제주 한라산 '설매국'의 '바람님'이 '산 넘고 바다 건너 만 리 밖 비오너라 홍토나라 홍토천리'에 '고산국'이라는 미색이 있다는 풍문을 듣고 그곳을 찾아가 부부의 인연을 맺는다. 그러나 바람님은 곧 처제와 사랑에 빠져 한라산으로 도망친다. 고산국이 이들을 쫓아가, 자매는 도술을 부리며 싸우는데 결국 동생이 이겨 바람님과 살게 된다. 고산국은 동생에게 성을 지씨로 바꾸라고 하고 자신은 서홍리에 좌정한다. 바람신과 지산국은 김봉태라는 사람을 만나 한때 그 집에 묵었으나, 인간의 냄새가 나는 곳은 신이 머무를 곳이 아니라고 하여 고산국과 상의해 화살을 쏘아 떨어진 곳을 경계로 삼고 동홍리에 좌정한다. 고산국은 그래도 한이 풀리지 않았는데, 이로 인해 서홍리와 동홍리 사람들은 서로 혼인을 하지 않았고 무당도 왕래하지 않았다.

남자가 처제와 사랑에 빠져 아내와 따로 각각 두 마을의 신이 된다는 내용이다. 처제와 형부가 사랑에 빠진다거나, 자매가 그로 인해 다투었다는 일 자체는 예나 지금이나 일어날 수 없는 건 아니다. 그러나 오백 년 유교 사회를 통과하고도 유교에서 극도로 금기시하는 근친인

제주 김녕 잠수굿 서순실 심방. 제주도에서는 무당을 심방이라고 부른다. ©유요한

척 간의 사랑을 내세우는 서사무가는 한반도 육지에서는 좀처럼 찾아볼 수 없다. 조선시대의 다른 서사물들을 생각하면 이런 설정은 놀라운 것이다.

이 각편이 채록되고 근 오십 년 후에 다시 채록된 같은 지역의 서사무가 역시 거의 동일한 내용이다. 이 오십 년 동안은 그전 오백 년 이상으로 큰 사회적 변화를 겪었음에도 불구하고 내용의 차이를 거의 찾을 수 없다. 제주도 방언을 직접 들을 겸, 현용준의 『제주도무속자료사전』(신구문화사, 1980)에 실린 채록본을 그대로 소개한다.

> 남편은 비씨 영감 ᄇᆞ름웃도, 큰부인은 고산국, 족은부인은 지산국, 삼부체 뒙네다.
>
> ᄇᆞ름웃님이 홍토나라 홍토철리 비오나라 비오철릴 뎅기단보난 혼 집의 천하미색 고온 ᄄᆞᆯ아기가 잇어지니, 그 집의 주인을 멋히고, 장개

를 간 보난, 장개가젠 흔 아기씬 쳐아지망이 퉤고 부인은 고산국이 뒙데다.

가전체 아니흔 장갤 가놓고 흐를 이틀 살다네 쳐아지망을 통관허여 거느리고 돌아나 제주 한라산을 넘어오는디, 고산국은 아시광(아우와) 남편이 돌아난 걸 알고 뒤똘아온다.

한라산을 넘어서 움탕밧 서덕아피 찰리궤 웃배냇도 알배냇도 게미목 술오름엘 오니 고산국이 미쳐오고, 삼부체가 군막을 쳔시난(쳐놓으니) 짐씨 영감이 사농(사냥)흐레 지나간다. 짐씨 영감을 불러놓고 문질을 흐뒈,

"저디 봐지는 ᄆ슬이 어느 ᄆ슬이냐?"

"저것은 토평지경입네다. 바른 앞의는 동홍리지경입네다. 바른 남쪽은 서귀포지경입네다. 글로 서쪽인 서홍리지경입네다."

"그레면 너가 우리 질 인도를 흐라."

짐씨 영감 질 인도허여 상잣을 넘읍네다. 중잣을 넘읍네다. 하잣을 넘읍네다.

"너네 집으로 인도흐라."

짐씨 영감안티 가 흐를 밤 유이를 흐고 보니, 몬짓내 나고 그실먹내(그으름냄새) 나고 화식내 나, 인간광 신위는 ᄀ찌 흘 수 엇다 흐고 이젠 가시ᄆ리 웨돌로 갑데다.

삼부체 화이흐랴 화이홀 수 엇어지고 어서 땅과 국을 가르자. 큰부인이 성식을 내며 뿡개질(돌팔매질)을 흐니 홍리 안까름(內洞) 혹담에 지고 비씨 영감은 뿡개질을 흐니 민섬 한도에 가 집데다.

고산국이 말을 흐뒈

"이젠 어서 저 뿡개 지는 대로 난 서홍리 지경을 추지허여 갈 것이니, 너네랑 우알(上下)서귀를 추지허영 들어가라. 남편 원쉬와 족은아시(아우) 원쉬를 들롸 가풀 수 엇다(이루 다 갚을 수가 없다). 족은아시랑 지가 성을 바꾸라. 기영흐곡(그리하고) 이젠 땅광 물을 갈르라. 느네 지경 ᄆ무쉬 우리 지경 못 올 거. 느네 지경 사름 우리 지경 못 올 거.

> 느네 지경 사름 우리 지경 혼연 못ᄒᆞᆫ다. 그레면 나도 동홍리 우알서귓거 바레지 아니 홀로라. 내 지경 산에 있는 낭쮀(나무의 낱개)는 다 내 권리노라. 너네덜이 추물(제사음식)을 받을지라도 나를 거느리커건(부를 터이면) 종이 ᄒᆞᆫ 장을 ᄀᆞ림허영ᄒᆞ라(사이에 가리워 나누어라)."
>
> 족은아신 지산국으로 성을 바꾸고 ᄇᆞ름웃도광 ᄀᆞ찌 우알서귀 ᄎᆞ지허여 정월 ᄎᆞᄒᆞ를날 과세, 이월 열사을날 영등손맞이, 칠월 열사을날 마불림제, 동짓ᄃᆞᆯ 열나을날 본향생진일을 받고 우알동네을 전부 다 ᄎᆞ지ᄒᆞᆸ데다.

서귀포 본향당의 서사무가는 제주도 지역 분할의 역사를 보여준다고도 읽을 수 있다. 동일한 뿌리를 지닌 서홍리와 동홍리가 고대에 갈라서게 되었던 역사적 배경을 설명하는 이야기로 이해되기도 하는 것이다. 이는 무교가 통치의 중요한 한 축을 담당했던 고대 제주도의 역사를 반영한 것으로 볼 수 있다. 이런 과정을 거치면서 무교는 오랜 기간 한국 문화의 저변에 중요한 영향력을 행사했던 것이다.

참고문헌

이상구 역, 『숙향전·숙영낭자전』, 문학동네, 2010.

서대석, 『무가문학의 세계』, 집문당, 2011.

이경하 주해, 『바리공주/바리데기』, 서울대학교출판문화원, 2019.

정병설, 「일본인의 한국어 교재 숙향전」, 『문헌과해석』 26, 문헌과해석사, 2004.

유교 문학의 특징

마음의 이야기: 「천군전」

근대 직전까지 한국의 대표적인 사상은 단연 유교였다. 물론 불교 역시 버금가는 지위에 있었지만, 불교는 조선시대에 공식적으로 배척된 종교여서 유교와 같은 사상적 위상을 차지하지 못했다. 한국에서 유교는 일찍이 삼국시대부터 수입되어 퍼졌는데, 『논어』가 이미 삼국시대에 읽혔고, 신라의 독서삼품과(讀書三品科)나 후대의 과거시험 등 관리가 되기 위한 과정에서도 유교 경전의 가르침은 필수였다. 유교는 삼국시대부터 지식계에 상당한 영향력을 행사했으나, 그것은 어디까지나 통치의 실용적 필요성에 한정된 것이었고 생활의 차원에서 근본 이념으로 작동하지는 않았다. 고려 이전에 한정한다면 한국 사람들의 내면을 지배한 것은 유교보다 불교였는데, 이것이 조선시대로 넘어오면서 유교로 바뀌었다.

조선은 스스로를 유교 국가로 자리매김했다. 조선에서 유교는 통치 지침일 뿐만 아니라 전 국민의 의식을 규제하는 이념이었다. 이때의 유교는 고대 중국의 것이 아니라 송대에 새롭게 자기갱신을 시도한 신유학이었으니, 주자(朱子)가 집대성한 이른바 성리학(性理學)이었다. 성리학에 바탕을 둔 조선의 유학은 인간과 세계를 근원에서부터 규제하는 사상으로, 인간 행위의 밑바탕에 있는 마음부터 규정하고 통제하고자 했다. 성(性)과 이(理)는 인간과 세계의 본성 또는 근본 원리라고 할 수 있는데, 그런 것을 규정하는 사상이 교조적이다 보니 조선 사람들의 생각은 성리학에서 한 발 벗어나기가 어려웠다.

인간의 근본부터 찾고자 하는 성리학은 자연히 마음에 관심을 가졌으니 이를 특히 심학(心學)이라고 했다. 심학은 간단히 규정하면 마음을 분석, 규정, 통제하고자 하는 학문이다. 조선시대 유학사의 중요한 흐름은 이런 마음의 근본 원리를 깊이 분석하고 내면화하고자 한 과정이라고 말할 수 있는데, 이것이 주류 사상이 되면서 문학사에도 연관된 흐름이 나타났다.

조선에서는 성리학 이론서로 『근사록(近思錄)』과 『심경(心經)』이 중시되었다. 『심경』은 진덕수(眞德秀, 1178~1235)가 편찬한 것보다는, 정민정(程敏政, 1445~1499)이 진덕수의 「심경찬(心經贊)」에 정복심(程復心, 1257~1341)의 「심경도(心學圖)」를 붙이고 또 주석을 보태 엮은 『심경부주(心經附註)』로 널리 읽혔다. 조선에서 『심경부주』와 관련된 저술은 백여 종이 넘으며, 단순한 언급까지 포함하면 어지간한 조선시대 유학자 가운데 논급하지 않은 사람이 없을 정도이다. 조선에서는 이렇게 중시된 책인데도 정작 그 책이 만들어진 중국에서는 유학자 사회에서조차 잘 알지 못했다. 일본에서도 근대 초기에야 조금 알려졌으니, 심학에 대한 조선 유학자의 특별한 주의와 관심을 읽을 수 있다.

유교를 중요한 사상적 기반으로 삼은 동아시아 국가 가운데서도 조선이 특히 마음의 문제에 각별한 관심을 가지고 있었던 것이다. 유교의 종주국이라고 할 수 있는 중국도 조선처럼 철저하게 성리학 일변도로 나가지 않았고, 일본은 뒤늦게 17세기 이후에야 유교가 퍼지는 상황이었으므로 조선처럼 인간의 본성과 마음에 집착하지 않았다. 이런 사상적 경향으로 인해 문학사에도 일정한 차이가 나타나는데, 조선의 독특한 문학 양식으로 들 수 있는 것이 심성우언(心性寓言)이다.

심성우언은 마음을 의인화한 문학 양식으로 한국문학사에서는 천군소설(天君小說)이 대표적인 장르이다. '천군'은 마음을 가리키는 말로 『순자(荀子)』에서 처음으로 용례가 확인된다. "마음은 중허에 살며 오관을 다스린다. 이것을 일러 천군이라 한다(心居中虛 以治五官 夫是之謂天君)"라는 말이다. 마음이 몸을 다스린다 하여, '하느님'이라고 번역할 수 있는 '천군'이라는 이름이 붙었다.

천군소설의 첫 작품은 김우옹(金宇顒, 1540~1603)의 「천군전(天君傳)」

(1566)이다. 이 이전에도 마음을 성(城)에 비유하며 천군이 다스리는 나라를 그린 김안로(金安老, 1481~1537)의 「성의관기(誠意關記)」와 같은 심성우언이 있었지만, 그 영향력을 고려할 때 천군소설의 본격적인 출발은 「천군전」이라고 말할 수 있다. 「천군전」은 창작 동기부터 심학과 밀접한 연관을 가진 심성우언이다.

「천군전」은 김우옹이 스승 남명(南冥) 조식(曺植, 1501~1572)의 명을 받고 지은 작품이다. 조식은 16세기 성리학 정착기에 조선 유학을 대표하는 학자였다. 안동을 중심으로 한 영남좌도(嶺南左道)의 대표 학자 퇴계 이황(李滉)과 쌍벽을 이루는, 진주를 중심으로 한 영남우도(嶺南右道)의 대표였다. 조식은 인간의 마음을 나라에 빗댄 「신명사도(神明舍圖)」라는 그림을 그렸고, 그것을 김우옹에게 보여주며 전(傳)을 짓게 했다. 조식은 책을 읽는 것보다 책에서 배운 내용을 실천하는 것을 더 중요하게 생각한 학자로 유명한데, 그가 남긴 얼마 되지 않는 저술 가운데 하나가 인간의 마음에 대한 그림이고, 이를 바탕으로 「천군전」이 창작되었다. 조식은 또한 유교적 이념과 도덕의 강령으로 집을 짓는다는 내용의 가사인 「도덕가」의 작가로도 알려져 있는데, 유사한 가사들이 「권선지로가(勸善指路歌)」, 「권선가」, 「공부자궐리가(孔夫子闕里歌)」, 「인택가(仁宅歌)」, 「궁장가(宮墻歌)」 등의 제목으로 전한다. 그런데 이들 작품은 작가를 이황이나 이이 등의 저명한 유학자로도 말하고 있으니, 작가는 분명하지 않아도 유학자들이 공히 유교의 교리를 집에 빗대어 생각하고자 했음은 알 수 있다.

마음을 그림으로 표현하려는 시도는 『심경부주』에 실린 「심학도」에서 이미 나타난다. 그러나 「심학도」는 마음의 여러 양상을 그려낸 것에 불과하지만, '마음의 집'을 그린 「신명사도」는 그림임에도 불구하고 서사성을 내포하고 있다. 「신명사도」는 마음의 성을 외물의 침략으로부터 지켜내는 상황을 그리고 있는데, 조식은 이미 그림의 구상 단계에서부터 마음이 외물의 방해를 이겨내는 극복의 서사를 염두에 두었다. 그림이 이미 이야기를 담고 있기에 제자에게 그것을 토대로 이야기를 짓게 했던 것이다. 「천군전」은 유학적 심성론의 서사적 발현이며, 쉽게 말하면 이야기로 풀어낸 유교 이념이다. 이 때문에 「천군전」은 후대에 소설이라기보다는 사상적 문장으로 받아들여졌다. 「천군전」의 줄거리를 보자.

유인국(有人國)[사람] 건원제(乾元帝)[만물을 창시하는 군주]의 장남이 나라를 맡게 되니 백성들이 그를 천군[마음]이라 불렀다. 천군은 경(敬)과 의(義)를 재상으로 삼아 나라를 잘 다스렸다. 그런데 나라가 평안하자 천군은 국사를 소홀히 했고, 이에 두 재상이 임금에게 충고를 하지만 받아들이지 않았으며, 두 재상은 해(懈)와 오(傲)에 의해 쫓겨난다. 이 틈에 화독(華督)[중국 춘추시대의 역신. 여자를 탐하여 임금까지 죽임]이 난을 일

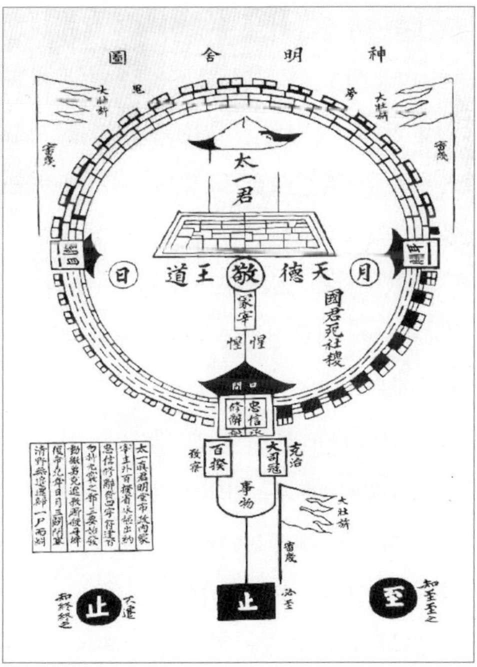

「신명사도」
「천군전」의 바탕이 된 그림이다.

으켜 유인국의 도읍인 흉해(胸海)[가슴]를 점령하고, 마침내 천군의 나라는 류척(柳跖)[중국 춘추시대의 도적]에 의해 망한다. 그제야 양(良)이 시(詩)로 천군을 깨우치니, 천군은 재상이었던 경을 다시 부르고, 장군 극기(克己)와 원수 지(志)를 시켜 적을 제압해 천군의 나라가 다시 평안해진다.

이처럼 「천군전」은 공경과 의리에 의해 잘 다스려지던 마음이 게으름과 오만함으로 본래의 평안함을 잃고 타락하였다가 어짊과 바른 심지로 자기 욕망을 극복하면서 스스로를 회복하는 '원형-타락-회복'의 서사 구조를 지니고 있다. 마음을 성(城)으로 그려놓은 원그림을 생각하면, 적의 공격을 받아 함락되었던 마음의 성을 다시 되찾는 구조인 셈이다. 이런 회복의 구조는 후대의 천군소설에서도 발견되는 공통된 서사이다. 평안하던 마음이 게으름, 오만, 탐욕, 술 등에 의해 어지러워지고 이를 다시 어진 마음, 극기 등으로 바로잡는 과정을 그린 것이 천군소설이다.

대부분의 천군소설은 「천군전」과 마찬가지로 유학의 심(心) 우위론에 기초하고 있다. 마음인 천군이 임금이고, 천군이 다스리는 신체 기관이나 감각 체계는 신하이다. 「천군전」에서 천군은 공경과 의리를 재상으로 두고 있으며, 게으름과 오만이라는 역신(逆臣)도 있다. 여기서 마음이 운동하기 이전은 이(理)라 할 수 있고 운동한 상태는 기(氣)이니, 말하자면 이가 기를 다스리는 '이 우위론'에 기초한 구조라 할 수 있다. 다른 천군소설인 정태제(鄭泰齊, 1612~1669)의 『천군연의(天君演義)』에서는 천군이 눈, 코, 귀, 입과 희로애락애오욕(喜怒哀樂愛惡欲)의 칠정(七情)을 다스리는 것으로 되어 있으며, 정기화(鄭琦和, 1786~1827)의 『천군본기(天君本紀)』에서는 천군이 공종명총예(恭從明聰睿)와 인의예지신(仁義禮智信)의 각각 다섯 신하를 두고 있다. 또 류치구(柳致球, 1793~1854)의 『천군실록(天君實錄)』에서는 천군이 귀, 눈, 입, 코, 손, 발, 인의예지신(仁義禮智信) 등의 신하를 두었다. 천군소설은 운동 이전의 순수한 마음이 때에 따라

훼손되기도 하지만 적절히 통제되면 언제라도 원래의 순수함을 회복할 수 있다고 보는 작품이다.

물론 심성우언 가운데 정통적 천군소설의 사상 체계에서 벗어난 작품도 없지 않다. 임제(林悌, 1549~1587)의 「수성지(愁城誌)」와 이옥(李鈺, 1760~1815)의 「남령전(南靈傳)」이 대표적인데, 이들 작품은 대체로 사상적 성격보다 문학적 성격이 강하며 희학적이다. 그런데 그 이면을 살펴보면, 천군소설의 바탕이 되는 조선조 주류의 심학을 풍자·비판한 것임을 알 수 있다. 「수성지」는 천군이 인의예지와 희로애락, 시청언동(視聽言動) 등을 신하로 두고 있는데, 천하에 수심이 가득 차자 외물인 술의 힘을 빌려 수심을 없앤다는 이야기이다. 심신 관계를 군신 관계로 설정한 것은 정통 심학에 바탕을 둔 심성우언과 기본 구도가 다르지 않지만, 그 해결책을 마음의 자발성에 의하지 않고 외물인 술에 의지한다는 점에서는 지향이 완전히 다르다. 술에 의해 마음이 조종되는, 곧 마음이 사물에 의해 조종된다는 발상의 전복이 보인다. 허균(許筠, 1569~1618)이 「수성지」를 "문자가 생긴 이래 나온 아주 특별한 문장(結繩以來 別一文字)"(「학산초담(鶴山樵談)」)으로 평가한 것도 허균 자신의 파격적 사상 지향과 상통하기 때문으로 여겨진다. 잘 알려진 것처럼 허균은 인간의 욕망을 적극적으로 인정한 시대의 이단아였다.

천군소설로 대표되는 심성우언의 전통은 인접 중국이나 일본에서는 찾아보기 어렵다. 사람의 마음을 의인화하여 거기서 벌어지는 일을 서사로 풀어낸 작품군이 존재하지 않는 것이다. 천군소설과 유사한 작품은 오히려 기독교가 지배한 유럽에서 찾아볼 수 있는데, 번연(John Bunyan, 1628~1688)의 『천로역정(*The Pilgrim's Progress*)』(1678)이 대표적이다. 기독교도가 멸망의 도시에서 신앙을 찾아 천국으로 가는 과정에서 게으름, 허영 등 여러 가지 감정과 태도가 의인화한 인물들을 만난다는 일종의 심성우언이다. 『천로역정』은 세계에서 성경 다음으로 많은 나라

『천로역정』 게일 번역본 서울대학교 중앙도서관 소장.

에서 번역된 책이라고 하며, 한국에서는 19세기 말 개항 이후 가장 먼저 번역된 영어책이기도 했다. 1895년에 캐나다 출신의 선교사 제임스 게일(James S. Gale)이 한글로 번역하여 간행했다. 천군소설로부터 이어지는 한국인의 마음에 대한 관심이 기독교를 만나자 『천로역정』이라는 심성우언과 쉽게 연결되지 않았나 한다.

한글문학과 몸의 서사: 「여용국평란기」

유학의 강한 자장 속에서 창작된 천군소설들은 유학이 중국에서 온 것인 만큼 모두 한문으로 되어 있다. 심성우언은 모두 한문 작품이며, 한글로 된 것은 한 편도 보이지 않는다. 공교롭게도 한글로 된 우언은 마음을 그린 것은 없고 몸을 그린 작품만 있을 뿐이다. 한문으로는 마음을 그리고 한글로는 몸을 그렸다는 것은 조선시대 문학사의 흥미로운 지점이다.

한글 신체우언의 대표적인 예로 「여용국평란기(女容國平亂記)」와 「만신주봉공신록(萬身主封功臣錄)」을 들 수 있다. 두 작품은 대부분의 한글소설처럼 작가와 창작 시기가 밝혀져 있지 않으며, 다만 「여용국평란기」는 안정복(安鼎福)의 한문 번역본이 존재하는 것으로 보아 늦어도 18세기에는 창작되었음을 알 수 있다. 작품 내용으로 볼 때 두 작품 모두 여성이 지은 것으로 추정된다.

「여용국평란기」는 여자얼굴나라에 일어난 반란을 평정하는 이야기이다. 이 작품의 배경은 여자의 얼굴과 화장대이다. 등장인물은 분·연지·곤지 등의 화장품과 족집게·모시실 등의 화장도구, 그리고 얼굴의 때, 이똥 등이다. 여자얼굴나라의 임금인 효장황제[새벽 화장]가 게을러져 화장품과 화장도구 등의 신하들을 멀리하니, 때 등의 적군이 침범하여 얼굴나라가 망할 지경에 놓인다. 그제야 효장황제는 자신의 잘못을 깨달아 여러 신하를 부려 적군과 싸움을 벌이고 나라를 회복한다. 나라가 회복되자 효장황제는 공에 따라 신하들에게 벼슬을 내리는데, 연지와 분 등 겉으로 잘 드러나는 색조화장품에게만 높은 벼슬을 내리자, 화장의 기초가 되는 세숫물이 억울함을 말하고, 이에 황세는 기초화장품들에게도 높은 벼슬을 내린다.

「만신주봉공신록」은 천지개벽 이래로 삼천여 대가 지나 태평성대가 되니, 만신주(萬身主)[몸]가 공신[신체 각 기관]들에게 벼슬을 내리는 것으로 시작한다. 모든 신체 부위가 벼슬을 받고 만신주께 감사하는데, 하루는 복양후[배]가 나서서 황문[항문]만은 공이 큰데도 벼슬을 받지 못했다고 말한다. 만신주는 황문의 신분이 미천하여 벼슬 주기를 꺼리다가 마지못해 황문에게 낮은 벼슬을 내리는데, 황문은 세상사가 자기 뜻과 다르다며 명산에 잠적한다.

「여용국평란기」는 천군소설과 마찬가지로 '원형－타락－회복'의 구조를 가지고 있다. 다만 그 대상이 마음이 아니라 몸[얼굴]이며, 회복된 다음 논공행상(論功行賞)을 하는 부분이 덧붙어 있다는 차이가 있다. 한편 「만신주봉공신록」에서는 논공행상이 부연이 아니라 본편에 해당한다. 논공행상의 부당성을 지적하는 것이 핵심인데, 소외된 곳이 부당한 대우를 받고 있음을 그렸다는 점에서는 「여용국평란기」과 동일하다. 「여용국평란기」에서는 기초화장이 그런 대우를 받았고, 「만신주봉공신록」에서는 항문이다. 모두 중요한 역할을 하면서도 눈에 잘 드러나지 않거나 감추고 싶어 해서 인정받지 못한 것들이다. 두 작품은 모두 권력에서의 소외를 주제로 삼고 있다.

기본적으로 회복의 구조라는 점에서 한문 심성우언이나 한글 신체우언은 다르지 않다. 또한 긍정적 가치로 인정되는 것과 부정적 가치로 인식되는 것, 높은 가치로 받아들여지는 것과 낮은 가치로 받아들여지는 것 등 가치 판단에서 나타나는 위계적 인식도 비슷하다. 차이점이라면 지배 이념의 중심축인 유교에 가까운 한문 우언은 마음을 주로 다루는 관념적인 성격을 띠는 반면, 그로부터 일정한 거리를 유지하고 있는 한글 우언은 몸을 주로 다루면서 강한 현실성과 구체성을 보여준다는 점이다. 특히 한글 우언은 권력으로부터의 소외 문제를 주제로 삼고 있다는 점에서 한문 권력에서 소외된 한글의 위치를 반영했다고 볼 수 있다. 조선시대 한문이 한글보다 높은 문화적 위계에 있었으니, 한문 문화에서 소외된 자국 문화의 현실을 작품이 우의적으로 그렸다고도 볼 수 있다.

심성우언은 한문으로 된 것밖에 없지만, 한문 우언 중에 신체우언도 있다. 남성과 여성의 성기를 의인화하여 남녀의 성행위를 그려낸 송세림(宋世琳, 1479~?)의 「주장군전(朱將軍傳)」과 성여학(成汝學, 1557~?)의 「환부인전(灌夫人傳)」이 그 예이다. 하지만 이 두 작품은 시골에서 들은 이야기를 적어놓았다는 골계소화집 『어면순(御眠楯)』과 『속어면순(續御眠楯)』에 실려 있으니, 말하자면 한문 창작이 아니라 구비문학 작품을 한문으로 옮겨 기록한 것이다.

조선 후기로 가면 성대중(成大中, 1732~1809)의 『청성잡기(靑城雜記)』에 '사지백체(四肢百體)의 공로 다툼'을 다룬 신체우언이 있다. 이 작품은 「만신주봉공신록」과 같이 신체 기관들의 다툼을 그린 짧은 작품인데, 머리와 발꿈치, 입과 항문이 각기 자신의 공을 뽐내자, 이어 귀, 눈, 코, 눈썹, 수염, 손과 발, 마음, 피부가 나서서 자기 공이 으뜸이라고 주장한다는 이야기이다. 여기까지만 보면 이 작품은 「만신주봉공신록」과 비슷한 듯하지만, 마지막에 신(神)[정신]이 나서서, 자신이 천군이라면서 육체와 공적을 다투는 마음까지 꾸짖으며 싸움을 그만둘 것을 충고하는 데서는 심성우언에 가깝게 보인다. 작품 마지막에 "「광장(廣莊)」을 모방하였으나 비교적 질박하다"는 평이 붙어 있다. 「광장」은 명나라 학자 원굉도(袁宏道, 1568~1610)가 쓴 것으로, 사람들이 외물에 현혹되지만 근본적으로 외물은 신(神)이 주재한다는 주제를 담고 있는 작품이다.

이상에서 살펴본 것처럼 천군소설로 대표되는 심성우언은 조선시대 문학의 특징을 가장 잘 보여주는 작품군이다. 이는 당대의 지배 이념인 유교와 긴밀히 연결되어 있다. 조선 문학은 지배 이념인 유교에 견인되어 인간 심성의 근원을 탐구하려는 경향이 강했고, 물질보다는 관념에 기울어졌다. 그런 심성우언은 한문으로 창작된 반면, 신체우언은 한글로 표현되어 있다. 한문이 관념적인 영역을 주로 그렸다면, 한글은 주로 물질적인 영역을 다루었던 것이다. 한글로 그린 신체우언은 주변화되거나 소외된 것에 대한 관심을 드러내고 있는데, 이는 중심부를 향한 반발을 내포한다. 이는 당시 한글문학의 문화적 위상을 반영한 것으로, 이런 한문과 한글의 관계에 유의하며 조선시대 문학을 살필 필요가 있다.

참고문헌

정병설, 「조선시대 한문과 한글의 위상과 성격에 대한 일고: 심신우언의 비교를 통하여」, 『한국문화』 48, 서울대학교 규장각 한국학연구원, 2009.

여성의 현실과 이상

여성 자전과 여성의 삶

유교와 여성

조선이 지배 이념으로 삼았던 유교에서 원론적으로 여성은 남성과 동등한 존재라는 의견도 있다. 그러나 현실은 전혀 그렇지 않았으니 여성에게 혹독한 차별이 존재했다. 유교는 인간들 간의 관계, 그리고 그들 사이의 차이 또는 질서를 다른 어떤 요소보다 중시한 이념이다. 조선 후기의 대표적인 초학서인 『동몽선습(童蒙先習)』에서도 군신, 부자, 부부 간의 위계를 규정하는 이른바 삼강오륜을 첫머리에서 가르치는데, 삼강오륜을 알면 사람이 되고 그것을 모르면 짐승이 된다고 말한다. 남녀의 차이에 대한 이러한 철저한 긍정이 현실에서는 차별로 나타났다.

기독교가 신과 인간의 관계를 기본 관계로 설정하는 데 비해, 유교는 인간들 사이의 관계를 기본 관계로 본다는 특징이 있다. 이러한 유교적 인간관계의 기본 틀은 조선시대는 물론 현대 한국에 이르기까지 거의 바뀌지 않고 이어지고 있다. 물론 부자 관계, 부부 관계의 규율 방식이 약간 달라졌고, 군신 관계는 관계 요소 자체가 사라졌지만 근대 민주주의와 자본주의 체제하에서 유사한 권력 관계가 선거와 계약의 관계로 대치되었다. 변화에도 불구하고 개인의 재능이나 감정을 앞세우기보다 사회적 관계 내에서 개인의 위치를 먼저 문제 삼는 태도 등은 바뀌지 않았다. 심리학자 권수영은 『한국인의 관계심리학』(살림, 2008)이라는 책에서 미국인과 한국인의 특성을 비교하면서, 미국인은 자기 경계를 지키려는 생각이 강한 반면 한국인은 인간관계를 중시하는 사고를 한다고 말한 바 있다. 이러한 사고의 상당 부분은 유교에서 비롯된 것이라 말할 수 있다.

삼강오륜에서 제시하는 인간관계는 원론적으로는 대등한 관계처럼 보인다. 그러나 역사와 현실을 보면 전혀 그렇지 못하다. 군신유의(君臣有義)에서 임금에게도 의(義)를 요구하고, 부자유친(父子有親)에서 아버지에게도 친(親)을 요구하며, 부부유별(夫婦有別)에서 남편에게도 별(別)을 요구한 상고(上古)시대의 사례를 들어 이들 관계의 규약이 신하, 아들, 아내에게만 향하지 않고 임금, 아버지, 남편에게도 향한다는 점에서 상호적이고 평등한 것이라고 말하기도 하지만, 현실 세계에서 이들 덕목이 작동하는 양상을 보면 거의 일방적이다. 현실 세계에서 신하는 늘 임금을 위해 목숨 바쳐 의를 지켜야 하지만 임금은 신하에게 관계를 깨는 큰 실수만 하지 않으면 되고, 아들은 아버지와 친함을 유지하기 위해 일상적으로 효를 요구받고 때로는 목숨을 내놓기까지 해야 하지만 아버지의 경우 천륜에 따른 자연스런 사랑이 칭송을 받을 수는 있어도 친함이 강요되는 일은 거의 없다.

조선에서 많이 인용되던 사례로 유교의 성인인 순임금의 일을 들 수 있다. 『맹자』「이루장(離婁章) 상(上)」 맨 마지막에는 순임금이 아버지 고수에게 고하지 않고 결혼한 이야기를 다루고 있는데, 아버지에게 고했다가는 결혼을 하지 못했을 것이고 그랬다가는 자손을 둘 수 없으니, 후손을 얻지 못하는 것만큼 큰 불효가 없기에 그렇게 할 수밖에 없었다는 내용이다. 이 부분에 대하여 주자는 천하에 아무리 나쁜 부모나 임금이라도 섬기지 못할 사람이 없다고 주석을 달았는데, 여기서 성리학이 말하는 인간관계의 일방성이 단적으로 드러난다. 신하와 아들에게는 임금과 아버지를 향해서 무조건적인 충과 효를 해야 할 의무가 있다는 것이다.

이런 일방향적인 관계의 특징은 부부관계에서도 분명히 볼 수 있다. 부부유별의 핵심에는 남편과 아내 역할의 분별이 있는데, 아내는 집안에 머물며 집안일을 관장하고, 남편은 밖으로 다니면서 자신의 가정적·사회적 책무를 다해야 한다. 이런 안과 밖의 구별, 곧 내외법(內外法)은 수사적으로는 공평한 것처럼 보이지만, 현실에서는 전혀 그렇지 않아서 차별적으로 작동한다. 아내는 늘 별(別)의 덕목을 지켜 가정에 갇힌 채로 자신에게 주어진 덕목에 충실해야 하지만, 남편은 자유롭게 밖을 돌아다니며 온갖 방탕한 일을 해도 거리낌이 없다. 그것이 유교 덕목이 만들어낸 현실이다. 유교의 여성 차별 문제를 말할 때, 유교가 음양의 구별에 따른 성 차이를 말할 뿐 차별을 말한 것은 아니라는 의견도 있지만, 이는 실제 차별이 작동하는 양상을 보지 않고 하는 말이다. 여성을 집 안에 가두어두고 재가(再嫁)하지 못하게 하면서, 또 여성에게만 가정을 돌보고 지키게 하면서, 부부유별이 차별의 기제로 작용하지 않았다고 말할 수는 없다. 유교의 여성관이 남녀의 차이에 기초를 두고 있어서 차별적이지 않다고 주장하는 사람들조차도 그것이 현실적으로 차별적 질서를 만들었다는 사실은 부정하지 못한다.

남녀의 차별적 질서를 가장 극명하게 보여주는 문학의 한 예로 「시집살이 노래」를 들어본다. 다음은 울산 지역에서 채록한 노래로, 여성이 차별의 구조 속에서 어떤 의식을 가지고 있었는지를 잘 보여준다.

시금시금 시아버님 일어나소 일어나소
헌대 놋대 세수하고 조반이나 잡수시소
어라 이년 물러서라 너 아니라도 밥 해먹을 사람 있다

시금시금 시어머님 일어나소 일어나소
헌대 놋대 세수하고 조반이나 잡수시소
어라 이년 물러서라 너 아니라도 밥 해먹을 사람 있다

시금시금 아랫방에 내려서서

시금시금 시아지범 일어나소 일어나소
헌대 놋대 세수하고 조반이나 들으시소
어라 여보 물러서요 당신 아니라도 밥 해먹을 사람 있소

동서동서 맏동서야 일어나소 일어나소
헌대 놋대 세수하고 빨리 조반 들으시소
어라 동서야 물러서라 너 아니라도 밥 해먹을 사람 있다

여우같은 시누야 매구같은 시누야 시뚜던에 해 돋았다
대까칙에 낯을 씻고 아침이나 처먹어라
어라 이년 시끄럽다 너 아니라도 밥 해먹을 사람 있다

감더감더 나는 감더 우리 친정 나는 간다

시집의 다른 식구들이 다 자고 있는 새벽에 일어나 아침을 준비해서 식구들을 깨우는 장면으로 노래가 시작된다. 며느리는 온 집안의 식사를 도맡고 있다. 노예와 같은 삶이다. 그런데 시아버지나 시어머니는

말할 것도 없고 심지어 같은 처지의 동서까지 모두 그의 수고를 인정하지 않는다. 수고를 인정하지 않는 것은 물론이고, 존재조차 인정하지 않는다. 밥을 준비했는데도 그 밥은 먹지 않겠다고 하면서 따로 밥해줄 사람이 있다는 식으로 말한다. 어떤 이유인지는 몰라도 이미 화자는 시집의 사랑을 모두 잃었다. 며느리에게 인격적·도덕적 결함이 있다면 그 이유를 댈 텐데 시집 식구들은 이유조차 대지 않는다. 그런데도 화자는 차례차례 시집 식구를 부르며 그들에게 다가가려고 한다.

화자가 시집에서 외면과 냉대를 겪는 이유는 알 수 없다. 이유가 어찌 되었건 밥을 해서 먹으라는 사람에게 물러서라 대놓고 외면하는 상황이다. 그런데 시집에서 여성이 겪는 차별은 남성에 의해서만 이루어지지 않고 시어머니, 시누, 동서 등 여성들에 의해서도 이루어진다. 이는 차별이 성대결이 아니라 사회구조적 차원에서 비롯된 것임을 보여준다.

화자는 결국 시집에서 소박을 당한다. 시집의 일원이 되지 못하고 친정으로 돌아가는 것이다. 여성이 소박을 당하는 경우는 여러 가지 원인이 있을 수 있지만, 설사 어떤 이유가 있다고 하더라도 친정이 권세가 있다거나 경제력이 있으면 이를 겪지 않을 수도 있다. 흔히 많은 경우에 소박은 여성의 경제력에서 비롯된다. 며느리가 친정에서 재산을 가져오기를 바라는데 그렇게 하지 못하니 외면을 하는 것이다. 이는 20세기 중반까지도 흔히 들리는 얘기였다. 시집에서 외면을 당한 며느리가 친정에서 약간의 재산이라도 가져오려고 해도, 친정 형편이 어려워 그러지 못한다. 시집에서는 친정으로 돌아가라고 하고, 친정에서는 시집으로 가라고 한다. 그렇게 시집에도 친정에도 머물지 못한 며느리가 시집으로 돌아가는 고개 나무에 목을 맨다는 이야기가 전해온다. 남자의 경우 처가에게 이런 곤경에 처하는 일이 거의 없는데, 여자는 시집에서 이런 일이 드물지 않았다는 데서도 남녀의 차별적 지위를 알 수 있다.

유교의 인간관 아래 여성은 차별과 억압을 받아왔다. 여성은 집 안에 머무르고 남성은 바깥에서 사회 활동을 한다는 내외의 구분은 사회 활동을 하고자 하는 여성의 욕망과 의지를 누르는 것인데, 다른 각도에서 보면 냉혹하고 무서운 바깥세상으로부터 여성을 보호하는 장치일 수 있다. 그런데 경제적인 이유로 부득이 바깥 활동을 해야 하는 하층 여성들에게는 내외의 구분조차 적용되지 않았다. 내외지분을 말하면서도 하층 여성들을 바깥세상의 폭력으로부터 보호할 수 있는 어떠한 안전장치도 마련하지 않았다는 점에서, 유교 이념의 명분이 사회 전체에 보편적으로 적용되지 않았음을 알 수 있다.

하층 여성은 유교 이념의 보호는 받지 못했고 억압만 받았다. 조선 후기 유교 이념이 전국에 퍼지고 하층까지 뿌리를 내리면서 하층 여성들까지 수절을 하거나 남편을 따라서 죽는 일이 벌어졌다. 최악의 남녀 차별 사회, 여성 억압 사회로 변해간 것이다.

상층 여성의 생애 기록

자기 생애에 대한 서사에는 자서전과 회고록이 있다. 그런데 전근대 한국에는 자서전이 존재하지 않았다. 다산 정약용(丁若鏞)의 「자찬묘지명(自撰墓誌銘)」처럼 자기 일생을 회고한 글이 없지는 않지만, 루소(Jean-Jacques Rousseau)의 『고백록(*Les Confessions*)』과 같은 자서전이라 할 만한 것은 없었다. 필립 르죈(Philippe Lejeune)의 자서전 정의는 다음과 같다. "한 실제 인물이 자기 자신의 존재를 소재로 하여 개인적인 삶, 특히 자신의 인성의 역사를 중점적으로 이야기한, 산문으로 쓰인 과거 회상형의 이야기."(『자서전의 규약(*Le pacte autobiographique*)』) 기록자 자신의 개성적 '인성의 역사'를 세밀히 구체적으로, 그리고 풍부히 그린 글은 지금도 찾기 어렵지만 한국의 전근대에는 아예 없었다. 전근대 한국에 인물이 자신의 모습을 단편적으로 그린 경우는 있어도, 자기 내면을 깊이 관찰하여 그것을 드러내고자 한 서술은 없었던 것이다.

이는 일본이나 중국 또한 마찬가지였다. 근대 초기 일본과 중국에서 처음 자서전을 쓴 사람들은 자기 나라에 자서전의 전통이 없음을 인정했다. 후쿠자와 유키치(福澤諭吉)는 일본에는 자서전의 전통이 없는데 서양 사람들이 쓰는 자서전을 따라 자기도 자서전을 지어본다고 했고, 후스(胡適)는 1931년에 쓴 「사십자술(四十自述)」에서 중국에는 전기문학 곧 자서전이 없음을 깊이 느낀다고 말했다. 미셸 푸코(Michel Foucault)는 『성의 역사(*Histoire de la Sexualité*)』에서 고해성사로 인해 "서양에서 인간은 고백의 짐승이 되었다"고 말한 바 있는데, 기독교 전통과 별 관련이 없는 동아시아에서는 이런 이유로 자서전이 부재했을 수 있다.

자서전은 없었다 해도 자전 형식의 자기서사는 존재했으니, 전근대 남성은 자전 외에 자신의 죽음을 가탁하여 자명(自銘) 등 묘지문 형식의 글을 쓰기도 했다. 그런데 이런 자기서사에서는 삶에서 느낀 기쁨과 보람, 고통과 슬픔을 세세히 드러내는 부분은 적었고, 인생의 성공과 좌절을 대체로 무미하게 기록할 뿐이었다.

전근대에 여성은 남긴 글 자체가 적은데, 그 가운데 자기서사는 더욱 적다. 그렇지만 여성의 자기서사는 남성의 것과는 달리 고통스런 자신의 삶을 절절히 적은 것이 많다. 여성의 자기서사가 유서의 형식을 빌린 것이 많다는 점에서도 그 특성을 엿볼 수 있다. 남성들은 자명의 경우에도 죽음을 가정하고 쓴 글이 대부분이지만, 여성들은 죽음을 각오하고 쓴 것이 많다. 현재까지 확인되는 여성의 자기서사를 망라해보면 다음과 같다.

1. 한산 이씨(1659~1727), 『고행록(苦行錄)』. 유명천(柳明天)의 부인으로 남편의 유배에 동행하여 겪은 고초 등 집안 식구들과 함께 겪은 삶의 고통을 환갑 때 회고했다.
2. 재령 이씨(1677~1719), 「열부이씨유서」. 27세에 남편을 잃고 43세

에 딸을 다 시집보낸 후 죽으면서 쓴 글이다.

3. 전의 이씨(1724~1748), 「절명사」. 1746년 결혼했다. 1747년 남편이 죽자 곧 따라 죽었는데 그때 쓴 글이다.
4. 한산 이씨(1732~1758), 「절명사」. 남편이 죽고 세 달 만에 자결했는데 그때 쓴 글이다.
5. 혜경궁 홍씨(1735~1806), 『한중록』. 혜경궁은 여러 편의 글을 남겼는데, 이 중에 환갑 때 쓴 글에서 자기 인생을 회고했다.
6. 남원 윤씨(1769~1801), 「명도자탄사」. 1786년 결혼했다. 1801년 남편이 죽자 백 일 만에 따라 죽었는데 그때 쓴 글이다.
7. 풍양 조씨(1772~1815), 『자기록』. 20세에 남편을 잃고 이듬해에 글의 대부분을 썼다. 어릴 때 부모와 살다가 어머니를 여읜 일, 남편이 죽기까지의 경과 등을 자세히 썼다.
8. 광주 이씨(1804~1863), 「규한록」. 윤선도의 8대 종손부인 작가가 1834년에 쓴 글이다. 17세에 시집간 지 50일 만에 남편이 죽었다. 이후 양자를 입양하는 문제로 시집 식구들과 다투면서 시어머니에게 보낸 원정(原情) 형식의 글이다. 첫 번째 글을 시어머니가 불태워서 다시 써서 보낸 것이 이 글이다.
9. 서령 유씨(1807~1831), 「유씨부인유서」. 남편이 죽은 다음 딸을 두고 자살했는데 그때 쓴 글이다.
10. 해평 윤씨(1834~1882), 「윤씨자기록」. 유아기에 부모를 모두 여의고 22세에 과부가 되어 고단한 삶을 살았다. 가슴속에 맺힌 울분과 한탄을 참기 어려워 자신의 고통스런 삶을 털어놓고 또 자손에게 살아남은 이유를 남겨주기 위해 남편이 죽은 다음 해에 썼다.
11. 서흥 김씨(1883~1904), 「김씨부인유한서」. 김씨 부인의 유서이다.

전근대 여성이 자기 생애를 회고한 글은 중국이나 일본에서는 찾아보기 어렵다. 『역대부녀저작고(歷代婦女著作考)』(胡文楷 編著, 上海古籍出

版社, 1985[增訂版]. 초판은 1957년)나 『에도 여류문학의 발견(江戶女流文學の發見)』(門玲子, 藤原書店, 2006) 등을 살펴보더라도, 중국의 경우 시집 서문에서 자기 이야기를 다룬 것이 약간 있을 뿐이고, 한국처럼 군집을 이룰 정도의 자기서사는 보이지 않는다. 영어로 간행된 전통 중국 여성의 문학에 대한 책들에서도 유사한 것이 잘 찾아지지 않는데, 문학 연구서 등에 잘 보이지 않는다고 해서 섣불리 단정할 수는 없으나, 적어도 현재로서는 여성의 자기서사는 조선의 특징적인 것이라고 말할 수 있다.

앞에서 볼 수 있는 것처럼 총 11편의 여성 자기서사 가운데 6편이 유서이다. 그것도 남편의 죽음을 뒤이어 따라 죽은 여인들의 글이다. 조선 여성들의 자기서사 속에 보이는 여성의 삶은 참담하기 그지없다. 어릴 때 부모를 여의고 십 대 중반에 결혼하여 얼마 지나지 않아 남편이 죽는 일이 드물지 않다. 어린 남편이 죽고 나면 삶이 삶이 아니다. 죽지 못해 살 뿐이다. 위의 글들에는 투생(偸生)이라는 표현이 자주 나오는데, 삶을 훔쳤다는 것이다. 그들에게 남편 사후의 삶은 자신이 정당하게 가질 수 있는 것이 아니고, 가져서는 안 되는 삶을 억지로 훔친 것과 같다는 말이다. 죽지 못해 사는 삶이어야 하니, 그 삶을 견디지 못하는 사람들은 자결을 하게 된다.

상층 여성들에게 남편 사후의 삶은 극도로 암담했다. 상층 여성들은 엄격한 안과 밖의 분별로 인해 바깥출입을 거의 할 수 없는 감금 생활을 하는데, 집 안에서의 삶에서 유일한 기쁨일 수 있는 남편이 없다면 낯선 환경의 시집에서 외로움을 달랠 수 없다. 영국의 화가인 새비지 랜도어(A. H. Savage Landor)는 『고요한 아침의 나라 조선(*Corea or Cho-sen: The Land of the Morning Calm*)』(1895)이라는 책에서, 조선에서는 상층으로 갈수록 정신 질환으로 고생하는 부인이 많다고 하면서 갇혀 지내는 생활과 남편의 방종에서 이유를 찾았다. 남편의 외도와 방종은 아내를 힘들게 하지만, 그런 남편이라도 없으면 그때부터는 희망이라곤 아예 없는 삶이 된다. 그나마 자식이 있으면 자식에게 희망을 옮겨 삶을 이어가지만, 그렇지도 못한 여성들은 자살을 생각할 수밖에 없다. 22세에 과부가 된 해평 윤씨는 「윤씨자기록」에서 남편을 잃은 막막한 심정을 아래와 같이 기록했다.

> 하늘과 사람의 운수가 변함이 이와 같아, 청록색의 빛나는 옷을 입던 몸에 거친 베옷 상복을 입게 되니, 시원한 바람이 불고 밝은 달이 뜬 날에 옛 아픔과 새 아픔이 한꺼번에 일어나네. 머리 들어 하늘을 보고 고개 돌려 저승을 보며 부모님을 그리워하지만 전혀 반응이 없으심은 지난 세월이 오래이니 이상한 일이 아니라. 그런데 불과 몇 달 안인데도 남편의 태도와 모습이 아득하고 말도 통하지 않고 얼굴도 볼 수도 없으니, 이승과 저승이 가까운 듯해도 천 리처럼 멀리 떨어져 있으니 그 아픔이 막막하기만 하도다.

남편을 잃은 막막함을 두어 살 어린 나이에 부모를 여읜 일과 견주어 서술하고 있다. 부모를 여읜 때는 워낙 어린 나이라서 기억이 나지 않는 것이 당연하지만, 몇 달 전 죽은 남편은 떠오를 법도 한데 벌써 아득히 멀어져 버렸다고 했다. 자기 앞길의 막막함이 남편의 형상마저 지워버린 듯하다. 이런 극도의 어려움 속에 선택할 수 있는 것이 자살이었지만 해평 윤씨는 죽지 못했다. 이에 대해 이렇게 말하고 있다.

> 스스로 생각하니 참으로 모진 삶이로다. 천고에 없는 억만 가지 지극한 고통을 가졌을 뿐만 아니라 백 가지 큰 죄를 지은 죄인으로 머리를 들어 하늘을 보지 못하고 발로 땅을 밟지 못할 지경인데, 사람 구실을 못할 죄인이 또 살아갈 생각을 품었으니, 이 어떤 뜻인가?

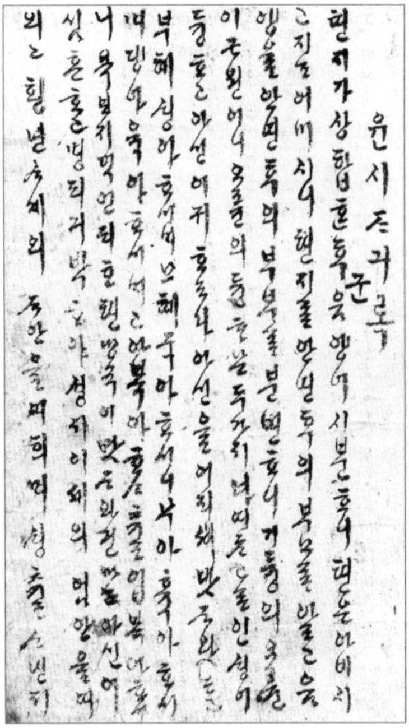

윤씨자기록 화성시향토박물관 소장.

해평 윤씨는 사람 구실을 할 수 없는 죄인이 살아갈 생각을 품은 이유가 무엇인가 하는 질문을 던지고는 스스로 답한다. 자살을 한다는 것은 부모가 물려주신 몸을 훼손하는 불효가 될 뿐만 아니라 시부모를 봉양하지 못하는 불효가 되며 어린 아들에게 고통을 안길 것이라고 말하면서, 불효를 피하고 자녀 양육의 책임을 다하기 위해서 살 수밖에 없다고 한다. 이런 명분이야 자살을 택한 다른 많은 여성들도 공히 가진 것이지만, 대부분은 삶의 무게를 견디지 못하고 자살한다. 심지어 덕목과 책임을 다한 뒤에 삶을 마감하는 경우도 있다. 이처럼 조선 상층 여성의 자기서사는 고난과 고통의 바다를 헤엄친 기록이며, 한마디로 말해 그치지 않는 신음 소리다.

조선 여성의 자기서사는 대체로 남성의 것보다 훨씬 깊이 인간 내면을 울린다. 절실함은 하층 여성의 자기서사에서도 유사하게 찾아볼 수 있는데, 「기생명선자술가」나 「덴동어미화전가」가 그렇다. 전자는 뒤에서 따로 다루기로 하고 여기서는 후자에 대해서만 간단히 서술한다.

「덴동어미화전가」와 하층 여성의 삶

「덴동어미화전가」는 앞에서 소개한 상층 여성의 자전과는 장르 자체가 전혀 다르다. 이 작품은 규방가사(또는 내방가사)이자 서사가사이다. 규방가사는 경상북도를 중심으로 주로 상층 여성들이 자기 신세를 읊은 가사인데, 20세기 후반까지 천 편 가까이 전할 만큼 강한 전승력을 가진 작품군이다. 서사가사는 가사 중에서도 이야기 흐름이 있는 가사를 가리킨다. 「덴동어미화전가」는 경북대학교 도서관에 소장된 『소백산대관록(小白山大觀錄)』에 「화전가(花煎歌)」라는 제목으로 실려 있다. 화전가란 화전놀이에서 읊은 가사이다. 화전놀이는 음력 3월 곧 양력으로 4월이나 5월의 따뜻한 봄에 산과 들에 꽃이 활짝 피어날 때, 동네의 부녀들이 음식과 술을 싸서 가까운 산이나 계곡으로 가서 하루 종일 놀다 오는 일이다. 집 안의 안채에 갇혀 지내던 여성들이 이날은 꽃잎을 올린 전을 지져 먹고 마시며 서로 묵은 이야기를 나누면서 해방감을 느낀다. 화전가는 여성들만의 놀이에서 불린 여성적 정체성이 분명한 가사이다.

『소백산대관록』은 앞표지에 "소화(昭和) 13년 10월"이라고 적혀 있고, 뒤표지에는 "무인년 구월 초삼일"이라고 되어 있다. '무인' 옆에는 '갑숱'이 병기되어 있다. 1938년에 필사되었음을 보여주는 말들이다. 「덴동어미화전가」 내에 '병술년 괴질'로 덴동어미의 두 번째 남편이 죽는 내용이 나오는데, 이 병술년은 조선 전역에 콜레라가 논 때로 유명한 1886년으로 추정된다. 뒤에 덴동어미가 고향을 떠난 지 근 오십 년이 되어 다시 고향에 돌아왔다고 했으니, 이런 일들로 계산해보면 이 작품의 창작 시기는 필사 시기인 1930년대에서 그리 멀지 않을 것으로 짐작된다.

「덴동어미화전가」는 경상북도 영주시 순흥면의 비봉산에서 벌어진 화전놀이를 배경으로 삼고 있다. 놀이 중에 한 젊은 과부가 자신의 처지를 한탄하며 개가할 뜻을 내비치자, 덴동어미가 자신이 평생 겪은 일을 들려준다. 그는 연거푸 불행을 겪다가 나중에는 아이가 큰 화상을 입기까지 하는데, 덴동어미라는 호칭은 화상 입은 아이를 둔 어머니를 뜻한다. 덴동어미의 파란만장한 일생이 서사의 중심에 놓여 있어 서사가사

비봉산 덴동어미의 화전놀이가 벌어졌던 곳. 부근에 조선 최초의 사액서원인 소수서원이 있다. 사액서원이란 임금이 현판을 내린 곳으로 국가의 인정을 받은 서원이라는 말이다. 이 동네는 그만큼 양반의 위세가 당당한 곳이었다.

라 할 수 있으며, 실제 덴동어미의 이야기라기보다 누군가가 지어낸 것으로 보인다. 조선 후기 하층 여성의 고단한 삶을 어떤 작품보다 절절히 그려내었다.

덴동어미는 순흥 임 이방의 딸로 태어나 열여섯 살에 예천 장 이방의 아들과 결혼한다. 결혼 이듬해 단오에 처가에 온 남편은 삼백 길 높은 나무에 맨 그네를 타다가 그넷줄이 끊어져 죽는다. 양가 부모의 합의하에 덴동어미는 상주 이 상찰의 아들 이 승발의 후취로 들어간다. 이방이나 상찰이나 승발은 모두 지방 아전이니 신분은 전과 다르지 않다고 할 수 있다. 그런데 남편이 관청 재물 관리를 잘못하여 빚을 지는 바람에 집안이 패망하여 떠돌게 된다. 떠돌던 부부가 경주에 이르러 그곳 손 군노 집에서 머슴살이를 하는데, 남편은 군노에게 부림을 당하는 현실을 거부하지만 덴동어미는 남편을 설득하여 살아간다.

알뜰하게 살림을 하여 돈을 모으고 고리대를 놓아서 돈을 불려나가던 차에, 병술년 괴질이 도니 돈을 빌려간 사람은 물론이고 남편까지 죽고 만다. 다시 빌어먹는 처지가 된 덴동어미는 비슷한 처지의 황 도령을 만나 울산에서 함께 산다. 황 도령은 어려서 부모는 물론 자신을 길러주던 외조부모마저 잃은 뒤 십여 년 머슴살이를 했고 새경을 모아 참깨 무역을 했는데, 제주도로 표류해 가기도 하는 등 고초를 겪다가 고향으로 돌아와 행상 일을 하고 있었다. 덴동어미는 황 도령과 함께 십여 년을 열심히 살았지만, 모은 돈이 약값으로 다 나간다. 이 와중에 폭우로 이들이 머물던 주막 뒷산이 무너지면서 황 도령이 죽고 만다. 절망에 빠져 있던 덴동어미는 주막집 부인의 권유로 다시 엿장수 조 서방과 결혼한다. 조 서방과는 오십 나이에 아이도 낳고 행복하게 지낸다. 그런데 안동에서 정월 대보름에 펼치는 큰 굿인 수동별신굿에 쓸 엿을 준비하다가 그만 불이 나서 집이 다 타고 남편은 그 속에서 죽고 아들은 불에 데어 '덴동이'가 된다. 덴동어미는 환갑의 나이에 삶에 뜻을 잃고 덴동이를 업고 고향 순흥으로 돌아온다.

덴동어미는 이런 자신의 평생을 젊은 과부에게 들려주면서 개가를 만류한다. 남편을 잃고 다시 결혼했다가 더 큰 고생을 한 여성들의 예를 일일이 나열한 다음 이렇게 말한다.

> 큰 고생을 안 할 사람 남편부터 아니 잃지
> 남편부터 잃는 사람 큰 고생을 하나니라
> 내 고생을 남 못 주고 남의 고생 안 하나니
> 제 고생을 제가 하지 내 고생을 누굴 줄꼬
> 여러 가지 생각하되 개가해서 잘되는 이는
> 몇에 하나 아니 되네 부디부디 가지 말게
> 개가해서 고생보다 수절 고생 호강이니
> 수절 고생 하는 사람 남이라도 귀히 보고

개가 고생 하는 사람 남이라도 그르다네

덴동어미의 말에 깊이 동감한 청춘과부는 봄 춘(春) 자를 가지고 노래를 부르고, 이어서 예쁜 어린 낭자가 꽃 화(花) 자를 가지고 노래를 지어 부르며 흥을 돋운다. 이렇게 여자들이 모여 정담을 나누다 보니 벌써 해가 넘어가고 헤어져야 할 시간이 되었고, 화전놀이가 끝나는 아쉬움을 노래해야 했다.

꽃노래도 하도 하니 우리 다시 할 길 없네
굿은 맘이 없어지고 착한 맘이 돌아오고
걱정 근심 없어지고 흥취 있게 놀았으니
신선놀음 누가 봤나 신선놀음 한 듯하네
신선놀음 다를소냐 신선놀음 이와 같지
화전 흥이 미진하여 해가 하마 석양이네
삼월 해가 길다더니 오늘 해는 짧기만 하네
하느님이 감동하사 사흘 해만 겸해주소
사흘 해를 겸하여도 하루해는 마찬가지
해도 해도 길고 길면 실컷 놀고 가지마는
해도 해도 짧을시고 이내 그만 해가 가니
산그늘은 물 건너고 까막까치 자려 오네
각기 귀가하리로다 언제 다시 놀아볼꼬
꽃 없이는 재미없어 명년 삼월 놀아보세

동네 부녀자들은 하루 종일 먹고 마시며 놀아도 할 말이 남았고 놀아도 놀아도 아쉬움이 컸다. 하루가 아니라 사흘은 있어야 하겠지만 그럴 수 없으니 헤어질 뿐이다. 오늘은 아쉽지만 집으로 돌아가고 내년 봄꽃 필 때를 기약하자며 작품은 끝이 난다.

「덴동어미화전가」는 사실적 자기서사로 보기 어려우나 허구적이라고 해도 하층 여성의 삶을 잘 드러낸다는 점에서 큰 가치가 있다. 여성, 그것도 하층 여성의 목소리를 들을 수 있는 자료는 무척 귀하기 때문이다. 지방 아전의 딸로 태어나 큰 어려움 없이 살 수 있었는데, 일마다 불행이 찾아와 함께 산 남편을 넷이나 잃고 아들은 화상을 입어 장애를 갖게 되었다. 그의 불행한 가정사에는 가난과 병마가 뒤따랐으니, 덴동어미의 고통은 참으로 견디기 힘든 것이었다. 그사이에 나라가 멸망하고 곳곳에 전쟁이 벌어졌지만, 덴동어미의 삶에 그런 국가적 화변은 거의 영향을 주지 못했다. 그 정도로 개인의 삶이 비참했다. 그런 엄청난 고난을 견디며 살아온 힘이 작품에 녹아 있다.

참고문헌

풍양 조씨, 김경미 역, 『자기록: 여자, 글로 말하다』, 나의시간, 2014.

박혜숙 역, 『덴동어미화전가』, 돌베개, 2011.

박혜숙, 『한국고전문학의 여성적 시각』, 소명출판, 2017.

조혜진, 「해평 윤씨 부인의 윤시즈긔록 연구」, 『국문학연구』 32, 국문학회, 2015.

여성영웅소설

바깥 활동을 위한 여성들의 꿈

유교는 하늘과 땅을 의미하는 건곤(乾坤)과 그늘과 볕을 나누는 음양(陰陽)의 자연에 빗대어 남녀를 나누어서 보았고, 그들의 활동 공간을 안과 바깥 곧 내외로 분리했다. 즉 하늘, 볕, 바깥은 남성과 연결하고, 땅, 그늘, 안은 여성과 연결했던 것이다. 남자는 굳세고 강하며 여자는 부드럽고 약하므로 남자는 바깥일에 적합하고 여자는 집안일에 적합하다는 통념을 세워 남자를 하늘과 볕의 이미지에, 여자를 땅과 그늘의 이미지에 연결되도록 하였다. 이런 유교의 남녀관은 인류의 사상에 널리 나타나는 이분법적 인식론으로 볼 수 있다. 그러나 이 구별이 존재의 설명을 넘어서서 당위적 억압으로 이어지면서 심각한 문제가 발생했다.

엄중한 내외분별의 자장(磁場) 안에 위치한 조선조 여성들에게, 남녀 차별의 억압적 현실은 숨 막히는 고통을 안겨주었다. 남자는 바깥일을 해야 하고 여자는 집안일을 해야 한다는 당위의 논리는 현실에서는 평등하게 적용되지도 않았다. 남자는 능력이 부족하여 바깥일을 하지 못해도 집안일을 할 필요가 없었지만, 여자는 집안일을 도맡아 해야 할 뿐만 아니라 피치 못할 경우에는 바깥으로 내던져져 바깥일까지 해야 했다. 집 안팎에서 밤낮없이 일하면서도 제 대접을 받지 못하고 무시당하는 조선 여성에 대한 동정을 19세기 말 조선을 방문한 서양인의 여행기에서 어렵지 않게 찾아볼 수 있다.

조선시대 남녀의 내외분별은 여성을 실내에서 집안일만 하도록 가르쳤다. 돌잔치에서 장래를 점칠 때부터 여아에게는 특별히 자(尺)나 실패 등을 놓아 바느질, 길쌈, 음식 만들기 등의 여공(女工)을 자신의 운명으로 알게 했다. 그러나 이런 사상하에서도 바늘이 아니라 칼을, 그것도 '삼척검(三尺劍)' 곧 큰 칼을 잡고 싶어 하는 여성들이 있었다. 여성들 중

일두고택 하동 정씨 문헌공(정여창)파의 종가로 경상남도 함양에 있다. 사진 중앙 마당 위에 보이는 건물이 사랑채고, 그 뒤쪽이 안채다. 「함양 일두고택 기록화 보고서」(문화재청, 2007).

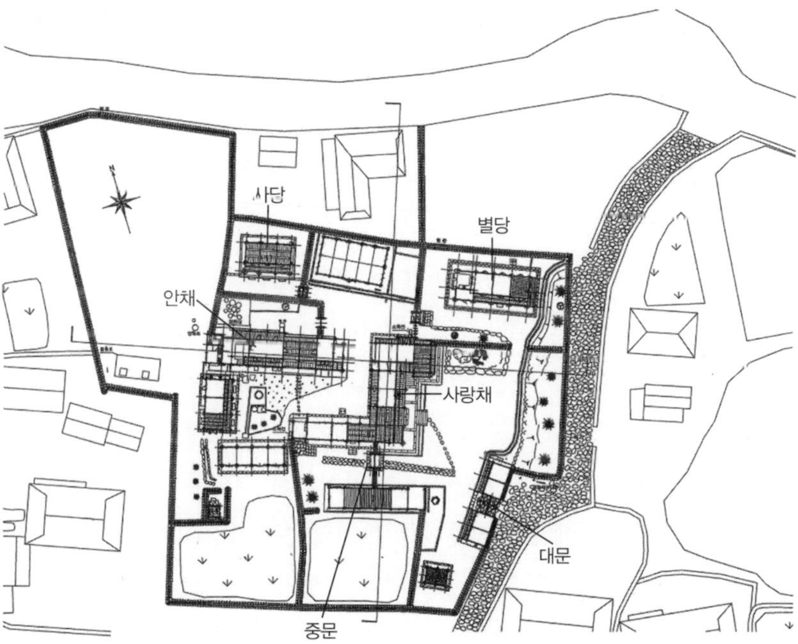

일두고택 평면도

에 지적·도덕적·육체적 능력이 탁월할 뿐만 아니라 대외 활동에도 깊은 관심이 있어서 자신의 속박된 삶에 대해 회한을 드러내는 사람이 적지 않았다. 그러나 현실에서 그런 여성들이 나갈 수 있는 길은 없었다. 그들이 택할 수 있는 제삼의 길은 상상의 세계였고, 그것을 나타낸 곳이 여성영웅소설이다. 가고 싶은 길을 갈 수 없는, 그것도 입구부터 막혀버린 사회에서 삶은 그 자체가 고통이었으니, 소망의 상상적 출구가 여성영웅소설이었다. 여성영웅소설은 여장군형 소설, 여걸 소설, 여호걸계 소설, 여장군 등장 소설 등으로 불리는데, 기본적으로 여성 주인공이 장수로 출전하는 이야기를 담고 있다. 여성영웅소설은 억눌린 소망의 상상적 출구이지만, 동시에 현실의 출구를 예비한 문학이라고 말할 수 있다.

여성영웅소설은 18세기 이후 창작된 것으로 추정하는데, 고전소설에는 이런 작품이 수십 종 있다. 가장 오래된 것으로 『설저전』이 있으며, 그 외에 『방한림전』, 『홍계월전』, 『이형경전』, 『정수정전』, 『옥주호연』, 『황운전』 등의 작품이 있다. 장편으로는 『부장양문록』과 같은 작품이 있다. 여성영웅소설은 대개 다음과 같은 줄거리를 가지고 있다. 주인공은 어려서부터 여성에게 강요되는 길을 거부하고, 바느질을 하고 열녀전을 읽기보다 검술을 익히고 병법서 읽기에 열중한다. 그러다가 나라에 전쟁이 일어나자 남장을 하고 출전하여 대공을 세우고 임금의 총애를 입는다. 그런데 벼슬이 높아질수록 결혼 압력이 강해져 어쩔 수 없이 결혼을 하게 되며, 이후 자신이 여성임을 밝히고 여성의 길을 걷는다.

여성영웅소설은 여성 주인공이 대외적으로 혁혁한 공을 세우게 함으로써, 여성을 집안에 유폐하는 내외분별의 논리가 얼마나 부당한지 역설적으로 보여준다. 이들 작품은 때때로 여성의 우월성을 통쾌하게 그리기도 하고, 결말부에서 '여성의 삶'으로 복귀하면서 유폐된 삶이 얼마나 큰 비극인지 비장하게 드러내기도 한다. 여기서는 그러한 특징을 잘 보여주는 대표적인 작품으로 『홍계월전』과 『부장양문록』을 소개한다.

『홍계월전』

『홍계월전』은 언제 누가 지은 작품인지 알 수 없다. 현전하는 것은 20세기 이후의 간행본 또는 필사본이니 여성영웅소설 중에서도 후대의 작품으로 추정된다. 작품의 줄거리는 다음과 같다.

홍계월의 아버지 홍무는 관상가로부터 자신의 딸 계월이 다섯 살에 부모를 잃었다가 열여덟 살에 다시 만나 공후의 작록을 누릴 것이라는 말을 듣고는 딸의 장래를 걱정하여 계월에게 남자 옷을 입혀 초당에 두고 글을 가르친다. 과연 계월은 다섯 살이 되자 난리를 만나 부모와 헤어지고, 여씨 성의 귀족에게 구출되어 그 집안의 아들인 보국과 함께 양육된다. 계월과 보국은 모두 과거에 급제하여 벼슬을 얻고, 오랑캐가 침략하자 각각 대원수와 장수로 출전하여 대승을 거둔다. 그러다가 계월이 중병에 걸려 임금이 보낸 의사에게 진맥을 받는 과정에서 여성이라는 사실이 드러나고 만다. 여성으로 밝혀진 계월은 곧 임금의 중매로 보국과 결혼하는데, 전일에 자신의 부하였던 보국을 지아비로 섬겨야 하는 현실이 원통하여 임금에게 보국과 마지막으로 군례(軍禮) 차리는 것을 허락해달라고 청한다. 계월은 군례로 보국을 조롱한 뒤 혼례를 올리는데, 혼례 후 얼마 지나지 않아 보국의 애첩인 영춘이 거만하다는 이유로 첩의 목을 벤다. 이 일로 인해 보국은 아내 계월에게 일절 접근하지 않는

『홍계월전』 서울대학교 중앙도서관 소장.

다. 그러던 중에 오랑캐가 반란을 일으키자 계월과 보국은 다시 각각 대원수와 중군으로 출전하는데, 전장에서 계월은 위기에 빠진 남편을 구하며 "평일에 남자로다 하고 나를 업신여기더니 이제도 그리할까 하며 무수히 조롱"한다. 후에 개선할 때 임금은 보국 몰래 계월에게 명하여 부부간에 재주를 겨루게 하는데, 계월이 단번에 남편의 멱을 잡아 숨도 못 쉬게 하니, 보국이 아내를 부르며 운다. 이후 보국과 계월의 후손들이 크게 번창한다.

『홍계월전』은 출중한 용력과 지력을 지닌 여성이 입신양명하는 이야기이다. 우월한 지위와 능력에도 불구하고 아내로서 남편을 섬길 수밖에 없는 현실을, 남편을 조롱함으로써 비판하고 있다. 계월이 군례를 차려 남편을 조롱하는 장면을 보자.

> 군사로 하여금 보국에게 명령을 거역하지 못하게 하고 갑주를 갖추고 군문에 대령하게 하였다. 이때 원수 좌우를 돌아보며 말했다.
>
> "장수가 어찌 이다지 거만하냐. 바삐 앞으로 오라."
>
> 호령이 추상같으니 군졸의 대답 소리로 장안이 끓는 듯했다. 보국이 그 위풍에 황겁하여 갑주를 끌고 몸을 굽혀 들어오니 얼굴에 땀이 흘렀다. 바삐 나가 대원수 앞에 엎드리니, 원수 정색하고 꾸짖었다.
>
> "군법이 지중하거늘 중군이 되었거든 즉시 대령하였다가 명령 내리기를 기다릴 것이거늘, 명령을 엄히 아니 여기고 태만한 마음을 품어 군령을 소홀히 여기니, 장수의 죄는 만만 무엄한지라. 즉시 군법을 시행할 것이로되, 사정은 십분 짐작하지만 그저는 두지 못하리라."
>
> 군사를 호령하여 중군을 빨리 잡아내어 처벌하라는 소리 추상같으니, 무사 일시에 고함 지르며 달려들어 중군을 대원수 앞에 무릎 꿇리니, 보국이 정신을 잃었다가 겨우 진정하여 아뢰었다.
>
> "소장(小將)이 몸에 병이 있어 치료하다가 미처 응하지 못하였사오니, 태만한 죄를 생각하오면 만 번 죽어도 아깝지 않으나, 병든 몸

에 무거운 형벌을 입으면 수명을 보전치 못하겠고, 이렇게 죽게 되면 부모에게 불효를 면치 못하는 것이니, 엎드려 바라건대 원수는 바다 같은 은덕을 내리시어 전일 정곡(情曲)을 생각하시어 살려주시면 저의 큰 슬픔은 면할까 하나이다."

이렇게 무수히 애걸하니 원수 마음으로 우스우나 겉으로는 호령했다.

"중군이 신병이 있으면 어찌 영춘각에서 애첩 영춘으로 더불어 주야 풍류로 즐기느뇨? 그러나 사사로운 정이 없지 않으니 용서하거니와 차후는 그리 말라."

보국이 백 번 감사 인사를 하고 물러났다.

홍계월은 수년간 자신이 부하로 부리던 보국이 남편이 되어 거꾸로 자기를 지휘하는 현실이 못내 원통해, 임금에게 마지막으로 남편을 놀릴 기회를 달라고 청하여 허락을 받았다. 계월은 상관의 명령을 태만히 한다면서 보국을 엄형에 처하라고 명하는데, 보국은 아내가 될 계월이 자신을 군율로 다스림이 분하지만 계월의 성격을 아는지라 이쩔 수 없이 고개를 숙이고 자기가 병이 들어 그랬노라고 변명하며 사죄한다. 이에 계월은 병자가 어떻게 첩과 놀 수 있었느냐고 추궁하면서, 그래도 앞으로 남편이 될 자이므로 특별히 용서한다고 말한다.

계월과 보국의 대원수 대 중군 관계는 결혼하여 부부가 됨으로써 역전된다. 곧 하늘과 땅에 비견하는 남편과 아내의 관계가 된 것이다. 유교 이념이 가르치는 남녀의 위상을 그대로 받아들일 수 없는 여성에게 자신의 꿈을 펼칠 수 있는 유일한 길은 상상의 세계를 담은 소설뿐이었다. 어느 남성보다도 자유롭게 세상을 다니며 전쟁을 벌이는 주역으로 여성을 설정하고, 여성보다 못한 남성에게 구속과 억압을 당하는 현실을 뒤집어 아내가 남편을 조롱하고 혼내는 장면을 넣은 것이다.

홍계월은 슈퍼우먼이다. 문필에 능할 뿐만 아니라 병법도 잘 알고 용력마저 남성 못지않다. 게다가 집 안에서는 현숙한 부인이자 순종적인 며느리이며 어진 어머니이기도 하다. 이런 슈퍼우먼의 등장은 오히려 현실 여성들에게 한계를 제시하는 것일 수도 있다는 점에서, 여성 억압의 부당성을 비판한다기보다 여성억압적 현실을 인정하고 강화하는 것으로 해석되기도 한다.

『부장양문록』

여성영웅의 회한을 가장 인상적으로 보여주는 장면은 장편 여성영웅소설인 『부장양문록』에서 찾을 수 있다. 이 작품의 주인공 장벽계 역시 홍계월처럼 어려서부터 음식 만들기나 바느질과 같은 여공은 하지 않고 무예와 병법을 익혔으며 남장을 하고 장군이 되어 나라에 큰 공을 세운다. 그러나 어쩔 수 없이 결혼하게 되면서 여성의 유폐된 삶을 살게 되는데, 아흔 살에 죽기 전에 여성으로 태어난 자신의 깊은 회한을 드러낸다. 장벽계가 죽기 직전에 전일 자신이 전장에서 사용했던 칼을 가져오라고 하여 어루만지는 장면을 보자.

> 영능후(장벽계)가 남동생 영평후를 돌아보며 말했다.
> "아우야, 이 형이 한 일이 역대 영웅과 비교해 어떠하뇨?"
> 영평후가 대답했다.
> "누님의 공덕과 봉록이 곽분양에 뒤지지 아니리다."
> 영능후가 말했다.
> "불가하다. 내 어찌 곽분양의 공덕을 넘어서리오."
> 남편 순춘후가 크게 웃으며 말했다.
> "부인이 평생 스스로 자랑하지 않더니, 오늘 어찌하여 영평후에게 공을 자랑하느뇨?"

영능후 크게 웃으며 평소 쓰던 칼을 가져오라 하여 어루만져 연연한 빛이 있거늘, 윤부인(장벽계가 남장을 하고 지낼 때 결혼했던 아내로, 나중에 장벽계가 순춘후와 결혼하게 되자 현재 남편의 두 번째 부인이 되었다)이 물었다.

"오늘 좋은 모임에 형님 눈가에 슬픈 기색이 흐르니 알 수 없도다."

영능후가 대답했다.

"이 형의 수명이 오래지 않아 끝나리니 오늘날과 같은 모임을 다시 얻기 어려울지라."

인하여 칼과 천문서며 병서를 장남 위왕을 불러 주고, 또 영평후의 손을 잡고 두 눈에 눈물 흐름을 깨닫지 못하며 말했다.

"내 수명이 아침저녁에 위태하니, 아우 또한 오래지 않아서 나를 따르려니와, 우리 형제 팔십여 년에 죽기에 이르도록 떠난 적이 없더니, 이제 이별함에 이승과 저승이 매우 머니 어찌 안타깝지 않으리오."

영평후 크게 놀라 슬퍼하여 형의 손을 잡고 우니 순춘후가 놀라 물었다.

"부인이 갑자기 상서롭지 않은 말을 내어 홍이 손상되게 하느뇨."

영능후 대답하지 않고 윤부인을 보며 말했다.

"이 형이 형제의 정과 벗의 사귐과 부부의 의를 아울러 칠십여 년을 함께 살고 이제 넋이 돌아가 옥황상제께 조회하고 몸은 티끌이 되리니, 자손을 돌아보아 연연치 말지어다."

윤부인이 '알았다' 했다. 인하여 한 장 하직하는 표문을 짓고 인수(印綬)를 한데 봉하여 내일 아침에 임금께 올리라 지시하니 아들, 며느리, 조카 들이 놀라 어찌할 바를 몰라 하고 순춘후 슬픈 빛을 지으니 영능후가 말했다.

"군은 놀라지 마소서. 얼마 안 되어 내 뒤를 따르리니, 생(生)은 기야(寄也)요 사(死)는 귀야(歸也)라. 살아 있는 것은 잠시 세상에 붙어 사는 것이고, 죽는 것은 원래 상태로 돌아가는 것이니, 무엇을 한탄하리오."

순춘후 오히려 이 말을 믿지 않고 오히려 망령되다고 꾸짖더라. 해가 지고 밝은 달이 낮 같으니, 영능후 왼손으로 영평후의 손을 잡고 오른손으로 윤부인을 이끌어 화원의 무궁한 경치를 싫도록 완상한 후 노래를 불렀다.

"장부의 마음으로 몸이 여자 되니 천만 한이 유유(悠悠)하도다. 홍상(紅裳)을 잊고 포의(布衣)가 되어 삼 척 검을 들어 한 싸움에 만군(萬軍)을 쓸도다. 적장을 파하니 북쪽 오랑캐가 나라를 넘보지 못하는도다. 월궁(月宮)의 계화(桂花)를 꺾어 과거에 급제하니, 발이 옥당(玉堂)을 밟고 몸이 공후(公侯)에 들어가도다. 임금이 사랑하시고 만조백관이 공경하니, 네 필의 말이 끄는 편안한 수레로 부친을 맞고 어진 아내는 문호를 번창하게 하도다. 벗이 서로 공경하니 관포지교(管鮑之交)라, 부부가 옛 언약을 이루니 자손이 창성하도다. 흥진비래(興盡悲來)는 떳떳한 이치니 옛 자리로 돌아감이 무엇이 느꺼우리오."

윤부인이 답가를 불렀다.

"아버지의 명령을 받아 영능후의 신물을 받았도다. 백 년을 약속하고 첫 뜻을 지키어, 살아 벗이 되고 죽어 혼백이 함께 돌아가리니, 영화와 복록이 내 뜻과 같으니 다시 무슨 한이 있으리오."

이에 순춘후 망령되다 꾸짖었다. 영능후는 이날 밤 집에 돌아와 밤새도록 국가 정사와 가사로 자식들과 조카들을 가르치더니, 새벽에 일어나 집안 사당에 하직을 고하고 시집과 친정의 여러 사람들과 윤생과 정 승상 아들 등을 불러 보고 향탕(香湯)에 목욕하고 돗자리에 누워 윤부인과 아우의 손을 잡고서 흐뭇해하더니, 이날 진시(辰時)에 명이 다하니, 윤부인이 황급히 소리 질렀다.

"형님이 아우를 버리고 가시느뇨."

외마디 슬픈 소리를 지르고 윤부인 또한 명을 마쳤다.

내외지분에 따라 가정에 갇혀 지내는 여성의 회한을 이처럼 절절히 보여주는 장면은 조선시대 문학 어디에서도 찾아볼 수 없다. 장벽계는 출장입상(出將入相)하는 남성의 길을 가고자 했지만, 대공을 세울수록 남성의 길은 가기 어렵다. 결정적인 장애가 결혼이다. 명성이 높을수록 청혼이 많아지고 마침내 이를 거부할 수 없는 지경에 놓이게 되니 할 수 없이 어사 윤침의 딸과 위장결혼을 하는데, 윤부인은 곧바로 남편이 여성임을 알고 형제의 의를 맺는다. 그러나 그 역시 오래가지 못하고 장벽계가 여성이라는 사실이 밖으로 알려져 어쩔 수 없이 남자와 다시 혼례를 올리게 된다. 이로써 장벽계의 남성으로서의 삶은 끝이 나며, 여성의 유폐된 삶을 살게 된다.

죽음을 예감한 장벽계는 자신의 여성으로서의 한평생이 역대 남성 영웅의 삶과 비교해도 의미 있는 것이었음을 남동생에게 확인받고 싶어 한다. 그리고는 자신의 남성적 삶의 상징인 칼을 비장한 심정으로 어루만지며 장남에게 물려준다. 그런 다음 동생과 윤부인의 손을 잡고 정원을 거닐며 이승의 마지막 밤 풍경을 완상하고는 "장부의 마음으로 몸이 여자 되니 천만 한이 유유하도다"라는 회한의 노래를 부른다. 밤늦게까지 자손들을 훈계하고 새벽에 일어나 목욕재계한 다음 아침에 조용히 숨을 거두는데, 그 충격에 윤부인도 죽는다.

장벽계가 마지막에 부른 회한의 노래는 규방에 갇혀 지내는 조선 상층 여성 모두의 것이다. 18세기 장편소설인 『완월회맹연』에서도 여성 억압적 현실에 대한 여성의 불만을 볼 수 있다. 주인공 집안의 여성 정명염이 동생인 정월염에게 한 말을 들어보자.

> 세상에 남자가 된다는 것이 어찌 쾌하고 기쁘지 않으며, 여자가 된다는 것이 일마다 구차하고 슬프지 않으리오. 우리들이 아우(정인웅)와 나이가 몇이나 더하지만 친정을 찾을 생각을 감히 못 하는데, 아우는 겨우 열 살 넘은 아이인데도 만 리가 넘는 길을 무사히 다녀오니

어찌 기특하고 귀하지 않으리오. (『완월회맹연』 제130권)

여성은 시집을 가면 자신이 성장했으며 자기를 사랑하는 사람들이 모여 사는 공간인 친정조차 잘 가지 못하는데 남자들은 어린아이조차도 자유롭게 세상을 돌아다니는 현실을 한탄한다. 장벽계의 역량에 미치지 못하는 여성이라도 그와 같은 회한을 느끼는 것이다. 1894년 동학군의 전라도 장흥 공략 당시 이조이(李召史, 조이는 평민 여성을 부르는 말)라는 22세의 여성이 말을 타고 다니며 동학군을 이끌어 여장군이라는 이름을 얻은 바 있는데, 여성영웅소설은 이런 여성의 잠재력을 상상을 통해 표현했다고 말할 수 있다.

참고문헌

조광국 옮김, 『홍계월전』, 문학동네, 2017.

정병설, 「바늘과 칼: 여장군소설의 몇 장면」, 『문헌과해석』 11, 문헌과해석사, 2000.

정병설, 「여성영웅소설의 전개와 부장양문록」, 『고전문학연구』 19, 한국고전문학회, 2001.

채윤미, 「부장양문록 연구: 여성인물을 중심으로」, 서울대학교 석사학위논문, 2009.

억압과 소외

기생의 사랑

기생 시조와 사랑

폭력이 횡행하는 사회에서 여성은 남성보다 훨씬 큰 위험에 노출된다. 상층 여성이 내외지분의 엄격한 법도에 따라 안방에 갇혀 지낸 것을 보호로 받아들이는 일이 있을 정도로 조선 여성이 처한 현실의 위험은 혹독했다. 평민 또는 천민 여성들은 가혹한 노동에 시달렸을 뿐만 아니라, 폭력, 특히 성폭력에 일상적으로 노출되어 있었다. 하층 여성의 엄혹한 현실을 가장 적나라하게 보여주는 직업이 기생이다.

기생 하면 보통 한국 사람들이 가장 먼저 떠올리는 인물이 황진이(黃眞伊)이다. 황진이는 16세기 초 황해도 개성에서 활동했던 기생으로, 전하는 이야기로 보면 당대 최고의 기생으로 권력자 앞에서 당당했으며 뚜렷한 자의식을 가지고 사랑에 헌신한 여성이었다. 한번은 왕족인 벽계수(碧溪守, '수'는 왕족의 등급 이름)라는 인물이 어떤 여성의 유혹도 물리칠 수 있다고 호언하자, "청산리 벽계수(碧溪水)야 쉬이 감을 자랑 마

기생 일제강점기 기생 엽서.

라/ 일도창해하면 다시 오기 어려우니/ 명월이 만공산할 제 쉬어간들 어떠리"라는 노래를 부르기도 했다. 사람 호칭인 벽계수를 계곡물 이름으로 바꾸어, 아무리 잘 흐르는 물도 바다에 한번 당도하면 다시 돌아올 수 없다고 말하면서, 밝은 달이 산에 걸린 좋은 밤이니 자신과 함께 쉬어가는 것이 어떠냐고 노래했다. 명월은 황진이의 별명이기도 하니, 벽계수에게 억지로 자연스런 욕망을 누르지 말고 뜻을 꺾어 자기에게 오라는 유혹의 노래이기도 하다.

이 노래에서 황진이가 들려주는 목소리는 당당하기 그지없다. 하층의 억압당하는 여성이라기에는 왕족의 높은 지위도 아랑곳하지 않는 위세가 돋보인다. '자랑 마라', '어떠리' 등의 서술어 어미에서 낮은 지위가 아니라 높은 곳에서 호령하는 목소리를 들을 수 있다. 창녀가 아니라 예술가이고, 남성의 노리개가 아니라 자기 삶의 주인공이고자 하는 기생을 황진이는 보여주고 있다.

그런데 황진이를 통해 보는 기생의 이미지는 일반 기생의 실상과 상당히 다르다. 황진이는 기생이었으나 유명세로 인하여 예외적인 기생이었다고 말할 수 있다. 주목할 점은 남아 전하는 황진이의 시조 여섯 수가 모두 사랑 노래라는 것이다.

동짓달 기나긴 밤을 한 허리 베어다가
춘풍 이불 아래 서리서리 넣었다가

어른님 오신 날 밤이어든 구비구비 펴리라

황진이 시조 중에서도 가장 절창으로 꼽히는 이 시조는, 임이 없어 쓸쓸한 한겨울 긴긴 밤의 절반을 잘라 잘 보관하고 있다가 임이 와 함께할 짧은 밤에 쓰겠다는 시상(詩想)을 보이고 있다. 시상이나 표현이나 과연 명기 황진이다운 절품이다. 황진이의 시조로 전하는 나머지 작품도 모두 임, 이별 등 남녀의 사랑 문제와 연관된 것이다.

황진이만 그랬던 것이 아니다. "묏버들 가려 꺾어 보내노라 임 계신 데/ 주무시는 창 밖에 심어두고 보소서/ 밤비에 새 잎 나거든 나인가 여기소서"를 부른 절의의 기생 홍랑(洪娘)도 그렇고, "이화우 흩뿌릴 제 울며 잡고 이별한 님/ 추풍낙엽에 저도 날 생각는가/ 천 리에 외로운 꿈은 오락가락 하노매"를 노래한 전라도 부안의 명기 매창(梅窓, 1573~1610)도 그렇다. 홍랑이나 매창이나 멀리 서울로 떠나간 남성을 잊지 못해 이런 시조를 지었다고 한다. 홍랑은 상대 남성이 최경창(崔慶昌, 1539~1583)이라고 하고 매창은 유희경(劉希慶, 1545~1636)이라고 하는데, 버들가지를 꺾어 정표를 보낸 홍랑이나 봄에 이별한 님을 가을까지 그리워하는 매창이나 모두 상대 남성에게 사랑을 구하고 있다. 시로만 보면 이들의 머릿속을 지배하는 것은 오로지 사랑이다. 그런데 실제로 황진이처럼 강한 자의식을 지닌 시인이 남성을 향한 사랑만으로 자신의 머릿속을 채우고 있었을까? 과연 당대 일류 기생들이 생각하는 것이 남성뿐이었을까?

이들의 사랑과 시는 얼마간은 사실이고 진심일 수 있다. 하지만 보통 기생의 삶을 살펴보면 이들 시조의 진정성에 대해 의구심을 지울 수 없다. 미국 버클리대학(U.C. Berkeley) 도서관에 소장된 『염요(艶謠)』라는 책에는 서울에서 온 관리들의 송별 잔치에서 공주 지역 기생들이 지은 노래가 수록되어 있다. 여기서 관리들은 이별을 주제로 하여 기생들에게 시조와 가사를 짓게 하고는, 선비들의 과거시험처럼 작품에 등수까지 매기는 백일장을 벌였다. 최우등으로 뽑힌 기생 형산옥(荊山玉)의 가사 마지막은 "무정할손 저 낭군아 홍안박명 어이하리/ 속절없다 이별이야 남은 간장 다 녹는다/ 언제나 우리 낭군 다시 만나 이생 인연 이어볼까"로 끝난다. 이별을 아쉬워하고 이별 후의 고통을 노래하며 또다시 만날 날을 기약하고 있다. 하지만 이런 절절한 노랫말에도 불구하고 전후 정황을 감안하면, 진정성이 있는 작품이라기보다는 그저 해마다 있는 서울에서 온 관리들을 보내는 송별식에서, 명령에 따라 상투적인 시상과 시어로 만든 노래로 여겨진다.

어쩌면 황진이의 시조도 이런 백일장에서 지은 시조일지 모른다. 자신의 감정을 진솔히 드러낸 것이라기보다는 진정과 무관하게 자신의 빼어난 말솜씨를 과시한 노래일 수 있는 것이다. 벽계수에게 호령하듯 노래한 것도 놀이판에서 흥취를 돋우기 위해서 일부러 그렇게 했을 수 있다. 이런 노래에는 진정성이 중요하지 않다. 중요한 것은 손님의 취향과 요구이다. 앞서 소개한 시조들에 구체적인 정황 정보가 없으니 내막을 정확히 알 수는 없지만, 기생 시조 전체를 보면 상당 부분은 기생의 생활 감정보다는 남성 손님의 시각이 반영되었음을 짐작할 수 있다. 기생은 사랑만 찾는 사람들이 아니며, 결코 그런 존재일 수 없다. 이는 아래 기생의 삶을 보면 분명히 알 수 있다.

기생의 삶을 둘러싼 야만

기생에 대해 알려진 작품이나 기록은 거의 대부분 기생 자신이 아닌 상대 남성의 시각과 목소리를 담은 것이다. 국립중앙도서관이 소장한 『소수록』이라는 기생 관련 시문집에는 해주 기생 명선이 쓴 자술가를 비롯하여 기생이 자신의 인생을 돌아보고 쓴 시와 글 들이 있는데, 이런 자료를 통해 기생의 실제 삶을 약간이나마 엿볼 수 있다.

해주 기생 명선의 자술가를 보면, 명선은 열두 살에 처음 남자와 잠자리를 했다고 한다. 상대 남성은 황해도 관찰사로 추정된다. 명선은 그 순간을 "짐승과 같았다"고 회고하고 있다. 자신의 처지가 짐승 같다는 것인지, 상대의 행동이 짐승 같다는 것인지는 정확히 알 수 없다. 그런데 명선의 짐승과 같은 경험은 기생들 사이에선 예외적인 것이 아니다. 연암 박지원(朴趾源, 1737~1805)처럼 당대의 누구보다도 다른 사람들의 고통을 잘 이해했다고 알려진 사람조차도 기생의 고통은 이해하지 못했다. 박지원은 안의현감으로 있을 때 찾아온 벗 박제가(朴齊家, 1750~1805)에게 열세 살짜리 기생을 데리고 자게 했다. 요즘의 나이로 바꾸어 말하면, 기생은 유치원 들어갈 나이인 대여섯 살에 동기(童妓)가 되고 중학교도 들어가기 전에 이미 남자를 경험했던 것이다. 이것이 기생의 일반적인 삶이었다.

조선 후기 서울의 기방 풍속을 보면, 처음 손님 앞에 나온 기생들은 혹독한 진입 의식을 치러야 했다 여성이 가장 부끄러워하는 곳을 여러 남자 앞에 보이게 했는데, 그런 상황에 익숙할 수 있도록 반복시켰다고 한다. 그리고 여기에는 어김없이 폭력이 수반되었다. 상층의 여성은 손목 한 번 잡히는 것만으로도 정절을 잃은 것처럼 자살까지 생각하게 만드는 유교 사회의 뒷모습이 이러했다. 비록 하층 여성이라고 해도 이런 일은 죽도록 견디기 힘든 일이었으니, 스스로를 '짐승'으로

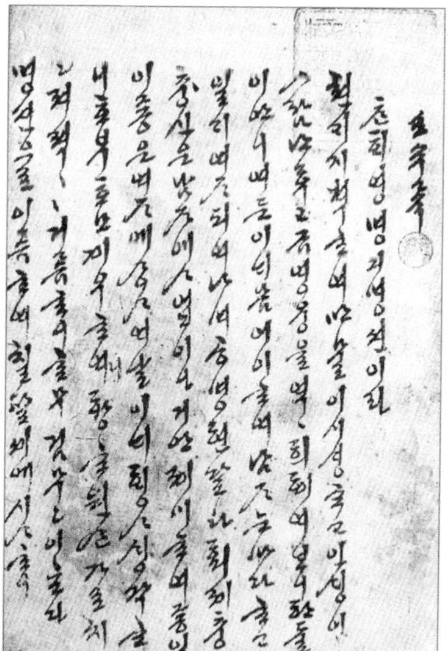

『소수록』 국립중앙도서관 소장.

여기지 않을 수 없는 것이다. 보통의 기생에게 남성이란 자신을 야만으로, 또 짐승으로 몰아가는 존재였다.

기생에 대한 남성의 일방적이고 강압적이며 폭력적인 태도는 기생 관련 설화에서 무수히 찾아볼 수 있다. 한 야담집에는 불량배들이 기생을 '점중요강(店中溺鋼)'이라고 부르는 장면이 있다. 여기서 '점'은 객점(客店), 곧 여관이니, 현대어로 일차적으로 번역하면 '여관집 요강'이요, 의역하자면 '공중 화장실'이다. 기생을 인간이 아니라 그저 성적 대상으로 보는 기생 물화(物化)의 대표적인 표현이다. 이처럼 기생을 인격으로 보지 않으니, 기생을 강간하는 것은 아무것도 아닌 일이 된다.

『계서야담』을 보면 어느 마름이 평안도 감사에게 자기 평생소원을 이루게 해달라고 청을 넣는 이야기가 있다. 마름의 소원이란 예쁜 기생과 잠자리를 하는 것인데, 마름은 못생기고 더러워 비위가 상할 정도의 외모였다. 감사가 감영 기생 가운데 하나를 골라보라고 하니, 추남이 바로 기생들에게 달려들었다. 기생들은 그를 피하려고 이리저리 도망쳤는데, 결국 한 기생이 추남에게 잡혀 담장 구석에서 강간을 당했다. 기생은 죽고 싶은 기분이었지만 그러지 못했고, 이후 깨끗이 씻었지만 며칠 동안은 비위가 뒤집혀 밥을 먹을 수 없었다고 한다. 권력의 명령에 따른 기생 강간은 한둘이 아니다. 일상적으로 되풀이되는 모욕과 잊을 수 없는 수치를 통해 기생의 인격은 왜곡되지 않을 수 없었다. 스스로를 인간이라고 생각해서는 살아가기 힘든 상황이었다. 신분적·성적 차별은 가혹한 학대로 연결된다.

사랑을 모욕과 강요의 다른 이름이라고밖에 생각할 수 없는 기생에게 진정한 사랑을 기대한다는 것은 남성들의 착각이자 오해일 수밖에 없다. 기생에게 사랑의 신표로 이빨을 빼준 남자가 나중에 기생이 변심했다는 말을 듣고 이빨을 찾으러 갔더니 이빨 주머니를 던져주더라는 이야기가 오히려 기생에게 사랑이 가지는 의미를 잘 보여준다고 할 수 있다. 기생을 사랑의 화신으로, 늘 임을 그리는 가녀린 여인으로 보는 것은 남성의 희망에 불과하다. 기생들이 치애(痴愛)라고 부른 '바보 남자'들의 생각일 뿐이다.

기생 삶의 지향

기생에 대한 최초의 종합 연구서인 이능화의 『조선해어화사(朝鮮解語花史)』(1927)에는 기생어미와 동기(童妓)의 흥미로운 문답이 하나 소개되어 있다. 기생어미가 돈은 없지만 잘생긴 남자와 못생겼지만 돈 많은 남자 가운데 누구를 택하겠냐고 물었더니 동기가 돈 많은 자를 취하겠다고 답했다. 이에 기생어미는 동기를 양심도 없는 창녀라고 꾸짖었다고 한다. 동기의 답변은 기생어미가 좋아할 만한 말이다. 그러나 동기가 아직 돈을 알기는 어린 나이인 것을 잘 아는 기생어미이기에, 본심과 다른 대답을 했다고 꾸짖은 것이다. 이 이야기에는 기생은 무엇보다 돈을 우선시하며 또 그래야 한다는 기생 자신들의 시각이 깔려 있다.

돈 많은 기생으로는 제주도의 만덕(萬德, 1739~1812)을 들 수 있다. 만덕은 1790년대 초 제주도에 해를 이어 기근이 들자 사신의 재산 일부를 바쳐 굶주린 백성을 구휼한 기생이다. 이 일은 정조 임금에게까지 알려졌다. 정조가 그에게 소원을 묻자 만덕은 궁궐과 금강산을 구경하고 싶다고 대답하여 소원을 이루었다. 정조는 채제공(蔡濟恭, 1720~1799) 등 신하들에게 만덕의 전기를 짓게 하였는데, 이 글들을 보면 만덕은 양가(良家)의 여자로 어려서 어머니가 죽자 몸을 맡길 곳이 없어 관아의 기적(妓籍)에다 이름을 올렸다고 한다. 하지만 만덕은 기생처럼 행동하지 않았고, 스무 살이 되자 관아에 요구하여 기적에서 이름을 빼고 다시 양인이 되었다고 한다. 돈벌이에 수완이 있어서 결혼도 하지 않고 홀로 살며 수십 년 동안 큰돈을 벌었다고 하며, 모은 돈으로 이처럼 선행을 베풀었다는 것이다.

그런데 만덕에 대한 칭찬 일색의 평가 가운데서 심노숭(沈魯崇, 1762~1837)은 전혀 다른 견해를 들려준다. 심노숭은 기생 계섬의 이야기를 적은 「계섬전(桂纖傳)」 말미에다 만덕을 음흉하고 인색한 사람으로 소개했다. 심노숭은 제주 목사인 아버지를 따라 제주에 머물면서 그곳 사람들에게 만덕에 대한 이야기를 들었다고 했다. 그에 따르면 만덕은 돈을 탕진하고 떠나는 남자들에게서 바지저고리까지 빼앗는 사람이었으며, 그렇게 모은 바지저고리 수백 벌을 햇볕에 늘어놓고 말릴 때면 동료 기생들까지 침을 뱉고 욕했다고 한다. 만덕은 이렇게 치부하여 제주도 최고의 부자가 되었고, 제주도 여자는 육지에 갈 수 없다는 국법을 넘어서 서울과 금강산을 구경하기 위해 큰 기부를 했다고 평했다. 만덕의 선행은 자선심 때문이 아니라 기부자의 기부액에 따라 정부의 보상이 높아지는 것을 이용해 자기 평생소원인 서울과 금강산 구경을 이루고자 한 욕망 때문이라는 것이다.

만덕이 정말 심노숭의 전언처럼 지독하게 돈을 모았는지는 알 수 없으나, 그 지독함이 만덕의 선행을 덮을 일은 아니다. 자선의 동기가 순수하지 않다고 해도 그의 구호를 낮게 평가할 필요는 없다. 그가 건진 많은 목숨이 가볍지 않기 때문이다. 선행이 철저한 계산에 기초하고 있다고 해도, 기생이 겪는 일반적인 상황을 염두에 둔다면 만덕의 행동은 현실적이고 현명하다고 할 수 있다. 그는 서울에 와서 내의원 행수가 되었다. 내의원 의녀는 당시 최고급 기생으로 대우받았으니, 그들 중 대장이 되었던 셈이다. 비록 스무 살에 기적에서 몸을 뺐다고 하지만 다른 사람들에게는 여전히 기생으로 받아들여졌고, 그 역시 그 세계를 완전히 떠나지 못했던 것이다.

아무나 만덕이 될 수 없고 아무 기생이나 큰돈을 벌 수도 없다. 보통 기생은 자신을 사랑하는 힘 있고 돈 많은 남자를 만나길 바라나 그런 남자가 기생을 아내로 들일 리 없으니, 그저 그런 남자의 첩이라도 되길 바랄 뿐이다. 그중에는 춘향이나 해주 기생 명선처럼 성공적인 결혼에 도달한 기생도 간혹 있었겠지만, 함경도 명천의 기생 군산월처럼 믿었던 사람에게 배신당하고 버려지는 일이 더 많았을 것이다.

은퇴 이후의 삶

춘향처럼 현업에서 물러나 자신의 지위를 높인, 성공한 기생의 대표적인 실례로 나합(羅閤)을 들 수 있다. 나합은 나주 기생으로 나중에 김좌근(金左根)의 첩이 되었다. 김좌근은 순조비 순원왕후의 동생으로 19세기 안동 김씨 세도를 연 권세가이다. 김좌근은 나합에게 빠져 나합의 말이라면 모두 들어주었다. 나합의 손에서 감사가 나오고 고을 수령이 나온다는 말이 나돌았다. 심지어 나합이 화가 나 김좌근의 뺨을 때리기도 했다는 소문까지 있었다. 상황이 그런지라 그를 미워하는 사람들이 '나주 정승'이라는 뜻에서 나합이라는 별명을 붙였다. 흔히 정승을 일컬을 때 그가 사는 동네 이름에다가 존경의 뜻을 나타내는 '합(閤)'을 붙여 부르는 것을 본따 어처구니없는 권력을 조롱한 말이었으니, 나합은 기생으로서 최고의 성공을 이룬 셈이다.

반면 실패한 기생 군산월은 함경도 명천으로 유배 온 안동 출신의 문관 김진형(金鎭衡, 1801~1865)의 첩이었다. 유배객의 첩이 되어보아야 무엇 얻을 것이 있나 하겠지만 유배에서 풀려나면 바로 중앙의 명관이 되기 일쑤니 그저 죄인으로만 볼 일이 아니다. 더욱이 함경도에서 귀양 온 김진형 같은 고관은 전통적으로 명사 대접을 받았다. 유배객의 첩이 된 여인들을 따로 배수첩(配修妾)이라 부를 정도였다. 유배지의 현지첩인 셈이다. 김진형은 군산월에게 유배에서 풀려나면 자기 집으로 데려가겠다고 약속했다. 결과적으로 김진형의 유배 생활은 두 달에 불과했다. 김진형은 관비인 기생을 사사로이 첩으로 삼을 수 없다는 국법을 어기고, 약속을 지켜 군산월을 남장시켜 데려갔다. 그런데 서울로 가는 도

중에 안변에서 갑자기 마음을 바꾸어 군산월을 명천으로 돌려보냈다. 유배객이 귀로에 기생을 데리고 간다는 것이 부담스러웠던 것이다. 그 일을 김진형은 자신의 유배 가사인 「북천가(北遷歌)」에서 노래했고, 군산월은 자신의 아픔을 「군산월애원가」에 나타냈다. 두 가사에서 김진형이 군산월을 버리는 장면을 비교해보자.

닭 울 때 세수하고 군산월을 깨워내니
몽롱한 깊은 잠에 이슬에 젖은 거동
괴(怪)코도 아름답고 유정하고 무정하다
"옛일을 이를 게니 네 잠깐 들어봐라
이전에 장 대장이 제주 목사 지낸 후에
정들었던 수청기생 버리고 나왔더니
바다를 건넌 후에 차마 잊지 못하여
배 잡고 다시 가서 기생을 불러내어
비수 빼어 벤 다음에
돌아와 대장 되고 만고영웅 되었으니
나는 본래 문관이라 무인과 다르기로
너를 도로 보내는 게 이것이 비수로다" (「북천가」 중에서)

연약한 계집 몸이 여러 날 길에 나서
노독(路毒)이 심하구나
내 온 길 생각하니 전생인가 몽중인가
주막에 잠을 자고 아침에 조반 후에
행장을 수습하여 한 술 뜨고 일어서니
나으리 거동 보소 변색하고 하는 말이
"가련하고 어여쁘다 너를 처음 만날 적에
언약이 금석 같고 인정(人情)이 태산 같아

춘풍 삼월 꽃 필 적과 유월 훈풍 좋은 때와
온갖 슬픔 요란하고 심사가 뒤숭하며
고향 생각 간절할 때
주야로 너를 데려 객의 회포 위로하며
고향산천 같이 가서 슬하에 두잤더니
지금 와 생각하니 난처하고 어려워라
내 본래 잘못하여 너를 이제 속였으니
섭섭히 알지 말고 좋게좋게 잘 가거라" (「군산월애원가」 중에서)

김진형은 제주 목사 장 대장의 이야기를 들려주며 단호히 애기(愛妓) 군산월을 끊었다고 자랑삼아 얘기하고 있다. 장 대장은 칼로 애기를 죽여 미련을 끊었지만, 자기는 문관이라 그렇게는 못 하고 그저 돌려보낸다는 말이다. 끔찍한 협박이다. 주위 사람들과 후손에게 자신이 여색에 대해 얼마나 엄정하고 단호한지를 보여주고자 한 듯하다. 나이 쉰셋의 명사가 손녀뻘인 기생한테 그렇게 모질게 협박했다는 것이 믿기지 않을 정도이다. 반면 군산월이 들었다는 말은 협박이라기보다는 신의를 저버린 데 대한 사과이다. 김진형이 자신의 단호함을 과장한 것이든, 혹은 군산월이 김진형의 말을 순화한 것이든 간에 김진형의 배신은 군산월로서는 견디기 힘든 일이었다. 하지만 그것이 기생의 현실이었다. 높고 좋은 집안일수록 기생은 더욱 들어가기 어려웠다.

그렇지만 성공해서 첩이 되었다고 해서 행복이 보장된 것은 아니었다. 남편의 사랑이 없다면 첩 자리는 아무것도 아니기 때문이다. 기생첩은 결코 그 집의 안주인이 될 수 없었다. 안주인은커녕 집안을 망치려고 들어온 여우로 취급되었다. 조선 후기 양반집 가훈을 보면 첩을 조심하라는 말로 가득 차 있다. 포용하고 배려해주어도 낯선 집에서의 적응이 쉽지 않을 터인데, 사갈시하고 있으니 마음이나 몸이나 편할 리 없다.

낯선 집에 들어와 경계와 질시의 시선을 한 몸에 받는 고단한 기생첩의 신세는 「별실자탄가」에 잘 나타나 있다.

음전하고 진중하면 대가 세다 논란이요
새침하고 얌전하면 방자하다 돌리고
조용 않고 떠들면은 거만하다 수군수군
똑똑하고 어여쁘면 여우라 별명이요
능수능란 은근하면 흉측하다 별명이요
맵시 있고 간드러지면 방정맞다 쓴 말이요
생그럽고 민첩하면 간물(奸物)로 지목하고
경우 밝고 눈치 빠르면 얄밉다 통문 돌고
정직하고 씩씩하면 밥맛이라 삐죽삐죽
여기 좇고 저기 좇아 득인심(得人心)하려 한즉
고맙단 말 하나 없이 미쳤다 흉을 보며
순진하고 무던하면 물어미라 지목일세
잘한다는 말이 없고 칭찬 들을 일이 없네

신세를 한탄하는 별실 곧 첩이 기생 출신인지는 분명하지 않아도 첩은 대개 기생첩이고 기생첩 또한 이와 다른 처지일 수 없다. 대부분 기생은 첩이 되어도 별실의 한탄을 노래할 수밖에 없지만, 그렇다고 해서 다른 대안이 있지도 않다. 만덕처럼 예외적으로 큰돈을 번 경우가 아니라면 「노기자탄가」의 늙은 기생처럼 초라하고 외로운 신세가 될 수밖에 없다.

늘 봄날로 알았더니 이십 삼십 잠깐이라
동원도리편시춘(東園桃李片時春)은 나를 두고 이름이라

색태 믿고 거만타가 인심조차 잃었구나
분분호접(紛紛胡蝶) 날아가니 어느 친구 날 찾으리
구시월 적막초옥(寂寞草屋)에 소슬바람 차도 차다
세간 집물 찾아 파니 의복인들 오죽하랴

나이 들수록 얼굴은 얽고 몸은 볼품없어진다. 얼마간 기예가 있다고 해도 초라한 예인을 찾는 경우는 드물다. 찾아오는 사람이 줄어드니 수입이 줄고 생계조차 막막하다. 하던 일을 계속하려면 이패 기생인 은근짜를 면할 수 없고, 그렇지 않으면 주막이라도 열어 목구멍에 풀칠을 해야 한다. 이렇게까지 되면 본래 미천한 데에다 추락의 아픔까지 더해 더욱 비참하다. 현명한 기생은 미리 노후를 준비하고 착실히 돈을 모으는데, 믿을 것이 돈밖에 없기 때문이다. 『소수록』에서 남자 손님을 다섯 부류로 나누어 본 기생 옥소가 결국 돈 많은 남자를 최고로 치는 것도 이 때문이다. 그것이 기생의 현실이다.

기생 삶의 빛과 그늘

어떤 인생이라도 다 그렇지만 기생의 삶에도 빛과 그늘이 있다. 화려한 옷차림으로 고관과 명사를 상대하며 많은 돈을 벌고 권력의 언저리에 이를 수도 있지만, 일찍부터 모욕과 수치를 겪으며 배신당하고 버림을 받아 빈곤과 외로움에 고통을 겪을 수도 있다. 해주 기생 명선은 자기 몸을 의탁한 김 진사와 장래를 기대하면서 "한술 밥의 작은 은덕, 눈을 흘깃 작은 원한, 마음대로 못 갚을까"라고 노래했다. 자기 임이 나중에 높은 벼슬아치가 될 때를 미리부터 생각하여, 평소 가졌던 고마움이나 원한을 갚을 계획부터 세운 것이다. 그만큼 사무치는 아픔이 있다.

그러나 기생의 신세가 이렇다고 기생을 마냥 불쌍히 볼 일은 아니다. 기생 스스로도 상대 남성들의 쪼들린 삶과 자기 삶을 다음과 같이 비교한 바 있다.

> 임자 일 내 다 아오 기껏해야 무명 이불
> 어린 것의 오줌똥은 무늬를 그려내고
> 춘흥(春興)이 방농(方濃)하여 야사(夜事)나 좀 하려 하면
> 자는 아이 요강 찾고 어린 것은 젖 달라니
> 편하고 호화롭기 화류장(花柳場)에 비겨보오
> 황금옥(黃金屋)의 호사 생활 재물을 아낄쏜가 (『소수록』 중에서)

기생의 편하고 화려한 삶은 부정과 비난의 대상이기도 했지만, 가난한 민중에게는 동경과 질투의 대상이기도 했다. 18세기 이야기책 『어수신화(禦睡新話)』에는 서울 재상가 행랑채에 사는 가난한 부부가 태어날 아이를 위해 각각 발원하는 장면이 있는데, 딸이 수청시녀(隨廳侍女), 선정각씨(善釘閣氏), 전갈비자(傳喝婢子), 찬색항아(饌色姮娥), 아기유모(阿只乳母), 모전분전마누라(毛廛粉廛抹樓下), 의녀무녀(醫女巫女), 수모중매(首母仲媒) 등이 되기를 기도하고 있다. 다 궁중이나 관청의 하인, 유모, 시정의 가게 주인, 무녀, 결혼중매 등 하천인인데, 여기에 의녀까지 포함되어 있다. 의녀는 당시 약방기생이라 하여 최상급 기생으로 대접을 받았다. 기생도 더 가난한 평민, 천민에게는 선망의 자리였던 것이다.

기생은 동경의 대상이기만 했던 것도 아니고, 그렇다고 연민의 대상으로만 바라볼 일도 아니다. 그들 역시 전근대를 살아간 힘없는 민중의 한 부류였다. 그들이 『소수록』 등의 글과 삶을 통해 주장하고자 한 것은 한마디이다. '나는 기생이다', '나도 사람이다'라는 외침이다. 그 외침을 가장 극명히 드러낸 사람들이 이른바 의기(義妓)이다. 임진왜란 때 진주에는 논개(論介)가 있었으며, 평양에는 계월향(桂月香)이 있었다. 모두 기생의 천한 신분으로 과감히 일본 장수를 죽인 이들이다. 기생들

은 또 일제 침략 초기에 국채보상운동 등 구국운동에도 적극 참여했으며, 일제에 부역한 권력자의 요구에 그의 첩이 될 수 없다고 거절하며 꾸짖은 진주 기생 산홍(山紅)과 같은 사람도 있었고, 3·1독립운동 때 수원 지역의 시위를 이끌었던 김향화와 같은 분도 있었다.

기생은 결코 남자에 목을 맨 기생적 존재가 아니었고, 억압과 모욕 속에서도 엄연히 주체적이고 자립적인 존재였다. 그들은 기생으로 태어났기 때문에, 또 절대적 빈곤 때문에 기생이 되기도 했지만, 그들 스스로 인간이기를 포기한 적은 없었다. 세상 사람들이 아무리 창녀라고 손가락질해도 스스로는 자신들도 인간임을 분명히 밝혔다.

참고문헌

정병설, 『나는 기생이다: 소수록 읽기』, 문학동네, 2007.
서울대학교 규장각한국학연구원 편, 『조선 여성의 일생』, 글항아리, 2010.

성의 실상과 동성애

조선시대 성의 실상

흔히 조선시대는 성에 대해 억압적이었던 것으로 알려져왔다. 지배 이념인 유교가 성을 엄격히 통제했고, 법과 제도가 그 억압을 강제했을 것으로 생각하기 때문이다. 그런데 이런 인식은 조선의 실상과는 거리가 멀다. 열절(烈節)이라는 유교의 엄격하고 억압적인 성윤리 등으로 인하여 이런 오해가 있었지만, 열절은 일부 상층 여성에게만 적용되었고 조선 사회 전체는 이런 성적 억압에 눌려 있지 않았다. 그나마 상층 여성에게 가해진 성적 억압도 조선 전기는 조선 후기만큼 강하지 않았다.

조선 전기의 간통 사건 열다섯 건을 『조선왕조실록』에서 찾아 자세히 해설한 손종흠의 『조선남녀상열지사』(앨피, 2008)를 보면 당시에 문제가 된 간통을 네 유형으로 나눈다. '첫째, 사대부 남성이 기생첩을 사이에 두고 벌인 쟁탈전. 둘째, 아버지나 장인의 여자와 간통하거나 그를 첩으로 삼는 패륜. 셋째, 도덕군자로 추앙을 받으며 정치적으로도 성공한 이들을 둘러싼 추문. 넷째, 왕실이나 사대부가의 여성들이 신분이 낮은 노비나 승려와 정을 통한 경우'이다. 열다섯 사건은 모두 양반이나 명관(名官)의 집안에서 벌어진 추문으로 이런 간통 사건은 『조선왕조실록』의 조선 후기 부분에서는 찾기 어렵다. 조선 후기에 들어오면 이런 일들은 벌어지기도 논의되기도 어려운 상황이 되었다.

이 책에서 다루고 있는 사건들을 보면 유교 사회인 조선이 이렇게까지 '문란'한지 놀라게 된다. 그것도 못 배우고 가난한 하층민이 아니라 최고의 학자나 고급 관리 등 상층 귀족의 일이다. 유교 사회라면 적어도 저지른 간통에 대해 부끄러움이나 죄의식을 느낄 법도 한데 그마저도 별로 보이지 않는다. 병조 판서의 딸인 명문가 여성이 남편에게 간통 현장을 적발당하고도 태연한 표정을 지었다고 하며, 아내의 부정을 말하는 사위에게 장모가 "뭐 그런 어린아이들 장난을 가지고 흥분하느냐"고 도리어 꾸짖었다는 부분도 있다. 게다가 이들 사건의 죄질을 판단하는 임금조차 간통을 대수롭지 않게 여기는 모습을 보인다.

'문란'한 조선 전기에 비하여 조선 후기는 성에 대한 억압이 훨씬 강화되었다고 할 수 있다. 그러나 두드러진 간통 사건이 거의 없다고 해서 조선 후기를 성적 억압이 철저한 사회로 볼 수 있을지는 의문이다. 결론부터 말하면, 상층의 양반 여성에 대한 성적 억압은 전기보다 훨씬 강화되었지만 다른 사람들은 별반 차이가 없었다.

조선 후기에도 축첩과 기생 등 남성의 성적 방종을 부추기는 제도가 건재했다. 19세기 중반 조선에 온 프랑스 선교사는 조선을 성적으로 문란한 사회로 인식했다. 샤를 달레(Claude Charles Dallet)는 선교사들이 고국에 보낸 편지 등을 토대로 쓴 『한국천주교회사』(1874)에서 "풍기의 문란은 모든 상상을 초월한다. 사람들의 과반수가 그들의 진짜 부모를 모르고 있다고 감히 단언할 수 있을 정도이다"라고 적고 있으며, 어떤 여자가 겁탈당할 위기에 놓였을 때 "저는 당신 딸입니다"라고 말해 강간을 모면했다는 이야기도 실었다. 이런 내용들은 이방인이 한국을 잘 모르고 썼거나 낯선 문화를 과장한 것으로 의심할 수도 있다. 그러나 당시의 프랑스 선교사는 국외자로 치부하기에는 누구보다 조선 민중 사이에 깊이 들어갔던 사람들이다. 더욱이 당대의 고문서와 문학작품을 두루 살펴보면 위의 사실을 결코 허황한 과장으로만 돌릴 수 없다. 조선 후기는 대체로 성에 개방적이었다.

하층의 혼속

성적 개방성의 양상은 혼속(婚俗)에서도 볼 수 있다. 흔히 권력과 재산이 있는 상층 남성이 둘 이상의 여성을 데리고 사는 축첩 제도는 잘 알고 있지만, 하층 여성이 둘 이상의 남편을 두는 관행이라든가, 하층의 중

춘화 개인 소장(미국). 일제강점기에 그려진 그림으로 집 안에서 은밀히 전승되었다고 한다.

복혼(重複婚)은 잘 모른다. 이런 개방적 혼속은 고문서나 문학작품, 특히 성소화집(性笑話集)을 면밀히 검토함으로써 파악할 수 있다.

조선 후기 성의 실상을 보여주는 자료로 법전, 형사판례집 외에 역사 자료 등이 있는데, 이런 것들은 인간의 내면 감정은 잘 그리지 못한다. 이를 어느 정도 보완할 수 있는 것으로 사설시조, 판소리계 소설, 애정소설 등의 문학작품이 있다. 판소리계 소설로는 『춘향전』, 『변강쇠가』를 들 수 있으며, 노래가 전하지 않는 판소리 작품으로 『계우사』, 곧 『왈짜타령』이 있다. 또한 사설시조는 단형이라는 한계는 있지만 성의 여러 측면을 때로는 은유적으로 때로는 직설적으로 표현하고 있다. 한편 한문애정소설은 『금오신화(金鰲新話)』, 『주생전(周生傳)』, 『운영전(雲英傳)』 등에서 시작하여 조선 후기의 『절화기담(折花奇談)』, 『포의교집(布衣交集)』으로 이어지는데, 근래 발굴된 한문희곡 『북상기(北廂記)』, 『백상루기(百祥樓記)』 등은 한층 강한 애정 표현을 보여주어서 관심을 끈다. 이밖에 『어면순』, 『속어면순』, 『명엽지해』 등의 소화집, 특히 성소화집이 있다.

성소화집이나 사설시조 등을 보면 '본남편', '본남진', '밋남편', '밋남진'이라는 말과 함께 그에 대응되는 개념으로 '소대남편', '소대남진', '서대남진', '소대서방' 등의 말이 나온다. 또 『조선왕조실록』이나 『승정원일기』 등의 한문 기록에는 '본부(本夫)', '전부(前夫)'와 대립되는 개념으로 '후부(後夫)', '겸부(兼夫)' 등의 말이 있는데, 앞의 사설시조 등에 사용된 말과 대응되는 개념이라고 할 수 있다. 종전 연구에서는 이 소대남편 등을 '샛서방' 또는 '간부(間夫)'라고 풀이하면서, 부적절한 관계 또는 주변의 승인을 받지 못한 은밀한 관계로 이해했다. 그런데 『기이재상담(紀伊齋常談)』, 『유년공부(酉年工夫)』 등의 성소화집은 물론 『포의교집』과 같은 애정소설을 보면, 하층 여성이 자신의 소대남편을 본남편이나 시집에 숨기지 않는 모습을 종종 볼 수 있다.

『유년공부』에는 소대남편과 잠자리를 가진 여자가 본남편에게 들키자 도리어 본남편을 구박했다는 이야기가 있고, 『포의교집』에서 여주인공 초옥은 남편이 있는데도 버젓이 시부모의 비호까지 받으면서 양반 남성과 관계를 지속한다. 또 초옥이 궁중의 잔치에 여령(女伶)으로 불려 가는 장면을 보면, 서울의 아이가 없는 여자들 중에서 여령을 강제로 뽑는데, 여령으로 한번 불려 가면 본남편도 자기 아내의 귀속권을 주장할 수 없다는 주석이 달려 있다. 국가는 하층 여성들의 결혼 증거를 오직 출산에서 찾았고, 아이가 없는 혼인 관계에 대해서는 크게 의미를 두지 않았던 것이다. 소대남편의 이런 위상은 사설시조에서도 볼 수 있다.

> 본남편 그놈 자총(紫驄) 벙거지 쓴 놈, 소대남편 그놈은 삿벙거지 쓴 놈 그놈, 본남편 그놈 자총 벙거지 쓴 놈은 다 빈 논에 허수아비로되, 밤중만 삿벙거지 쓴 놈 보면 샛별 본 듯하여라.
>
> 어이려뇨 어이려 시어머님 어이려뇨, 소대남편의 밥을 담다가 놋주걱 자루를 부러뜨렸으니 이를 어이하려뇨, 시어머님아. 저 아기 하

격정 마라 우리도 젊었을 때 많이 겪어보았노라.

본남편 광주(廣州) 싸리비 장사, 소대남편 삭녕(朔寧) 잇비(잇짚으로 만든 비) 장사, 눈짓으로 얻은 님은 뚝딱 두드려 방망이 장사, 도르르 감아 홍두깨 장사, 빙빙 돌아 물레 장사, 우물 전에 치달아 간댕간댕하다가 워렁충창 풍 빠져 물 담복 떠내는 두레박 장사, 어디 가 이 얼굴 가지고 조리 장사 못 얻으리.

첫 번째 작품은 본남편이 비록 높은 지위에 있지만 낮은 지위에 있는 소대남편만큼 반갑지 않다는 것이고, 두 번째 시조는 시어머니가 자기 아들 외에 소대남편을 둔 며느리 심정을 이해하고 공감한다는 내용이며, 세 번째 시조는 예쁜 여자가 이 지방 저 지방의 온갖 상인들을 남편으로 얻을 수 있음을 자랑하는 내용이다. 이 시조들을 보면 하층 여성들에게 소대남편은 그리 은밀히 관계를 유지해야만 하는 간부가 아니었다.

18세기 후반에 편찬된 일종의 형사판례집인 『심리록(審理錄)』은 사형 대상 범죄 1,112건을 다루고 있는데, 여기 나오는 사례들을 봐도 하층의 남편들은 대개 아내의 간통을 익히 알고 있다. 즉 소대남편은 현대인들이 생각하는 숨겨야만 하는 불륜관계가 아닌 것이다. 더욱이 권력이나 재산이 없는 하층 남성마저도 일종의 중복혼을 하였으니, 그들에게는 '화처(花妻)'가 있었다. 국어사전에서는 화처를 '노리개첩'이라고 풀이하면서 '화초첩'과 같은 말이라고 하고 있는데, 이는 올바른 의미가 아니다.

정약용은 『흠흠신서(欽欽新書)』에서 "화처는 첩을 이른다(花妻謂妾也)"라는 주석을 단 바 있다. 즉 화처는 당시에도 주석이 필요할 정도로 상층에서는 낯선 용어였다. 화처는 상층 양반의 첩이 아니라 하층 남성의 첩이기 때문이다. 『조선왕조실록』이나 『승정원일기』, 『심리록』 등 여

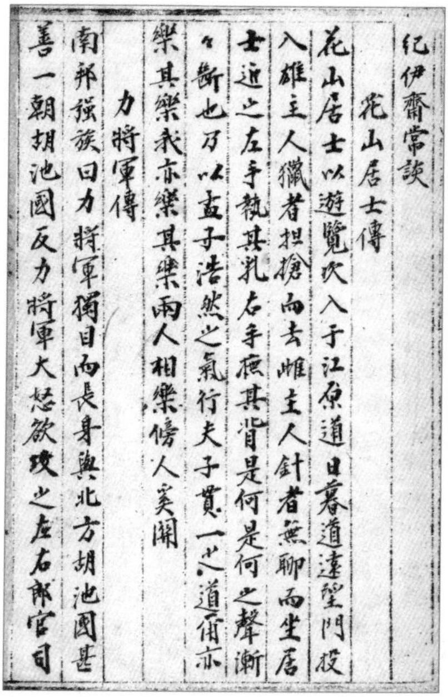
紀伊齋常談
花山居士傳
花山居士以遊覽次入于江原道日暮道遠望門投
入雉主人獵者担槍而去雉主人針者無聊而坐居
士迎之左手執其乳右手撫其背是何是何之聲漸
々斷也乃以孟子浩然之氣行夫子貫一之道循亦
樂其樂我亦樂其樂兩人相樂傍人莫聞
力將軍傳
南邦猛族曰力將軍獨目而長身與北方胡池國甚
善一朝胡池國反力將軍大怒欲攻之左右郎官司

『기이재상담』 일본 후쿠오카 고서점에서 소메야 도모유키 교수가 발굴한 유일본 소화집으로, 소메야 교수가 서울대학교 규장각한국학연구원에 기증했다.

리 문헌에 나오는 용례로 화처의 실상을 대략 가늠할 수 있는데, 아내 한 명도 건사하기 어려운 하층 남성이 둘 이상의 부인을 거느리는 것에는 다른 사정이 존재한다.

『승정원일기』 1768년 7월 8일조에 보면 "세상에서 화처라고 말하는 것은 바로 처입니다. 상놈을 처첩으로 논할 수는 없겠지만, 만일 그를 첩이라고 말한다면 그 법률 적용이 목숨을 빼앗는 것에 그칠 수 없습니다"라는 부분이 있다. 먼저 상놈은 처첩으로 말할 수 없다고 했다. 양반들이 행하는 정식 결혼이 없으니 처첩을 구분할 수 없다는 뜻이다. 다만 처음 만나 얼마간 살면서 자식을 낳은 여자를 처라고 한다면, 그 상태에서 만나 사는 다른 여자를 화처라고 부를 수 있을 것이다. 이리저리 떠도는 행상은 고향에 처가 있고, 또 오래 머무는 다른 곳에 화처를 두기도 한다. 하층 남성의 배우자로서 처나 화처는 상층 남성의 배우자와 달리 한평생 서로 얽매인 존재가 아니라는 점에서 배우자라기보다 일시적 동거인에 가까운 개념이다. 그러므로 경우에 따라서는 이 화처가 양반의 처와 비슷한 지위인 경우도 있고, 또 어떤 때는 첩과 비슷한 위상에 있을 수도 있다. 이 때문에 화처의 개념은 조선 전 시기에 걸쳐 계속 문제가 되었다. 앞의 『승정원일기』 기사에서는 해당 사건의 화처를 처로 간주해야 하며, 만일 첩이라고 본다면 더 엄한 처벌 조항이 적용되어야 할 것이라고 했다.

조선 후기 양인 박의훤의 상속 문서는 화처라는 말은 나오지 않지만 하층 혼인의 실상을 잘 보여준다. 박의훤은 죽기 전에 여덟 명 자식에게 재산을 나누어주는 상속 문서를 남겼는데, 문서를 작성할 당시 함께 살던 다섯 번째 처 외에 이전의 처들은 모두 다른 남자를 만나 자기를 떠났다면서 전처 자식들에게는 재산을 조금만 나누어주겠다고 했다. 박의훤의 다섯 부인 가운데 정처(正妻)가 누구인지 확언할 수는 없지만, 처에 대한 사회 통념에 따라 판단한다면 첫 아들을 낳은 부인 외에는 모두 화처로 간주될 것이다. 물론 다섯 부인 중에 박의훤을 소대남편으로 둔 경우도 있을 수 있다. 소대남편과 화처는 짝을 이루는 개념이다.

노비의 경우에 한정된 것이긴 하지만 실제 호구단자 연구를 통해서도 이런 사실이 부분적으로나마 확인된다. 강원도 원주의 권씨 양반가 호구단자 46종을 연구한 결과에 따르면, 1678년에서 1885년까지 이백년 이상 이 집안에서는 대략 사오십 명의 노비를 보유했는데, 이 기록에서 찾을 수 있는 184쌍의 부부 가운데 일부일처형 부부가 107쌍 58%이고, 일처이부형(一妻二夫型)이 15쌍 8%이며, 남편을 모른다고 적은 경우가 37쌍 20%, 아내를 모른다고 한 경우가 25쌍 14%로 정리되었다.(이영훈, 「노비의 혼인과 부부생활」, 『조선시대 생활사』 2, 역사비평사, 2000) 한 집안을 가지고 조선 전체를 일반화하기는 어렵지만, 앞의 여러 문학작품들과 견주어볼 때 일부일처의 혼인 유형이 하층에서는 그리 높은 비율을 차지하지 못함을 알 수 있다.

동성애의 실상

동성애는 유교의 엄격한 남녀 분별을 따르는 조선 사회에서 받아들이기 어려운 성애의 형식이다. 유교가 지배 이념이 되기 이전에는 조선시대만큼 엄격한 성적 분별이 있지 않았고, 조선도 전기는 후기만큼 엄격하지 않았다. 유교 이념이 강화될수록 분별은 엄해졌다. 신라시대 화랑이 처음에는 여성이었으며, 고려시대에는 남녀 혼욕이 일반적이었으니, 성적 분별이 엄격하지 않았던 역사를 짐작할 수 있다. 그런데 남녀를 양과 음, 볕과 그늘, 나아가 하늘과 땅의 이미지로 구분한 유교가 지배하는 조선시대에 이르러서는 음양과 천지가 만나야 하는 사랑을 이성이 아닌 동성 간에 한다는 것은 상상조차 할 수 없는 일로 치부되었다. 남녀의 차이를 자연의 근본 이치와 연결시킨 상황에서 동성애는 있을 수 없고 있어서도 안 되는 일이었다.

조선의 유학자들에게 동성애는 자연의 이치를 거스르는 일이었으니, 동성애를 받아들이는 집단은 자연의 이치를 모르는 야만인일 수밖에 없었다. 일본에 간 조선의 사신들은 일본의 남색(男色) 풍속을 조롱했는데, 통신사의 일원인 신유한(申維翰, 1681~1752)도 마찬가지였다. 그는 일본의 남색 풍속을 「남창사(男娼詞)」라는 한시에 적었고, 일본 역관인 아메노모리 호슈(雨森芳洲, 1668~1755)와 토론을 벌이기도 했다. 아메노모리 호슈가 쓴 시에 나오는 '예쁜 총각'이라는 말이 남창을 가리키는지 물으니 아메노모리 호슈가 그렇다고 했고, 이에 신유한은 "그대 나라의 풍속이 괴이하니, 남녀의 정욕은 본래 천지 음양의 이치에서 나온 것이라 천하가 모두 같소. 다만 '음'이 유혹하는 것을 경계할 뿐인데, 그런데도 어찌 '음'은 없이 '양'만으로 서로 느끼고 좋아할 수 있소?"라고 물었다. 그랬더니 아메노모리 호슈가 웃으며 "학사는 그 즐거움을 알지 못하는 모양입니다"라고 대답했다고 한다. 조선 학자는 공공연히 동성애가 행해지는 일본을 야만으로 간주하고 조선을 자랑스러운 문명국으로 내세웠으나 일본 학자는 조선 학자의 주장을 전혀 받아들이지 않았던 것이다.

겉으로 드러난 조선 사람들의 동성애관은 이처럼 아예 존재 자체를 인정하지 않는 것이었지만, 현실은 사뭇 달랐다. 조선 전기에는 세종의 며느리인 세자빈 봉씨가 궁녀와 동성애를 하다가 적발된 사건이 있었는데(『세종실록』 1436년 10월 26일), 이는 성풍속이 상대적으로 자유로운 조선 전기라서 가능한 일이었다고 볼 수 있다. 조선 후기라면 설령 비슷한 일이 있었다고 해도 드러나기 어려웠을 것이다. 후기로 갈수록 상층에서는 동성애란 존재해서도 안 되고 알아서도 안 되며 발설해서도 안 되는 일이 되었다.

사정이 이러니 동성애는 법전에도 나오지 않고 실제 판례에서도 거의 보이지 않는다. 그러나 미국의 한국사 연구자인 에커트(Carter J. Eckert) 교수가 소개한, 1880년 조선에 머물렀던 미국 대리공사이자 해군 장교인 포크(George Clayton Foulk) 중위의 보고는 판이한 실상을 보여준다. 뉴욕공립도서관에 소장된 그의 기록에는 다음과 같은 말이 있다.

> 한국에서 동성애는 널리 행해진다. 사실 거의 공공연히들 이야기하는 듯하다. 동성애를 하는 젊은이들은 여기저기 다니지 않으며, 많은 사람을 거쳐가지도 않는다. 그들은 좋은 외모로 인해 선택되는데, 일반적으로 그들을 좋아하는 사람들에게 이용된다. 기혼 남성이 곧잘 이런 아이들을 이용하는데, 아이들이 크면 그 남성의 아내와 사랑에 빠져서 함께 도망가는 일이 있다. 또 세 명이 서로 인정하며 지내는 경우도 많다. 이런 아이들은 '비역(Pi-ok)'이라고 불린다.

에커트 교수는 동성애의 만연을 이정보(李鼎輔, 1693~1766)의 시조로 알려진 다음 작품에서도 찾고 있다.

> 간밤에 자고 간 그놈 아마도 못 잊을다
>
> 기와 장인 아들인지 진흙을 이기듯이 두더지 영식인지 샅샅이 뒤지듯이 뱃사공 자식인지 상앗대 지르듯이 평생에 처음이오 마음이 야릇하네
>
> 전후(前後)에 나도 무던히 겪었으되 참말로 간밤 그놈은 차마 못 잊을까 하노라

여기서 에커트 교수는 화자를 당연히 남성으로 간주하고 동성애를 그린 작품으로 이해하고 있지만, 한국 전통 시가에서 남성이 여성의 가면을 쓰고 노래하는 일은 드물지 않으며 또 이 시조는 이정보의 창작이 아니라 그가 옮겨 적은 작품일 수도 있다. 따라서 이것만 보고 이 작품이 동성애를 그렸다고 단정할 수는 없다.

문학작품에서 동성애의 실상을 보여주는 것으로, 난편적으로는 『춘향전』 서두 부분을 들 수 있다. 주인공 이몽룡의 수청을 기생은 물론이고 봉인 등 젊은 남자아이에게 맡기지 않은 것이 색에 빠지거나 건강을 잃을 것을 염려했기 때문이라는 서술이 있는데, 동성애의 정황을 엿볼 수 있는 부분이다. 이 밖에 동성애의 현실을 명확히 보여주는 작품으로 육용정(陸用鼎, 1843~1917)의 「이성선전(李聖先傳)」이 있다. 이성선은 음직으로 충훈도사(忠勳都事)의 벼슬까지 받았지만 나아가지 않았고, 나중에는 다른 사람을 위해 일을 해주며 먹고살다가 아내가 죽자 새로 아내를 들이지 않고 이웃의 아이와 동성애를 했다고 하는데, 원문은 이를 '풍남지희(風男之戲)'로 표현하면서 궁인들의 대식(對食)과 같은 것이라고 설명했다. 이성선은 아이에게 결혼 전까지 자신과 함께 지내자고 권했는

데, 아이가 약속을 어겨 다른 사람과 자자 칼을 뽑아들기도 했다. 성선은 자기 소유의 땅이 없을 정도로 가난했지만 가뭄으로 고통을 겪는 이웃을 위해 기우제까지 지낸 인자한 사람이라고 하면서, 글쓴이 육용정은 이성선이 살던 두전리(斗田里)가 자기 고향이라 그를 잘 알며, 한 번 만난 적도 있다고 했다.

이 작품은 포크 공사가 그린 동성애의 실상과 잘 맞는 내용이다. 양반이 아내도 들이지 않고 동성애에 골몰했다는 점과 동성애에 대한 표현을 금기시하던 당시의 이념적 분위기에서 이런 작품이 나왔다는 사실이 놀랍다. 아마 육용정이 「이성선전」을 짓던 시기는 유교 이념의 억압이 상당히 무너진 근대 전환기였기에 가능한 일 아닐까 한다. 아직 동성애에 대한 부정적 시각이 바뀌지 않았지만, 동성애 관련으로 극단적인 비난과 처벌을 받을 상황은 아니었기에 입전했던 것으로 생각한다.

동성애의 모습을 분명히 보여주는 오래된 책으로는 1705년 아메노모리 호슈가 만든 것으로 추정하는 『유년공부』를 들 수 있다. 이 자료는 일본 도쿄대학 오쿠라문고(小倉文庫)에 소장된 것으로 성소화류 가운데 유일한 한글본이다. 근 50편의 이야기 중에 음담패설이 적지 않은데, 이 책에 보이는 동성애는 「이성선전」과 마찬가지로 거의 행위만 그리고 감정은 드러내지 않는다. 자신의 동성애를 질투하는 아내를 남편이 친구와 관계 맺게 한다는 이야기가 실려 있다.

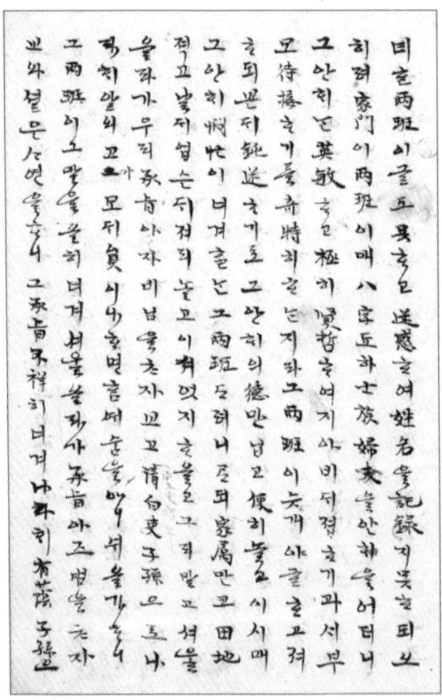

『유년공부』 도쿄대학 오쿠라문고 소장.

이 밖에 성소화집 『기이재상담』의 총 31편 중에도 동성애를 그린 것이 한 편 있다. 상민이 양반의 병을 치료하기 위해 동성 간의 성행위를 이용한다는 이야기이다.

> 어떤 상민이 학질을 잘 치료한다는 소문을 듣고 한 양반이 치료 부탁을 했다. 상민은 양반의 간청을 마지못해 받아들이더니, 치료를 한다면서 양반을 산으로 데려가서 말뚝에다 양반을 묶어놓고 강제로 관계를 맺었다. 상민에게, 그것도 남성에게 당한 것이 분하고 부끄럽고 화가 난 양반은 열이 올랐고 그 바람에 학질이 떨어져버렸다. 이후 양반의 부인이 학질을 앓게 되어 그 상민을 소개해달라고 하자 양반이 화를 내며 막았다.

학질은 오한과 고열을 동반하는 병인데, 환자를 놀라게 하거나 열을 오르게 함으로써 치료할 수 있다고 믿었다. 위의 이야기에 나오는 상민은 동성 강간으로 병자의 화를 돋우어 열을 올리게 함으로써 효험을 본 적이 여러 번 있었다는 것이다. 이 이야기는 동성애에 대한 일반의 부정적인 시각을 보여준다.

유교 사회인 조선에서 동성애는 자연의 원리를 어기는 것으로 받아들여졌고, 따라서 상상도 할 수 없는 일로 치부되었다. 상상도 할 수 없는 일이니 말할 수도 없었고 말해서도 안 되었다. 당연히 기록으로 남길 수 없었고, 남은 기록은 전해서도 안 되었다. 그렇기 때문에 동성애에 대한 기록은 극히 희소하다. 그런데 실상은 이념과 전혀 달랐다. 조선은 동성애가 만연한 사회였다. 하층에서는 말할 것도 없고, 상층에서도 어느 정도 동성애가 있었던 것으로 보인다. 조선 사회가 동성애를 다루는 기본적인 방식은 요컨대 부정과 침묵이었다.

참고문헌

정병설, 『조선의 음담패설: 기이재상담 읽기』, 예옥, 2012.

정병설, 「조선 후기 성의 실상과 배경: 기이재상담을 중심으로」, 『인문논총』 64, 서울대학교 인문학연구원, 2010.

Carter J. Eckert, "Male Concubinage: Notes on Late Chosŏn Homosexuality by an American Naval Attaché", *Epistolary Korea: Letters in the Communicative Space of the Chosŏn, 1392-1910*, edited by JaHyun Kim Haboush, Columbia University Press, 2009.

제2부

문학사와 갈래

고대와 중세의 문학

한시와 한문

시와 소설

야담과 일기

근대문학으로의 길

고대와 중세의 문학

건국신화, 신화로 본 고대사

단군과 한국사의 출발

한국사는 고조선에서 시작한다. 14~20세기에 존재한 조선 왕국은 바로 그 옛날 '조선'이라는 국호를 이은 것이다. 고조선은 근내 직진의 조선 왕조와 구분 짓기 위한 용어이면서, 동시에 고조선 중에서 후대의 조선인 위만조선이나 기자조선과 구분 짓기 위한 용어이기도 하다. 고조선의 시조는 단군이다. 한국사의 시작을 어디로 볼 것인가 하는 것은 사실의 문제라기보다는 신념의 문제라 할 수 있다. 그 옛날 조선은 그대로 조선일 뿐 한민족이라는 관념이 없었는데, 후대 왕조와 사람들이 자신의 출발점으로 조선을 택했을 뿐이다. 그러므로 어디를, 누구를 시조로 볼 것인가 하는 것은 시대에 따라 집단에 따라 사람에 따라 약간씩 차이가 있을 수밖에 없다. 지금은 대부분의 한국 사람이 시조를 단군이라고 여기지만, 조선시대에는 단군 이상으로 기자를 중요하게 생각했다.

조선 후기에 일반인들은 대개 『동몽선습』 등의 초학서로 한국사의 기본 지식을 얻었는데, 이 책의 상고사 부분은 다음과 같다.

> 동방에 임금이 없었는데 신인이 태백산 박달나무 아래에 오시니 나라 사람들이 임금으로 세웠다. 중국 요임금과 같은 시대였는데, 나라 이름을 조선이라 했다. 이분이 단군이시다.
>
> 주나라 무왕이 기자를 조선에 봉하시어 백성을 예의로 가르치고 여덟 조항의 가르침을 베푸시니 어진 가르침이 있었다. 연나라 사람 위만이 노관의 난으로 인하여 망명하여 준왕을 유혹하여 쫓아내고 왕검성을 점거했는데, 손자 우거에 이르러 한나라 무제가 토벌하여 땅을 나누어 낙랑, 임둔, 현도, 진번의 한사군을 설치했다. 소제가 평나와 현도로 평주를 만들고 임둔과 낙랑을 동부의 두 도독부로 삼았다.
>
> 준왕이 위만을 피하여 바다를 거쳐 남쪽으로 가서 금마군에 머무니 이것이 마한이다. 진나라 망명인이 마한에 들어와 마한이 동쪽 경계를 잘라 주니 이것이 진한이다. 변한이 마한 땅에 나라를 세우니 그 시조나 연대는 알 수 없다. 이것이 삼한이다.
>
> 신라 시조 혁거세가 진한 땅에 도읍을 세워 박씨로 성을 삼고, 고구려 시조 주몽은 졸본에 이르러 스스로 고신의 후예라 하며 고씨로 성을 삼고, 백제 시조 온조는 하남 위례성을 도읍으로 삼고 부여씨로 성을 삼으니, 삼국이 각자 한 귀퉁이를 지켜 서로 공격하였다.

『동몽선습』의 한국사 인식을 보면 단군을 조선의 시작이라고 생각하지만, 이는 신인들이 다스리는 신화의 시대이고 역사는 기자에 이르러서 시작된 것으로 여기고 있다. 공자가 존숭하는 성인인 주나라 무왕에 의해 봉해진 나라가 조선이니 조선은 어엿한 성인의 나라이다. 근대 민족주의가 강화된 이후 단군만 크게 강조된 것과는 역사 이해가 아주 다르다.

『동몽선습』은 역사를 서술하면서 명나라까지의 중국 역사를 정리한 끝에 앞의 인용문과 같은 한국사를 붙였다. 말하자면 한국사를 중국사의 일부로 보이게 했다. 『동몽선습』의 한국 인식은 단적으로 말해 '소중화(小中華)'이다. 한국사는 중국사의 '독자적인 일부'로 본다. 한국사가 바로 중국사는 아니지만, 중국의 큰 지배력 아래에 있다고 보는 것이다. 한국이 비록 지리적으로 대륙의 끝자락에 있고 땅도 좁고 작지만, 역사 전통과 문화는 중국과 비견할 수 있고, 또 중국 문화의 정통을 잇고 있다고 여기는 것이다. 그래서 한국의 독자성을 드러내는 상징으로 단군을 숭앙하는 한편으로 중국의 문화와 예악을 수입하여 정착시킨 기자를 단군 못지않게 높게 평가했다.

단군에 대한 가장 오래된 전승을 보여주는 『삼국유사(三國遺事)』에 실린 「단군신화」는 다음과 같다. 환인의 아들인 환웅이 인간 세상을 교화하고자 하늘에서 세상으로 내려왔다. 그런데 마침 사람이 되기를 원하는 곰과 호랑이가 있어서, 그들에게 쑥과 마늘 약간을 주면서 백 일 동안 햇빛을 보지 말라고 했다. 호랑이는 이 말을 지키지 못했으나, 곰은 굴속에 살며 말을 지켜 마침내 여자로 변했다. 곰 여인은 결혼할 남자가 없으니 남편을 보내달라고 하늘에 기도했는데, 환웅이 잠시 사람으로 변하여 곰 여인과 결혼했고 마침내 단군을 낳았다.

하늘에서 내려온 남자가 지상에 사는 여자와 결혼하여 훌륭한 인물을 낳는 이야기는 후대의 서사물에서 종종 볼 수 있는 것으로 이는 어떤 국가의 신성한 출발을 보여주는 징표가 된다. 또 곰과 호랑이가 인간이 되기 위하여 경합을 벌인 것은 각각 곰과 호랑이를 숭상하는 부족의 경쟁으로 설명하기도 한다. 곰을 숭상하는 부족이 호랑이 숭상 부족을 누르고 신생 국가의 주도권을 잡았다는 것이다.

문헌에 따라서 단군을 부여의 건국시조인 부루의 아버지로 설정하기도 하는데, 부여의 건국시조는 북부여는 해모수, 동부여는 해부루, 그리고 졸본부여는 동명을 들고 있는 등 각각 다르게 나타난다. 또 동명은 졸본부여의 건국시조로도 나오지만, 대부분의 문헌에서는 고구려의 건국시조라고 말하고 있다. 신화만으로도 고조선-부여-고구려로 이어지는 한반도 북방 국가의 계승을 읽을 수 있다.

부여계 신화와 주몽

고조선을 이은 부여계 건국신화 가운데 대표적인 것으로 『삼국사기(三國史記)』에 실려 있는 고구려 건국신화인 「주몽신화」를 들 수 있다. 고구려 시조 동명성왕의 성은 고씨요 이름은 주몽이다. 주몽이 태어나기 전에 부여에 해부루 왕이 있었다. 해부루는 늙도록 아들이 없어서 산천에 제사를 지내며 대를 이을 아들을 얻기를 원하였다. 그러던 어느 날 길에서 금개구리처럼 생긴 아이를 줍고 이름을 금와(金蛙)라 하였다. 금와는 해부루를 이어 왕위에 올랐다. 금와는 물의 신인 하백의 딸 유화와 결혼하였는데, 유화는 이때 하느님의 아들인 해모수의 아들을 잉태하고 있었다. 금와는 유화를 이상히 여겨 방에 가두었다. 그런데 햇빛이 계속 유화를 따라가면서 비추었고, 유화는 나중에 큰 알을 낳았다. 이를 안 금와는 알을 좋지 않게 보아 개와 돼지 사이에 버렸다. 그런데 짐승들은 그 알을 먹지 않을 뿐만 아니라 조심스럽게 피해 다녔고, 새들은 알을 날개로 덮어주기까지 하였다. 왕이 이상히 여겨 그 알을 쪼개려고 했지만 깰 수 없었다. 마침내 사내아이가 알을 깨고 나왔는데, 외모와 골격이 비범하였다. 어려서부터 활을 잘 쏘아 부여말로 명궁이라는 뜻인 주몽이라고 불렸다. 금와는 주몽에게 말을 기르도록 했다. 그런데 주몽은 준마에게는 먹이를 적게 주어 여위게 하고, 둔한 말은 잘 먹여 살찌게 했다. 금와는 살찐 말은 자기가 타고, 여윈 말은 주몽에게 주었다. 주몽이 성장하여 탁월한 능력을 보이자 여러 사람이 주몽을 시기하였다. 이에 주몽은 벗들과 함께 부여에서 도망쳤다. 뒤에서 부여 군사들이 추격했는데, 큰 강가에 이르자 주몽은 하늘을 향해 “나는 하느님의 자손이요, 하백의 외손이다. 추격이 가까워오니 어찌해야 하리오"라고 외쳤다. 말을 마치자 물고기와 자라가 강 위로 떠올라 다리를 만들었고, 주몽 일행은 쉽게 강을 건너 도망칠 수 있었다. 그들은 졸본천에 이르러 나라를 건국하였는데, 이때가 기원전 38년이며 이 나라가 바로 고구려다. 나라를 세운 주몽은 이웃 비류국의 송양왕과 겨루어 항복을 받았다. 주몽은 비류국을 '다물도'라고 이름하였는데, '다물도'는 '옛 땅을 되찾았다'는 뜻이다.

「주몽신화」는 한 편의 완전한 영웅 서사이다. 고귀한 혈통을 지니고 있지만 비정상적인 방법으로 태어나 밖에 버려지고, 고귀한 혈통에 어울리지 않게 하천민(下賤民)이나 짐승의 보호를 받아 양육되지만, 나중에 다시 원래의 곳으로 돌아와 큰 승리를 거둔다는 이야기는 세계적 보편성을 가진 영웅 설화의 전형이다.

이 「주몽신화」 다음에는 「유리왕신화」가 이어진다. 주몽 곧 동명성왕 재위 19년 여름에 왕의 아들 유리가 어머니와 함께 부여를 도망쳐 와 왕이 태자로 삼았다. 원래 주몽은 부여에 있을 때 예씨를 아내로 삼았는데, 주몽이 부여를 떠난 후 예씨가 유리를 낳았나. 유리가 어릴 때 거리에 나와 놀며 새를 쏘다가 잘못하여 물 긷는 부인의 물동이를 깬 일이 있었다. 그 부인은 아버지 없는 자식이라 함부로 행동한다며 유리를 꾸짖었다. 이에 유리가 부끄러워하며 집으로 돌아와 어머니에게 아버지에 대해 묻자, 예씨는 유리의 아버지가 보통 사람이 아닌 고구려의 임금이라며, 아버지가 떠나면서 "그대가 만약 사내아이를 낳으면 내가 남긴 물건을 찾게 하시오. 소나무 아래 일곱 모가 난 돌이 있는데 그 나무 아래 있소. 그것을 가진 놈이라야 내 아들이라 믿겠소"라고 말했다고 전했다. 이 말을 들은 유리는 산 깊은 곳까지 그 물건을 찾으러 갔지만, 결국 아무것도 발견하지 못하고 집으로 돌아왔다. 지쳐 마루 위에 앉아 있는데, 주춧돌 사이에서 무슨 소리가 났다. 살펴보니 주춧돌이 일곱 모가 나 있었고, 그 위에 소나무 기둥이 얹혀 있었다. 유리는 기둥 밑에서 부러진 칼 조각을 찾았고, 그것을 가지고 아버지에게 갔다. 동명성왕이 자신이 가진 것과 맞추어보니 딱 맞았다. 이에 유리를 아들로 받아들였다.

주몽신화는 부여계 신화와 이어져 있으며 백제로까지 연결된다. 『삼국사기』에 실린 백제 건국신화를 보면 이렇다. 주몽이 북부여에서 난을 피하여 졸본부여로 갔는데, 부여왕이 그의 훌륭함을 알아보고 둘째 딸을 주어 아내로 삼게 했다. 주몽은 나중에 졸본부여왕이 되어 비류와 온조 두 왕자를 얻었다. 그런데 어느 날 주몽이 북부여에서 낳았던 아들 유리가 아버지를 찾아왔다. 새로 나타난 아들이 태자가 되는 바람에, 비류와 온조는 권력에서 밀려나 부여를 떠날 수밖에 없었다. 두 왕자는 지금 서울의 한강 부근까지 내려왔다가, 서로 마음이 갈려 비류는 바닷가인 미추홀 곧 현재의 인천에 정착하였고, 온조는 지금 서울 동부 지역인 하남 위례성에 정착하였다. 비류가 인솔한 무리는 바닷가에 잘 적응하지 못했으나, 온조는 나라를 잘 다스렸다. 비류는 온조의 나라가 잘 다스려지는 것을 보고 부끄러워 죽었고, 비류의 백성들이 온조의 나라로 옮겨왔다. 이에 온조는 나라를 세우고 이름을 백제라 했다. 백제는 고구려보다도 이른 시기에 동명성왕의 사당을 만들어 제사 지냈다. 부여의 계통을 잇고 있음을 보인 것이다.

「단군신화」가 『동몽선습』 등에 실려 조선 후기까지 전해온 것처럼, 「주몽신화」도 오래 사람들 입에 오르내렸다. 고려시대 문인 이규보(李奎報)는 「주몽신화」를 자신의 글솜씨로 다시 옮기면서, 자신이 평소 고구려 건국시조인 동명왕의 이야기를 들을 때 그저 허망한 옛이야기로 여겼는데, 『구삼국사(舊三國史)』에 실린 「동명왕본기(東明王本紀)」를 보니 이야기로 듣던 것보다 더하더라고 했다. 그런데 처음에는 귀(鬼)나 환(幻)으로 생각되던 것이 세 번 되풀이하여 읽으며 그 근원으로 들어가니, 환이 아니고 성(聖)이며 귀가 아니고 신(神)으로 여겨졌다고 했다. 그래서 동명왕 이야기를 통해 우리나라가 본래 성인의 나라라는 것을 천하에 알리고자 「동명왕편(東明王篇)」을 짓노라고 했다. 고대 건국신화가 고려시대까지 천 년 이상 전승되며 한반도 사람들 사이에서 신이한 일로 이야기되었던 것이다.

남방계 신화, 신라와 가야

고조선－부여－고구려－백제로 이어지는 북방계 신화와 별개로 신라의 시조 박혁거세의 신화와 가야의 시조인 김수로의 신화가 있다. 먼저 『삼국유사』에 실린 신라의 건국신화를 보자. 옛날 신라 땅에 여섯 마을이 있었는데, 여섯 마을 사람들은 임금이 없어서 나라가 잘 다스려지지 않는다고 한탄했다. 어느 날 나정이라는 우물에 빛이 비치는데 흰말이 꿇어앉아 절하는 형상이었다. 사람들이 가보니 거기 큰 알이 하나 있었다. 알을 깨니 사내아이가 나왔는데, 단정하고 아름다웠다. 모두 놀라고 이상히 여겨 샘에서 목욕을 시키니, 몸에서 광채가 나고 새와 들짐승들이 따라서 춤을 추었다. 알에서 나온 이가 신라 시조 박혁거세다. 같은 날 사량리의 알영정이라는 우물에 계룡(鷄龍)이 나타나 왼쪽 갈비에서 여자아이를 낳았는데, 얼굴은 아름다웠으나 입이 닭의 부리와 같았다. 사람들이 아이를 경주 북쪽에 있는 냇물에서 목욕시켰더니 부리가 빠졌다. 신라 사람들은 이 두 아이를 고이 길러 열세 살 되던 해 결혼시켰다. 박혁거세는 서라벌이라는 나라를 세워 다스리다가, 후에 나라 이름을 신라로 고쳤다.

한편 가야의 건국신화는 다음과 같다. 역시 『삼국유사』에 실려 있다. 경상도 동남쪽 해안에 있는 김해 구지봉에서 어느 날 무엇을 부르는 이상한 소리가 들렸다. "여기 누가 있느냐?" 이 지역의 아홉 추장이 일제히 대답했다. "우리가 있습니다." "내가 있는 곳이 어디냐?" "구지봉입니다." "하늘이 나에게 명하기를 이곳에 나라를 세우고 임금이 되라 하였다. 너희들은 산꼭대기에서 흙을 파면서 '거북아, 거북아, 머리를 내어라. 만일 내놓지 않으면 구워 먹겠다' 하고 노래를 부르며 춤을 추어라. 그러면 왕을 맞이하게 될 것이다." 아홉 추장은 시키는 대로 했다. 얼마 후 하늘에서 금빛 상자가 내려왔다. 상자 속에는 알 여섯 개가 있었는데, 곧 어린아이들이 알을 깨고 나왔다. 이들은 각각 여섯 곳의 작은 가야국 임금이 되었는데, 그 가운데 한 사람이 대가야의 임금 김수로다.

수로왕이 나라를 잘 다스리고 있었는데, 멀리 완하국이라는 나라에서 석탈해라는 사람이 왔다. 탈해 역시 알에서 태어났는데, 키는 보통 사람의 반도 되지 않지만 머리는 보통 사람보다 훨씬 컸다. 탈해는 수로왕에게 대뜸 왕의 자리를 내놓으라고 했고, 두 사람은 임금 자리를 놓고 도술을 겨루었다. 탈해가 먼저 매로 변하자 수로는 독수리로 변했고, 탈해가 참새가 되자 수로는 새매로 변하였다. 결국 탈해는 수로에게 항복하고 가야를 떠났다.

가야 사람들은 수로왕의 배필을 구하지 못해 내내 걱정했다. 그러던 어느 날 서남쪽 바다로 붉은 돛을 단 배가 들어왔다. 배에는 아유타국의 공주 허황옥 일행이 타고 있었다. 부왕과 왕비가 꿈에 하느님의 계시를 듣고 공주를 가야국으로 보내 수로왕을 찾아오게 되었다는 것이었다. 수로왕은 허황옥을 왕비로 삼고 나라의 제도를 정비하고 잘 다스리다, 왕후가 세상을 떠난 이듬해 158세의 나이로 죽었다.

신라와 가야의 남방계 신화는 북방계 건국신화처럼 건국시조의 아버지가 하늘에서 내려오는 것이 아니라, 건국시조가 알의 형태로 하늘에서 내려온다. 남방계 신화의 주인공은 이미 태어나면서부터 시조로 존재하기 때문에 건국을 위한 분투가 없다. 또 신라의 '여섯 마을', 가야의 '아홉 마을'에서 건국 이전에 이미 연방제적 성격의 국가가 있었음을 엿볼 수 있다. 북방계 건국신화가 정복 영웅의 창업 과정에서의 분투를 보여주는 이야기라면, 남방계 건국신화는 군왕 추대 식의 설화이다. 가야에서 쫓겨난 석탈해가 신라로 가서 박씨와 경쟁하여 4대 임금이 된 것에서 볼 수 있는 것처럼, 남방계 신화에서 분투는 후대의 왕위 계승에서 일어난다.

참고문헌

이지영, 『한국 건국신화의 실상과 이해』, 월인, 2000.

서대석, 『한국신화의 연구』, 집문당, 2016.

서정시의 출발, 고대 시가와 향가

고대 시가와 「제망매가」

고대 한국의 노래 또는 시는 역사서에 한시의 형태로 남아 있다. 『삼국사기』에 실린, 고구려 유리왕이 지었다는 「황조가(黃鳥歌)」나 고구려 장수인 을지문덕이 수나라 장수 우중문에게 주었다는 시(「여수장우중문시(與隋將于仲文詩)」) 등이 그렇다. 이 시대에 한국어로 불린 노래가 있었으니, 한자를 빌려 한국어를 표기한 문자인 향찰로 기록한 향가다. 현전하는 향가는 모두 25수로, 『삼국유사』에 14수, 『균여전(均如傳)』에 11수가 실려 있다. 『화랑세기(花郎世記)』에 2수가 더 있으나, 현전하는 책을 위서로 보는 견해가 유력하다. 『균여전』에 실린 「보현십원가(普賢十願歌)」 11수는 고려시대의 것일 뿐만 아니라 불교 교리를 노래로 만든 것이라는 점에서 서정적 시가와는 거리가 있으므로, 『삼국사기』에 실린 14수의 향가들은 더욱 중요한 의미를 지닌다. 이 열네 작품 중에서도 대표작으로 꼽히는 「제망매가(祭亡妹歌)」를 들어 향가의 특징을 살펴보기로 한다.

「제망매가」는 『삼국유사』의 「월명사 도솔가(月明師兜率歌)」라는 이야기 속에 전한다. 이야기는 통일신라시대인 760년, 열흘이 넘도록 하늘에 해가 둘이나 떠 있는 일로부터 시작된다. 일관(日官)이 재앙을 없애려면 능력 있는 스님이 기도를 올려야 한다고 왕에게 청했고, 이에 월명사가 뽑혔다. 월명사는 자신이 국선(國仙)의 무리에 속해 향가는 짓지만 범성(梵聲)은 잘 못한다고 하면서 「도솔가」라는 향가를 지어 불렀는데, 그러자 괴변이 사라졌다. 이에 임금이 차와 염주를 상으로 내리니 어떤 아이가 나타나 그것을 받아서 사라졌다. 임금은 아이를 월명사의 시종이라고 여겼고, 월명사는 궁궐의 심부름꾼으로 생각했다. 임금이 아이의 뒤를 쫓게 했더니, 아이가 궁궐 안 법당으로 들어가 사라졌고 법당의

미륵불상 옆에 선물이 놓여 있었다.

또 월명사가 죽은 누이를 위해 제사를 지내며 노래를 지어 불렀는데, 돌연 광풍이 불어 제사에 쓴 종이돈이 서쪽으로 날아갔다. 종이돈은 저승으로 가는 영혼의 노자로 마련한 것이니, 서방정토의 극락으로 가는 누이가 가져간 것처럼 여겨졌다. 제사에서 월명사가 누이를 위해 부른 노래인 「제망매가」의 원문과 해석은 각각 다음과 같다.

삶과 죽음의 갈림길이	生死路隱 ✓
여기 있지만 머뭇거리고	此矣有阿米次肹伊遣 ✓
나는 갑니다 말도	吾隱去內如辭叱都 ✓
못다 이르고 가느냐	毛如云遣去內尼叱古 ✓
어느 가을 이른 바람에	於內秋察早隱風未 ✓
이에 저에 떨어질 잎처럼	此矣彼矣浮良落尸葉如 ✓
한 가지에 나서	一等隱枝良出古 ✓
가는 곳 모르누나	去奴隱處毛冬乎丁 ✓
아아 미타찰에서 만날 나	阿也✓ 彌陀刹良逢乎吾
도 닦으며 기다리리라	道修良待是古如 ✓

✓는 원문에서 띄어쓴 부분을 나타낸 것이다. 이를 고려해서 어휘의 분절과 시적 구성에 따라 작품을 열 줄로 나누면 위와 같다. 향찰은 이두와 마찬가지로 한자를 빌려 한국어를 표기하는 방식이다. 조사나 어미는 음독을 하고, 명사나 동사의 어간은 음독을 할 때도 있고 훈독을 하기도 한다. 맨 첫 줄의 '생사로은(生死路隱)'에서 '생사로'는 음독을 할 수도 있고 훈독을 할 수도 있다. 음독을 했다면 한자음으로 '생사로'와 비슷하게 읽었을 것이고, 훈독을 했다면 '죽살이길' 등으로 한국어로 뜻을 살려 읽었을 수 있다. 조사인 '은'은 음독을 한다.

향가는 남은 자료가 많지 않아 정확한 해석이 어렵고 따라서 해석에 이견이 있는 경우가 상당하지만, 「제망매가」는 이견이 적은 편이다. 「제망매가」는 동생의 죽음을 안타까워하며, 다시 못 볼 길을 가면서 인사도 없이 가느냐고 원망을 말하는 것으로 시작한다. 시인도 사람은 누구나 언제 죽을지 알 수 없다는 사실을 모르지 않지만, 그래서 사람은 늘 삶과 죽음의 갈림길에 서 있다고 말했지만, 그래도 막상 기약 없는 작별을 당하고 보니 아쉬움이 컸던 것이다. 죽음은 언제 찾아올지 모를 뿐만 아니라 이후의 상황을 알 수 없다는 점에서도 두렵다. 월명사는 고승대덕인데도 죽음 이후에 대해서는 확신을 가지지 못한다. 마지막 구절에서 언제 어디로 갈지 모르겠지만 극락이야 있을 것이니 거기서 만나자고 하면서 그러기 위해 도를 닦겠노라고 했다.

「제망매가」는 당대 최고의 승려이자 문인으로 평가를 받는 사람이 탈속의 경지를 과시하기보다는, 스스로도 속세의 굴레에서 벗어나지 못한 모습을 겸손하게 드러내어 공감을 이끌어낸다. 그러면서도 수도자로서 정진하는 모습을 보임으로써 간절함을 더하고 있다. 「제망매가」는 삶과 죽음을 통해 누구나 겪는 만남과 헤어짐을 불교적 윤회의 쳇바퀴 속에 밀어넣음으로써 영원과 이상의 세계로 나아가는 사유를 하게 하는 명편이다.

월명사는 피리를 잘 불었다. 일찍이 월명사가 달밤에 문 앞 큰길에서 피리를 불자, 달이 그 소리를 듣고 운행을 멈추었다고 한다. 달이 멈추는 바람에 길이 밝아져 그 길을 월명리라 했고, 월명사라는 이름도 이로 인해 붙었다. 『삼국유사』에서는 이 뒤를 이어서, 신라에는 향가를 숭상하는 이가 많았으며 가끔 향가가 천지와 귀신을 감동시켰다고 적고 있다.

「서동요」와 「처용가」

『삼국유사』의 향가들 중에 배경 이야기가 흥미로운 것으로 「서동요(薯童謠)」와 「처용가(處容歌)」를 들 수 있다. 「서동요」는 신라 진평왕(眞平王, 재위 579~632) 때 백제 무왕(武王, 재위 600~641)이 어린 시절 지었다는 노래이다. 무왕은 어릴 때 마를 캐며 살아서 서동(薯童)이라고 불렸는데, 신라 공주가 아름답다는 말을 듣고는 신라의 서울인 경주로 들어가서 공주를 얻기 위해 아이들에게 마를 나누어주며 이 노래를 부르게 했다고 한다.

선화공주님은
남 몰래 님을 두고
서동 서방을
밤마다 찾아가네

이 짧은 노래는 아이들이 불렀다는 것으로 보아 동요라 할 수 있다. 아이들이 노래를 부르니 소문이 궁궐에까지 들어가 신하들이 추문을 일으킨 공주를 먼 곳으로 귀양 가게 했다. 이 노래 세부의 해석에는 약간 이견이 있으나, 가사의 뼈대는 선화공주가 몰래 미천한 서동과 사귀고 있다는 내용이다.

공주가 유배를 가게 되자 왕후는 공주에게 생활비에 쓰도록 황금을 약간 주었다. 서동은 공주의 유배 길을 안내하면서 자기 집으로 데려가 함께 살았는데 공주의 황금을 보고는 자기가 마를 캐는 곳에 그것이 지천으로 쌓여 있다고 했다. 황금이 보배라는 것을 안 서동은 금을 진평왕에게 보냈고, 이로써 진평왕의 신뢰와 주위의 인심을 얻게 되면서 임금의 자리에 올랐다.

신라와 백제는 백제 무왕 무렵은 물론이고 오랫동안 적대관계에 있었는데, 백제 왕이 어릴 때 신라로 들어와 공주를 데리고 자기 나라로 돌아갔다는 것은 동화가 아니라면 쉬 받아들이기 어렵다. 더욱이 백제 건국 초창기도 아닌데 유력한 왕족이 어릴 때 마를 캐며 살았다는 것도 마찬가지이다. 이런 여러 이유로 「서동요」는 노래를 둘러싼 설화의 해석에 이견이 적지 않다. 조선 후기 철종이 '강화도령'이라는 별명을 얻었던 것처럼, 미천한 처지에 있던 왕실 후예가 갑자기 왕위에 오른 일도 있을 수 있으니, 외국의 왕족 여인과 결혼한 왕이나 귀족도 정략적 차원에서 충분히 존재했음 직하다. 이런 일들이 이야기가 되면서 특정한 역사적 배경과 결합했을 수 있다. 『삼국사기』에는 바보 온달이 고구려 공주 평강을 얻는다는 이야기가 있는데 서동 이야기는 이것의 국제판으로 볼 수 있다.

무왕은 백제를 멸망에 이르게 한 임금인 의자왕의 아버지로, 재위기간 내내 신라에 빼앗긴 땅을 되찾기 위해 전쟁을 벌였다. 그런 점에서 신라 왕의 사위로 보기 어려운 면이 있다. 「서동요」의 앞부분에 실린 무왕의 탄생 설화를 보면, 사비성 남쪽에 살던 과부 어머니가 집 근처 연못의 용과 정을 통하여 낳은 것으로 되어 있다. 마치 건국신화와 흡사한 내용이다. 이런저런 이유로 서동의 모델을 무왕이 아니라 무령왕으로 보기도 하고, 동성왕이라고도 하며, 심지어 신라 승려 원효로 보기도 한다. 무령왕과 동성왕은 백제 중흥 시기의 임금이라는 점에서 모델로 본 것이고, 원효라는 설은 그가 태종무열왕의 딸인 요석공주와 노래로 연을 맺었다는 『삼국유사』의 다른 이야기에서 기인한 것이다.

향가는 이처럼 민요조의 짧은 것도 있지만, 약간 더 긴 「처용가」 같은 작품도 있다. 「처용가」의 배경 설화는 다음과 같다. 신라 헌강왕(憲康王, 재위 875~886)이 동해 용의 아들을 얻어 정사에 도움을 받았으니 그의 이름이 처용(處容)이다. 왕은 높은 벼슬과 미녀를 주어 그가 떠나지 않도록 했는데, 질병을 옮기는 역신(疫神)이 처용 아내의 아름다움에 반

처용암 처용이 물에서 뭍으로 올라온 자리로 전하는 곳이다. 울산광역시 소재.

하여 사람의 모습으로 변신해 동침했다. 처용은 밖에서 놀다가 집으로 돌아와서 잠자리에 누운 두 사람을 보았는데, 화를 내기는커녕 노래를 부르고 춤을 추면서 물러났다. 이때 부른 노래가 「처용가」이다.

> 서울 밝은 달에
> 밤늦게 노닐다가
> 들어와 자리 보니
> 다리가 넷이구나
> 둘은 내 것인데
> 둘은 뉘 것인고
> 본래 내 것이지만
> 빼앗긴 것을 어찌할꼬

처용의 대응을 본 역신은 꿇어앉으며, "제가 공의 아내를 사모하여 관계를 가졌는데, 공께서 노여움을 나타내지 않으시니 감동하여 칭송하게 됩니다. 맹세코 이후로는 공의 얼굴 그린 것만 보아도 그 문안에는 들어가지 않겠습니다"라고 말했다. 이로부터 사람들은 질병을 막고자 할 때 처용의 얼굴을 그려 문에 붙였다고 한다. 처용의 일은 후대에 처용무라는 무용을 통해 전승되었다. 처용무는 남자들이 우락부락한 얼굴을 한 처용의 탈을 쓰고 추는 춤으로 궁중이나 관아에서 연행되었고, 현재 유네스코 인류무형문화유산으로도 등록되어 있다.

향가는 「서동요」와 같은 민요조 노래에서 시작하여, 「처용가」처럼 약간 긴 것이 나왔고, 「제망매가」처럼 시조와 같은 삼단 구성을 갖춘 안정성 있는 서정시에 이르렀다. 신라 진성여왕 때인 888년에는 각간(角干) 위홍(魏弘)과 대구화상(大矩和尙)이라는, 높은 벼슬아치와 승려가 함께 왕명에 의해 『삼대목(三代目)』이라는 향가집을 편찬했다고 전하는데, 아쉽게도 현재 전하지 않는다.

향가의 계승: 누이를 그리며

향가는 신라의 정신을 노래한 신라 문화의 정수이다. 「제망매가」는 그 지고의 경지를 보여주는데, 그것이 천 년이 흘러 조선 후기 학자인 연암 박지원의 글에서 다시 살아났다. 박지원이 큰누나의 죽음을 대하여 쓴 묘지명, 「백자증정부인박씨묘지명(伯姊贈貞夫人朴氏墓誌銘)」을 보자.

> 돌아가신 누님의 이름은 박아무개이고 본관은 반남이다. 동생인 지원은 다음과 같이 묘지를 쓴다.
>
> 누님은 열여섯 살 때 덕수 이씨 이택모(자는 백규)에게 시집을 가서 1녀 2남을 낳았다. 신묘년(1771) 9월 1일 세상을 떠나니 나이 마흔셋이다. 남편의 선산이 까막골이란 곳이어서 그 서쪽 언덕에 모셔다가 장사를 지내고자 했다. 백규가 아내를 잃고 나니 가난하여 살림을 꾸려갈 수 없었다. 이왕 운구하는 김에 어린아이와 계집종 하나와 솥, 고리짝 등을 끌고 강을 건너 산골로 들어가려 하였다. 새벽녘 나는 두

포 나루까지 따라가 떠나보내고 통곡을 하고 돌아왔다.

슬프다. 누님이 시집가는 날 새벽 단장을 하던 일이 어제와 같구나. 그때 내 나이 겨우 여덟이었다. 드러누워 뒹굴며 응석을 부리다가 새신랑을 흉내 내어 말을 더듬더듬 점잖게 하였더니, 누님은 부끄러운 나머지 그만 빗을 내 이마에 떨어뜨렸다. 내가 골이 나서 울며불며 분에다 먹칠을 하고 거울에 침을 발랐는데, 누님은 옥으로 된 오리와 금으로 된 벌을 꺼내 주며 울지 말라고 달랬다. 지금부터 스물여덟 해 전의 일이다.

강가에 말을 세우고 나룻배가 가는 것을 멀리 바라보았다. 붉은 명정이 바람에 펄럭이고 돛대 그림자가 어른거리다가 산모퉁이를 돌아 가니 나무에 가려 더 보이지 않았다. 멀리 강 위에 있는 산은 푸르러 누님의 머리채 같고, 강물의 물빛은 거울 같고, 새벽달은 눈썹과 같았다. 눈물지으며 빗을 떨어뜨리던 때를 생각하니, 어렸을 때 일이 생생히 떠오르는데, 기쁨과 즐거움이 많았던 듯하다. 이후의 긴 세월은 이별, 근심, 가난으로 꿈결처럼 흘러갔으니, 남매가 함께 지낸 날들은 어찌 그리 빠르게 지나갔던고?

떠나는 사람 거듭거듭 훗날의 기약을 남겨도
보내는 이의 옷을 눈물 젖게 하건만
쪽배로 이제 떠나면 언제 다시 오려나
보내는 자 부질없이 언덕 위로 발길을 돌이키네

박지원의 위의 글은 「제망매가」처럼 크게 세 단락으로 구성되어 있다. 첫 단락은 누나의 죽음을 둘러싼 상황 설명으로, 누나가 죽자 자형이 가난한 서울 생활을 접고 시골로 들어간다는 내용이다. 가난, 죽음, 이별이 던지는 안타까운 현실을 배경으로 삼아 작가는 불현듯 옛일을 떠올리는데 그것이 두 번째 단락이다. 누나가 시집갈 때 자기가 어리광과 투정을 부렸는데 누나는 따뜻하게 포용했다는 것이다. 이 단락에는 누나의 성품이 더없이 잘 드러나 있으며, 누나를 향한 작가의 애틋하고 절절한 심정을 느낄 수 있다. 마지막 단락은 앞의 두 단락에서 다룬 현실과 과거를 겹쳐서 살아온 세월을 돌아보는 부분이다. 누구나 삶의 기쁨은 잠깐이고 늘 불행과 고통 속에 살았다고 느끼는데, 작가는 짧은 글을 통해 인생의 깊은 뜻을 감동적으로 그려내고 있다.

「제망매가」의 세 단락이 보여주는 누이의 죽음에 대한 현실, 회상 그리고 초극의 구조는 시에서 산문으로 바뀌었을 뿐, 천 년 후 박지원의 작품에서 그대로 되풀이되고 있다. 박지원의 작품은 산문으로 쓴 「제망매가」라고 말할 수 있을 정도이다. 이것은 한국인의 정서 구조가 닮은 것이기도 하고, 향가의 향기가 남아 전해온 것으로 볼 수도 있다.

참고문헌

서철원, 『향가의 유산과 고려시가의 단서』, 새문사, 2013.

신재홍, 『향가의 연구』, 집문당, 2017.

김혈조, 「연암 박지원의 백자증정부인박씨묘지명 연구: 개작 과정과 글쓰기 방식을 중심으로」, 『한문학보』 22, 우리한문학회, 2010.

한시와 한문

전근대 문학의 정점, 한시

고구려 장수 을지문덕의 한시

한자는 한반도에 늦어도 한사군이 설치된 서기전 108년에는 수입되었을 것이다. 문자를 가짐으로써 비로소 기록의 시대가 열렸나. 문학적으로는 개인의 감정을 표현하고자 하는 욕구에 길이 열렸다고 할 수 있는데, 그 대표적인 양식이 시이다. 한자 문화권에는 이미 한문으로 일구어낸 시와 산문이 있었으니, 시를 짓고자 한다면 한시의 전통과 율격을 따르지 않을 수 없었다.

신통한 계책은 하늘의 변화를 다 알고　　神策究天文
신묘한 작전은 땅의 이치를 다 이용했네　　妙算窮地理
싸움에 이겨 이미 공이 높으니　　戰勝功既高
만족함을 알아 그만두기 바라노라　　知足願云止

이 한시는 고구려의 맹장 을지문덕이 중국 수나라의 장수인 우중문에게 보낸 시이다. 『삼국사기』「을지문덕전」에 실려 있다. 수나라 장수에게 보낸 시이니 원래 한국어로 불리던 것을 한시로 번역한 것으로 보기는 어렵고, 애초부터 한시를 지은 것이라 할 수 있다. 612년 수나라가 고구려를 침략하자 을지문덕은 일부러 패하는 척하면서 수나라 군대를 고구려 깊숙이 유인했다. 중국으로부터의 보급이 끊기기를 기다린 것이다. 이 시는 수나라 군대가 고구려의 수도인 평양성 근처까지 접근했을 때 보낸 것이다.

을지문덕은 우중문에게 천문과 지리에 통달한 장수라며 칭찬했다. 뛰어난 재주로 이미 대승을 거두었으니 전공이 얼마나 크냐며 승전의 장수로 높이면서, 이제 전쟁을 그만두라고 했다. 아직 고구려에게 항복을 받지 못했으니 뜻을 이룬 승전이 아닌데 그만두라고 말하는 것은 거꾸로 포기하라는 경고이다. 이렇게 되면 앞의 칭찬은 모두 조롱이 된다. 지금까지의 패전이 모두 술수였음을 알리면서 이제 본격적으로 일전을 벌이겠다는 말이다. 말하자면 본격전을 알리는 일종의 선전포고이다.

늦게야 궁지에 몰린 것을 알았지만 수나라 군대로서는 더 이상 쓸 수 있는 방법이 없었다. 그래서 고구려를 달래려고 하니, 을지문덕은 거짓 항복을 하면서 수나라가 군대를 거두어 돌아가면 왕을 모시고 행로에 찾아뵙겠다고 했다. 말이 무용한 상황에서 우중문은 군대를 거두어 돌아갔고, 살수라는 강에 이르렀을 때 고구려 군의 공격을 받아 거의 전멸한다. 『삼국사기』에 의하면 당시 우중문이 거느린 군대가 30만 5천 명이었는데 살아 돌아간 병사는 2,700명에 불과했다고 한다.

을지문덕의 한시가 을지문덕이 지은 것인지 그의 막하에서 지은 것인지는 확실하지 않지만, 첫 구와 둘째 구를 보면 한시로서 대구를 잘 맞추고 있다. '신책'과 '묘산', '구'와 '궁', '천문'과 '지리'가 그렇다. 너무 잘 짜맞추어 시적인 자유로움이 느껴지지 않을 정도이지만, 한시의 형식은 잘 알고 있는 것으로 볼 수 있다. 다만 시인 개인의 정감을 잘 살린 시로 보기는 어렵다. 비유나 이미지의 활용도 없이 그저 경고 메시지를 던지고 있을 뿐이다. 서정시로서의 한시가 아니라 한시로 던진 경고문이다.

한문학의 비조 최치원

한국 한시는 한국 한문학의 비조로 꼽히는 최치원(崔致遠, 857~?)에 이르러 비로소 중국과 어깨를 나란히 하는 수준에 이르렀다고 보고 있다. 그도 그럴 것이 최치원은 신라에서 당시 중국 당나라의 수도인 장안(長安)까지 유학을 갔고, 거기서 외국인을 위한 관료 임용시험인 빈공과(賓貢科)에 합격하여 중국에서 벼슬을 한 사람이기 때문이다. 최치원은 중국 한시의 전범과 역사를 상당한 수준으로 이해하고 시를 지을 수 있는 사람이었다. 그의 대표 한시로 「가을밤 비는 내리고(秋夜雨中)」를 들 수 있다.

가을바람에 괴로이 시나 읊으니	秋風唯苦吟
세상에 날 알아줄 이 적구나	擧世少知音
한밤 창밖에 비는 내리고	窓外三更雨
등불 앞에서 만 리 밖을 그리네	燈前萬里心

이 시는 가을비 내리는 한밤을 배경으로 세상이 자신을 알아주지 못하는 답답함을 토로한 작품이다. 여기의 답답함으로 인해 다른 먼 곳에서의 추억이 더욱 그립게 되었다. 최치원이 열두 살 어린 나이에 멀리 유학을 떠나 중국에서 17년을 살았다는 점에서, 이 시는 흔히 타향살이에 지친 고단한 외국인이 고향을 그리워한 노래로 이해되어왔다. 그러나 최치원이 당나라 체류 시절에 쓴 시문을 모은 책에는 이 시가 실

려 있지 않다는 점에서, 오히려 그 반대일 가능성이 유력하게 제기되었다. 신라에 돌아온 뒤에, 자신이 당나라에서 이십 대 초반의 젊은 나이에 「격황소서(檄黃巢書, 역적 황소를 공격하는 글)」를 지어 황제의 칭찬까지 들을 정도로 승승장구하던 시절을 그리워하며 지은 것으로 이해할 수도 있는 것이다. 최치원은 29세에 신라로 돌아와서 5년 남짓 중앙정부에서 벼슬을 살았지만 더 출세하지는 못하고 태인·함양·서산 등의 고을 원으로 시골을 떠돌았다. 그러다가 894년에는 자신의 꿈과 개혁 의지를 담은 「시무책(時務策)」을 올렸는데, 그가 건의한 정책은 시행되지 않았다. 결국 그는 마흔 살이 되기 전에 은거를 결심했다. 앞의 작품은 이 시기 그의 절망감을 표현한 것으로 볼 수도 있다.

한편 후대에 간행된 최치원의 시문집 『고운집(孤雲集)』에는 마지막 구가 다른 글자로 적혀 있다. '만리심'이 아니라 '만고심(萬古心)'으로 되어 있는 것이다. '만고심'으로 읽으면 만고의 옛 시절을 생각하고 그리워한다는 것이니, 요순, 주공, 공자, 맹자 등 성인군자와 벗하고자 하는 학자의 학문적 지향으로 읽을 수 있다. 떠나온 곳을 그리워하는 시인의 마음을, 옛 성현을 본받고자 하는 학자의 마음으로 누군가가 고치지 않았나 짐작하게 하는 부분이다. 이 작품은 앞에서 본 을지문덕의 한시보다는 시적 정취가 강하게 느껴진다. 시적 배경을 잘 그려냈을 뿐만 아니라, 그것을 통해 외로움의 심사를 잘 표현하고 있다. 한시의 수준이 높아졌다고 할 수도 있고, 한시의 정취까지 온전히 받아들인 시기가 되었다고 볼 수도 있다. 본격 한시의 세계로 들어간 것이다.

정지상의 「그대를 보내며」

한국 한시의 서정성을 가장 높은 경지로 끌어올린 것으로 유명한 시인은 정지상(鄭知常, ?~1135)이다. 정지상은 승려 묘청의 평양 천도론을 따르다가 처형당한 비운의 시인인데, 「그대를 보내며(送人)」라는 한 편의 시로 후대 시사(詩史)에 빠질 수 없는 시인이 되었다.

비 그친 긴 둑에 풀빛이 짙은데	雨歇長堤草色多
그대 보낸 남포에 슬픈 노래 흐르네	送君南浦動悲歌
대동강 물 언제 마르리	大同江水何時盡
해마다 이별 눈물 보태니	別淚年年添綠波

이 시의 지리적 배경은 대동강 하류의 남포이다. 그곳에서 시의 화자는 어떤 이유로 임 또는 벗과 작별하였다. 초여름인 듯 장맛비 그친 강둑 풀빛이 푸르다. 비가 그친 후이니 대기가 맑아 강둑이 더욱 푸르게 보이는 것이다. 세상은 청량하고 산뜻한데 이별의 슬픔은 처량하기 그지없다. 배경의 청량감으로 인해 슬픔이 보석처럼 빛난다. 그런데 어디선가 슬픈 노래가 들려오고, 화자는 하염없이 눈물짓는다. 멀리 상대가 떠나가는 것을 바라보니 눈물을 그칠 수 없다. 떨어지는 눈물 아래 푸른 강둑 옆으로 물결을 출렁이며 무심히 강물이 흐른다. 화자는 마침내, 아, 무수한 눈물들이 강물을 이루었구나, 강물이 원래 이별의 눈물로 이렇게 출렁거렸구나 하는 깨달음에 이른다.

이 시의 화자가 누구를 무슨 이유로 작별했는지는 전혀 알 수 없다. 상대는 남포에서 홀로 배를 타고 멀리 떠나는 것처럼 보이는데, 이 시가 지어진 시대에 여성이 이런 먼 여행을 한다고 보기 어렵다는 점에서 시인이 여성 화자의 가면을 쓰고 지은 시라고 볼 수도 있다. 또 아예 남성이 남성 친구를 보낸 것으로 이해하기도 한다. 그래서 이 시의 제목을 「벗을 보내며(送友人)」라고 적은 책도 있다. 이 경우 시적 정감을 고려할 때 동성애적 관계로 해석할 수도 있다.

시가 지닌 모호한 창작 배경과 달리 선명한 색채감은 이 시를 소리 내어 읽었을 때 느껴지는 낭랑하게 구르는 소리와 함께 절창을 이룬다.

「대동강」이라는 제목으로도 남아 있어서 대동강을 대표하는 시편이 되기도 해, 대동강을 낀 고도(古都) 평양의 최고 누각인 부벽루에 이 시를 적은 현판이 오래 걸려 있었다. 평양은 중국 사신이 조선에 올 때 반드시 거쳐 가는 곳이고, 부벽루는 그때 연회가 베풀어지는 곳이었다. 부벽루 안에는 다른 누각들처럼 기문이나 시를 적은 현판이 수없이 걸려 있었는데, 중국 사신의 조롱을 받지 않으려고 수준이 높지 않은 것들을 모두 뗄 때도 이 작품만은 남겨두었다고 한다. 그만큼 이 시는 조선의 문사들이 자랑하고 사랑하는 작품이었다.

한시에 빠진 사람들

한문이 한국에 정착하면서 한시는 한국 문사들의 일상이 되었다. 어려서부터 『당음(唐音)』이니 『추구(推句)』니 하는 한시 초학서를 공부했고, 『고문진보』 등에 실린 시문을 학습하면서 한시의 세계로 빠져들었다. 한시가 가르치는 율격뿐만 아니라 중국 한시의 서정까지 그대로 이식되었다. 시 일반이 그렇지만 한시는 더욱더 그러하여, 특별한 문예적 활동을 넘어서 생활의 모든 부분을 옮겨 적는 표현 도구였다. 어떤 물건을 보면 물건에 대해 읊는 영물시를, 역사를 생각하면서는 영사시를, 작별하면 송별시를, 기쁜 일을 만나면 송축시를, 누가 죽으면 애도시를 지었다. 아침에 일어나서 시를 짓고, 밥을 먹으면서 시를 지으며, 길을 나서거나 돌아올 때도 지었고, 사람들과 만나 환담을 할 때나 여가를 즐길 때도 지었다. 시인들 중에는 평생 만 수가 넘는 시를 지은 사람이 드물지 않았다. 전근대 한국 문사 중에는 시가 생활이고 생활이 시인 사람이 적지 않았다. 한시가 한국인의 사상, 정서와 감정을 지배하게 되었지만, 한편에서는 이에 대한 반발이 없지 않았다.

시인이 한시에 몰두하는 것을 가리키는 말인 '시벽(詩癖)'에 대한 『청구야담(靑丘野談)』 속의 이야기 한 편을 들어보기로 한다. 어느 시골에 한시를 좋아하는 선비가 있었다. 그 고을에 가뭄이 들어 고을 수령이 기우제를 올렸는데, 그래도 비가 오지 않자 이를 가지고 시를 지었다.

수령이 친히 비를 비니	太守親祈雨
만민이 모두 기뻐하네	萬民皆喜悅
한밤중에 창을 열고 보니	半夜推窓見
명월	明月

한시의 정통이라 할 율시나 절구가 아닌 것은 물론이고, 한시의 최소 격식에도 못 미치는 수준의 시를 지었다. 선비는 한시를 좋아할 뿐, 한시를 잘하는 사람은 아니었다. 이 시를 본 어떤 사람이 수령에게 고하자, 수령이 크게 화를 내며 관가를 조롱한다고 하여 선비를 잡아들이게 했다. 벌로 곤장 15대를 치게 했는데, 곤장을 맞은 선비가 또 시를 지었다.

열일곱 자 시를 지어	作詩十七字
열다섯 대 곤장을 맞으니	打臀十五度
만 글자의 상소를 지었다면	若作萬言疏
주음	打殺

수령이 선비의 시를 듣고 화가 나서 상위 기관인 감영에 백성이 수령을 능욕한다고 보고하였다. 선비가 마침내 귀양을 가게 되었는데, 그 외삼촌이 와 이별을 아쉬워하니 또 시를 지었다.

수천 리 멀리 이별하니	遠別數千里
언제 다시 만나리	何日更相見
손을 잡으니 눈물이 줄줄	握手淚潸然

세 줄　　　　　　　　　　三行

외삼촌은 눈 한쪽이 먼 사람이었다. 그래서 두 사람의 눈물이 총 네 줄이 아닌 세 줄뿐이라 했다. 외삼촌은 자신의 장애를 조롱한다고 크게 화를 내며 조카의 귀때기를 치고 갔다.

전대 한시의 전통을 학습했으나 학습 수준이 높다고 할 수 없는 인물을 등장시킨 이야기다. 선비는 일부 전통 한시의 시구를 차용하고 있지만 자신만의 독특한 매 행 '5자－5자－5자－2자'의 형식을 구사한다. 5－5－5－5의 가장 흔한 한시 형식인 5언 절구 형식을 파괴하되, 마지막에 두 자를 배치하여 강한 어조로 끝을 내고 있다.

한시를 일러 '풍월(風月)'이라고 한다. 음풍농월(吟風弄月) 곧 바람과 달을 읊으며 즐긴다는 것에서 나온 말이다. 유유자적 자연을 노래하는 한시의 성격을 대표하는 말이다. '서당 개 삼 년이면 풍월을 읊는다'는 속담이 있을 만큼, 조선에 널리 퍼져 있었던 서당에서는 어디서나 풍월을 읊었다. 앞 이야기 속 선비의 한시는 풍월의 정격에는 미치지 못하나 자기 나름의 세계를 구축했다. 정격에 미치지 못하는 자기 식의 풍월 세계를 더욱더 밀고 나간 것으로 이른바 '언문풍월(諺文風月)'이 있다. 한국어를 한시의 형식에 맞추어 활용하거나, 한자를 차용하되 한국어의 음과 훈을 이용하여 지은 시를 가리킨다. 선비가 지은 앞의 시는 한시와 언문풍월 사이에 있는 것으로 볼 수 있다. 한시라고 하기도 언문풍월이라 하기도 적당하지 않은 자기만의 지점에 서 있다.

이 선비의 시작 행위가 보여주는 것처럼 한시는 기록의 도구였고, 여가의 수단이었으며, 사교의 방편이었다. 삶의 중요한 일부였다. 삼국시대에서 통일신라, 고려를 거쳐 조선 후기로 올수록 한시는 더욱 중요해졌고, 가장 많은 작품을 남긴 문학 장르가 되었다.

정약용의 '조선시 선언'

조선시대 선비들에게 한시는 생활의 일부였지만 동시에 넘기 힘든 벽이었다. 문자를 배워야 했을 뿐만 아니라, 외국어 어휘인 시어를 따로 익혀야 했으며, 압운을 하기 위해서 운자(韻字)까지 외워야 했다. 한시는 글자 수만이 아니라 운자를 맞추어야 하고, 거기에다 평측(平仄)도 맞아야 한다. 중국인에게도 한시 짓기는 많은 배움과 수련이 필요한 일이었지만, 한국인은 그 노력에 배는 더해야 했다. 또 아무리 노력해도 한시로는 한국인의 생활과 감정을 온전히 담을 수 없었다. 기본적으로 한자와 한문은 한국인의 것이 아니었고 한국과 중국은 자연과 문화, 습관 등이 다르기 때문이다. 그런 어려움을 정약용은 「송파에서 시를 주고받으며(松坡酬酢)」에서 다음과 같이 표현했다.

늙은이로 한 가지 통쾌한 일은	老人一快事
붓 가는 대로 휘둘러 시를 쓰는 것	縱筆寫狂詞
어려이 압운을 맞추지도 않고	競病不必拘
퇴고를 오래 하지도 않네	推敲不必遲
시흥이 돌면 바로 뜻을 실어서	興到卽運意
뜻이 서면 바로 써내려가네	意到卽寫之
나는 조선 사람이라	我是朝鮮人
즐겨 조선시를 짓네	甘作朝鮮詩
그대는 그대의 법식을 쓰라	卿當用卿法
시원찮다 비난할 자 누구리오	迂哉議者誰
구구한 격식과 율격을	區區格與律
먼 데 사람이 어찌 알 수 있으랴	遠人何得知

위의 시를 문학사에서 '조선시 선언'으로 부르기도 하는데, 스스

로 조선인이라고 말하면서 기꺼이 '조선시'를 쓰겠다고 한 구절에 초점을 맞춘 것이다. 그런데 문맥을 보면 공적인 '선언'이라고 말하기는 어렵다. 조선시를 써야 할 어떤 이유를 따로 들고 있지 않기 때문이다. 정약용이 '조선시 선언'의 동기로 든 것은 늙음이다. 이 시는 연작시 중 한 수인데, 앞뒤로 이어지는 시편과 함께 '노인일쾌사(老人一快事)'로 시작한다. 노인이 되어서 힘든 일이 많지만, 그 와중에도 즐거움이 있다면서 그것을 하나하나 꼽는 가운데 이 시가 있는 것이다. 이제 늙어서 구구한 한시의 격률에 매일 필요가 없다는 내용이다. 젊은 때라면 한시의 형식과 규칙을 모두 지키겠지만, 이제 늙었으니 거기로부터 자유롭게 내 시를 짓겠다고 했다. 굳이 선언으로 말하자면 '조선시 선언'이 아니라 '노인 선언'이다.

그럼에도 불구하고 정약용의 '조선시 선언'은 나름 의미가 있다. 간접적이긴 하지만 한국인에게 한시가 얼마나 부당한 문학적 굴레인지 보여주고 있기 때문이다. 한국인에게 한시의 규범들이 얼마나 강박적으로 작용했는지 알게 해준 것이다. 정약용이 말한 조선시는 그저 격식과 율격을 엄격히 따르지 않은 시일 뿐이지만, 한국인은 중국인처럼 중국어, 한문, 한시의 격률에 능통하기 어려우니, 문학으로 자신의 감정을 표현하자면 애초부터 한계를 아는 편이 좋다고 할 수 있다. 실제로 정약용은 『삼국사기』, 『삼국유사』 등 우리 역사에서 시의 소재를 취재하기도 하고, 보릿고개를 '맥령(麥嶺)'이라 하고 높새바람을 '고조풍(高鳥風)'이라 옮기는 등, 시에 조선어 어휘를 적극적으로 사용하여 조선의 현실을 담고자 했다. 앞의 시는 한국 한시의 방향을 간접적으로나마 보여주었다고 할 수 있다.

정약용은 자국 현실에 대한 관심이 누구보다 높아서 시를 포함한 다양한 기록물에 자국어를 활용하고자 했지만, 그렇다고 한글을 사용하려고 시도한 학자는 아니었다. 오히려 그는 '천(天)'이라는 한 글자를 중국인은 그대로 읽으면 뜻이 떠오르지만, 조선인은 따로 '하늘'이라는 의미까지 알아야 하는 것을 안타까워했다. 한국인의 불리한 처지를 생각했지만, 그렇다고 한문의 그늘에서 벗어나겠다는 생각에는 미치지 못했다.

언문풍월과 김삿갓

정약용 '조선시 선언'의 사상이 현실에서 가장 극단적으로 구현된 것은 언문풍월이다. 언문풍월은 17세기 야담인 『요로원야화기(要路院夜話記)』에 처음 보인다. 언문풍월로 유명한 사람은 19세기의 방랑시인 김립(金笠, 1807~1863)이다. 김립의 본명은 병연(炳淵)으로, 삿갓을 쓰고 다닌다고 하여 김삿갓 또는 김립(립은 '삿갓'이라는 뜻이다)이라고 불렀다. 그의 할아버지는 평안도 선천의 부사 김익순(金益淳)인데, 1811년 홍경래의 난 때 투항한 죄로 사형을 당했다. 대역죄에 연루되어 집안이 멸족을 당할 때 그는 어머니와 피신하여 강원도 영월로 들어갔다. 어른이 되어 과거에 응시했는데, '익순의 죄가 통탄스럽다'는 시험 문제에 응하여 장원에 뽑혔다. 이후 어머니에게 자신의 내력을 듣게 되었고, 조상을 욕한 죄인이라는 자책과 폐족자에 대한 멸시 등에서 벗어나기 위해 스무 살 무렵부터 방랑의 길에 올랐다. 그는 스스로 푸른 하늘을 볼 수 없는 죄인으로 자처했고, 삿갓을 쓰고 죽장을 짚은 채 삼십 년이 넘도록 전국을 떠돌았다. 그의 시들은 후대에 모은 것이며, 김립이 유명해지자 그를 사칭한 사람들이 적지 않았다. 그 때문에 그의 작품 중에는 그의 것인지 분명치 않은 것이 꽤 있다.

부자들 틈에 홀로 가난하게 살며	萬富人中獨處貧
부자들 바라보니 가난이 배가 되네	看他富勢倍生貧
말마다 틀렸으되 부자 말은 따르고	言言未合皆從富
일마다 틀림없지만 빈자의 말은 믿지 않네	事事丁寧不信貧

이 땅에 신선이 있으니 부자가 곧 신선이며	地上有仙仙見富
세상에 죄가 없으니 가난이 죄라	人間無罪罪有貧
빈부가 따로 종자가 있다 말하지 마라	莫道貧富別有種
빈자도 부자 되고 부자도 빈자 되니	貧還爲富富還貧

「가난이 죄(難貧)」라는 제목의 시이다. 평생을 방랑 속에서 궁핍하게 살아간 김삿갓이 세상에 던진, 뼈에 새긴 말이라 할 수 있다. 김삿갓은 문식이 높아서 가는 곳마다 소송 문서를 대리작성해주는 일이 많았다. 가난한 사람의 주장은 정당한데도 이기지 못하고, 부자는 그릇된 말을 내세워도 소송에서 이긴다. 이런 세상의 부조리를 날카롭게 비판하면서, 빈부에 따로 종자가 없으니 부자들 또한 늘 부자로 남지 않으리라고 날카롭게 비판하고 있다. 결국 같은 사람이니 빈부가 함께 어울려서 사는 세상을 만들어야 한다는 것이다. 이 시는 '색즉시공(色卽是空)' '공즉시색(空卽是色)' 식의 대립되는 두 어휘를 계속 반복하면서 교훈성을 높이는 승려들의 선시(禪詩)와 비슷하다. 한시의 정통과는 거리가 있는 작품이지만 그래도 한시의 격식은 유지한다고 할 수 있는데, 다음 시는 최소의 격식마저 파괴한다. 언문풍월의 전형이라 할 수 있다.

스무나무 아래 앉은 설운 나그네에게	二十樹下三十客
망할 놈의 마을에선 쉰밥을 주더라	四十村中五十食
세상에 어찌 이런 일이 있는가	人間豈有七十事
집에 돌아가 설은 밥을 먹느니만 못하다	不如歸家三十食

이 시에서 숫자를 나타내는 부분은 대부분 한자음으로 읽어서는 의미가 드러나지 않으며, 당연히 한자의 뜻으로 해석해서도 안 된다. 우선 뜻을 한국어로 읽어야 한다. 이십은 스무, 삼십은 서른, 사십은 마흔, 오

십은 쉰, 칠십은 일흔이다. 그리고 이런 한국어 의미를 문맥에 맞게 적용하며 읽어야 한다. 스무나무는 시무나무, 스미나무, 스믜나무 등으로도 불리는, 마을에서 정자(亭子) 역할을 하거나 이정표로 여겨질 정도로 큰 나무이다. 서른은 '설운(서러운)'과 '설은(선)'으로 읽어야 하고, 마흔은 '망한'으로, 쉰은 그대로 '쉰'으로, 일흔은 '이런'으로 읽어야 한다. 이렇게 읽고 보면 시 전체의 의미가 드러난다.

방랑객 김립이 구걸을 다니다 지쳐 정자목 아래에 앉아 밥을 청했더니 동네 사람이 쉰 밥을 준 모양이다. 아무리 구걸하는 거지라도 먹지 못할 음식을 주는 법은 없다. 시인이 분노했다. 그래서 바로는 알아듣지도 못할 시로, 그렇다고 전혀 모를 것도 아닌 시로 상대를 비판했다. 이런 언문풍월은 극단으로 가면 다음과 같이 한글과 한자를 섞어 쓰는 지경에 이르기도 한다.

四面기둥붉었타
夕陽行客시장타
네절인심고약타
지옥가기십상타

7언 절구의 한시처럼 글자 수와 줄 수를 맞추고, 또 '타' 자로 운자까지 맞추었다. 한자를 쓰지 않았으니 근본부터 한시가 아니다. 김립이 떠돌다가 어느 절에 가서 잠자리와 식사를 청했더니 절에서 거절을 한 모양이다. 자기들 절은 붉은색 단청을 칠하여 잘 해놓고는 해질녘이라 다른 곳으로 갈 수도 없는 길손을 내쫓는다며, 인심의 고약함을 지적했다. 그런 인심으로는 너희가 섬기는 불교에서 말하는 극락은커녕 지옥으로 갈 것이라고 꾸짖고 있다. 한시는 이런저런 다양한 방식으로 전근대 한국인의 삶에 스며들었다.

참고문헌

이종묵, 『우리 한시를 읽다』, 돌베개, 2009.
정민, 『한시미학산책』, 휴머니스트, 2010.

기록의 모든 것, 한문 산문

전반적 양상

한자가 들어온 뒤 한반도에서도 얼마 지나지 않아서 바로 한문 기록이 나왔을 것이다. 초기에는 단편적인 정보 기록에 머물렀겠으나, 차츰 한문 학습의 수준이 높아지면서 문학의 차원에 이르렀을 것이다. 8세기 통일신라의 관리 임용 방법인 독서삼품과에서 중국의 시문선집인 『문선(文選)』이 시험대상 과목에 포함되었으니, 이 시기에 이미 어느 정도 한문 문학이 나왔으리라 짐작할 수 있다. 본격적으로 한문학의 세계를 보여준 최치원은 「격황소서」 등으로 한문의 본고장인 중국에서 인정받은 문장을 보여주었을 뿐만 아니라, 신라에 돌아와서는 왕명을 받아 유명 선사(禪師)들의 일생과 사찰의 창건 내력을 담은 글을 지었다. 『사산비명(四山碑銘)』은 이 가운데 4편의 남은 비문을 책으로 엮은 것이다.

이후 한문 산문은 다양한 양식으로, 가늠하기 힘들 만큼 방대한 분량으로 남아 있다. 그 대부분은 문학보다는 기록의 성격이 강하다. 한국의 수많은 한문 산문 중에 후대에 모범이 될 만한 문상을 추리는 선집 작업은 조선 초기에 시작되었다. 대제학 서거정(徐居正)이 왕명을 받아 신라 김인문(金仁問), 설총, 최치원 외에 편찬 당시의 인물까지 약 500인에 달하는 작가의 작품 4,302편을 수록한 『동문선(東文選)』을 만들었다. 『동문선』은 총 130권의 분량으로 사(辭), 부(賦), 고시, 율시, 절구, 조칙(詔勅), 교서(教書), 비답(批答), 표전(表箋), 계(啓), 장(狀), 격서(檄書), 잠(箴), 명(銘), 송(頌), 찬(贊), 주의(奏議), 차자(箚子), 서독(書牘), 기(記), 서(序), 설(說), 논(論), 전(傳), 발(跋), 치어(致語), 변(辯), 대(對), 지(志), 원(原), 첩(牒), 의(議), 책제(策題), 상량문, 제문, 축문, 소문(疏文), 재사(齋詞), 애사(哀詞), 뇌(誄), 행장, 비명, 묘지 등 한시를 포함한 다양한 한문 양식을 모두 망라했다. 전체의 4분의 3이 문(文)인데, 문 가운데도 조칙·교서 등

정치 관련 문장과 표전·축문 등 의례성 강한 문장이 상당 부분을 차지한다.

조선 후기에 들어와 한문이 사회 깊이 뿌리내리면서 한문 산문의 문학성에 대한 관심이 높아졌다. 『여한십가문초(麗韓十家文抄)』에서 대표적인 명편을 살펴볼 수 있는데, 이 책은 원래 김택영(金澤榮, 1850~1927)이 고려시대부터 당대까지 문장가 아홉 명을 택하여 그들의 문장 가운데 우수한 것 95편을 뽑아 만든 『여한구가문초(麗韓九家文鈔)』에서 출발하여, 김택영의 제자 왕성순(王性淳, 1868~1923)이 김택영을 넣고 다시 편집하여 『여한십가문초』로 제목을 붙여 1921년 간행한 것이다. 여기에 선발된 열 명의 문인은 김부식(金富軾), 이제현(李齊賢), 장유(張維), 이식(李植), 김창협(金昌協), 박지원, 홍석주(洪奭周), 김매순(金邁淳), 이건창(李建昌), 김택영이다. 이 가운데 박지원은 홀로 2권의 분량을 차지하여 그 문학적 비중을 보여준다.

박지원의 작문론

박지원은 『열하일기(熱河日記)』로 널리 알려져 있지만, 그의 문장은 시문집의 서발문을 비롯하여 토지개혁 문제를 다룬 「한민명전의(限民名田議)」 등의 의론문에 이르기까지 다양한 양식에서 한국을 대표하는 문호로서 실력을 유감없이 보여주고 있다. 여기서는 그의 작문론 가운데 일단만 살피기로 한다. 다음 인용문은 과거시험 문장 작성법에 대해 쓴 「소단적치인(騷壇赤幟引)」이라는 글로, 이재성(李在誠)이 우리나라 역대 과거 문장의 명문을 모은 책인 『소단적치』의 서문이다. 박지원은 글쓰기를 전쟁에 빗대어 설명한다.

> 글을 잘 짓는 사람은 병법을 잘 알았던 것일까.
>
> 글자는 비유하면 군사이고, 글 뜻은 비유하면 장수이다. 제목은

적국(敵國)이고, 전고(典故)와 고사는 전장의 보루이다. 글자를 묶어서 구(句)를 만들고 구를 묶어 문장을 만드는 것은 대오를 편성하여 행진하는 것과 같다. 음으로 소리를 내고 문채(文彩)로 빛을 내는 것은 징과 북을 치고 깃발을 휘두르는 것과 같다. 조응(照應)은 봉화에 해당하고, 비유는 유격병에 해당하며, 억양반복(抑揚反復)은 육박전을 하여 쳐 죽이는 것에 해당하고, 파제(破題, 글의 서두에서 제목의 의미를 분명하게 밝히는 것)를 하고 결속(結束)하는 것은 먼저 적진에 뛰어들어 적을 사로잡는 것에 해당한다. 함축을 귀하게 여김은 늙은 병사를 사로잡지 않는 것이고, 여운을 남기는 것은 군사를 진정시켜 개선하는 것이다.

박지원에게 글쓰기의 전략은 전쟁의 전략과도 같다. 어휘 선택, 논리, 핵심 주제, 여운 등 여러 가지를 병법에 빗대어 요령 있게 알려주고 있다. 글쓰기를 목숨을 건 전쟁에 비유함으로써 글쓰기의 긴장감과 절박함을 드러내는데, 논리의 격절한 전개가 없으면 독자를 사로잡을 수 없음을 말한다. 위의 인용문은 전체 글의 앞부분 일부에 불과하지만, 하나하나 세밀하게 읽으면 현대의 글쓰기에도 큰 도움이 된다.

박지원의 아들인 박종채(朴宗采, 1780~1835)가 아버지에 대해 쓴 글인 『과정록(過庭錄)』에서도 문장에 대한 박지원의 생각을 찾아볼 수 있다. 박지원은 평소 다음과 같은 말을 했다고 한다.

내가 문장을 짓는 데 달리 잘하는 건 없어. 사실을 기술하고 대상을 묘사하는 솜씨가 사람들보다 조금 나을 뿐이야. 요즘 사람들이 지은 비문이나 묘지문은 대개 판에 박은 듯하여 한 편의 글로 여러 사람에게 써먹을 수 있으니, 그래서야 돌아가신 분의 정신과 모습을 떠올릴 수 있겠어? 그래서 김창흡 어른께서 "우리나라 사람들 문집은 상가집 곡비(哭婢)의 울음소리와 같다" 하신 거야. 옛사람은 "얼굴이 둥

글면 모난 데를 그리고, 얼굴이 길면 짧은 부분을 그린다"고 했거늘, 사마천의 열전과 한유의 비문이 읽을 만한 건 이 때문이야. 지금 사람들은 이런 뜻은 모르고 종이 가득히 진부한 말과 죽은 구절만 채워 넣고 있어. 그러면서 "이렇게 해야 법도에 맞고 충실한 글이 된다"고 해. 나는 모르겠어, 이게 무슨 글 쓰는 법인지.

향가를 설명한 앞의 장에서 인용한, 큰누나의 묘지명으로 쓴 글(「백자증정부인박씨묘지명」)에서도 볼 수 있는 것처럼 박지원은 다른 사람들과 달리 죽은 사람과 관련된 형식적인 정보만 길게 나열하지 않았고, 진부한 찬사를 늘어놓지도 않았다. 누나와의 기억 한 토막을 되새기면서, 자신과의 관계는 물론 누나의 성품을 부각해 한 편의 인상적인 글이 되게 했다. 이렇듯 관행적 글쓰기와 표현을 철저히 인식하고 끊임없이 그것을 깨려는 시도를 보여준 것이 박지원 산문의 특징이라고 해도 과언이 아니다. 이렇게 전통을 본받으면서도 그것을 넘어서려는 법고창신(法古創新)의 문장 의식이 그의 작문법의 바탕을 이루고 있다.

심노숭이 아내를 그린 글

현재 전하는 한문 산문이 워낙 많기에 『여한십가문초』에 실린 산문은 그 편자의 눈에 들어간 글 일부일 뿐이다. 심노숭의 「아내의 무덤에 나무를 심으며(新山種樹記)」는 이 책에 포함되지 않은 명문이다.

이 글은 심노숭이 1792년 31세의 동갑내기 아내와 사별하고, 이듬해 한식날 아내 무덤에 나무를 심은 경위를 쓴 글이다. 낡은 데다 꽃과 나무마저 시들어 황량하기 그지없는 집 분위기를 일신하고자 아내가 남편을 채근하는 데서 글은 시작된다. 남편은 곧 이사를 하려고 생각했기에 집을 방치했노라고 답한다. 부부는 새집을 함께 설계하며 미래의 희망을 드러낸다. 그러나 새집에 이사 오던 날, 아내가 상여에 실려서 온다. 새집의 건축이 진행되는 동안 앓아왔는데 완성되기 전에 죽고 만 것이다. 어쩌면 아내의 병으로 인해 낙향을 계획했는지도 모르건만, 희망은 돌연 절망으로 바뀌었다. 새집의 건축과 완성 그리고 아내의 죽음을 서술한 부분을 보기로 한다.

지난해 고향 파주에 조그만 집을 새로 지었다. 아내가 기뻐하며 말했다.

"이제 당신 뜻을 이룬 건가요?"

정원과 담장을 조성하고 창문 위치를 잡는 것을 아내와 상의하여 하였다. 공사가 끝나기를 기다려 꽃과 나무를 심으려고 했는데, 일이 끝나기 전에 아내가 병들고 말았다. 나는 아내의 병이 조금 차도가 있으면 바로 파주로 와서 일을 도왔다. 공사가 끝날 무렵 아내는 병이 위독해져 거의 죽게 되었다. 내게 말했다.

"파주 집 곁에 저를 묻어주세요."

서로 얼굴을 마주 보며 눈물을 흘렸다. 파주로 이사 오던 날 아내는 관(棺)에 실려 왔다. 아내의 무덤 자리를 정하였으니 집에서 백 보도 되지 않는 곳이었다. 평소 밥 먹고 생활할 때도 아내의 넋이 통하는 듯했다.

아내가 죽고 이듬해 첫 한식날이 되었다. 한식은 동지에서 105일이 지난 날로 대개 4월 5일이나 6일쯤이다. 봄기운이 막 올라올 때 사람들은 무덤으로 가서 제사를 지낸다. 심노숭은 이날 아내의 무덤에 가서 무덤가가 허전한 것을 보고 나무를 심기로 결심한다.

돌아보면 나는 심기가 약해 스스로를 믿고 의지하지 못했다. 남은 생애를 생각하면 삼십 년이 못 되나, 한 번 죽고 나면 천백 년 무궁할 것이다. 이에 내 택할 바를 알겠으니, 서울 집이 파주 집만큼 오래 누리지 못할 것이고, 또 아내가 살아서는 파주 집을 얻지도 못했지만, 죽어서는 영원히 파주의 무덤에서 함께 살리니 즐거움이 그지없다. 이것이 내가 새 무덤에 나무를 심고, 서울 집에 심은 것을 하나같이 무덤으로 옮기는 까닭이니, 이로써 내 뜻을 펴고 내 슬픔을 나타내는 것이라. 또 내 자손과 후인들로 하여금 내 마음을 알게 하려는 것이니, 훼손치 말지어다. 어떤 이가 말했다.

"그대는 어찌 살 방법은 도모하지 않고 사후의 계책만 세우고 있는가? 죽으면 어찌 될지 아무것도 알 수 없는데 무슨 계획을 한단 말인가?"

죽으면 어찌 될지 알 수 없다는 말은 내가 정말 참을 수 없는 말이다.

아내와의 평소 일을 묘사하며 잔잔하게 글을 시작했다가, 이사 과정과 아내의 병환을 말하며 글에 어두움을 드리우더니, 바로 이사와 죽음을 연결시켰다. 아내의 바람이던 꽃과 나무를 집에서 끝내 보여주지 못했던 남편은 회한의 감정으로 그것들을 무덤에 옮겨 심었다. 그리고 그렇게 가꾸어놓은 꽃과 신록을 자신이 죽기 전까지는 죽은 아내의 화신(化身)으로 여길 것이고, 자신이 죽은 후에는 함께 묻혀 영원히 그 아래에서 함께 살겠다는 절규로 넘어갔다. 남들이 보기에는 살 계책은 도모하지 않고 사후에만 집착하는 모습이다. 글에서 거친 호흡이 느껴질 만큼 격렬한 슬픔이 표현되어 있다.

부부유별이라고 하여 부부 사이에서 분별을 강조하는 것이 유교의 가르침이며, 또 유교는 감정의 표출보다는 감정의 억제를 권장하니, 이런 사회에서 아내에게, 그것도 죽은 아내에게 이렇게 지극한 감정을 표현하고 서술하는 것은 쉬운 일이 아니다. 도망시(悼亡詩)나 망실제문(亡

室祭文)이라고 하여 시와 문장으로 죽은 아내를 애도하는 일이 있지만, 심노숭의 이 작품처럼 그리움을 절절히 드러낸 것은 드물다. 무굴 제국의 황제였던 샤 자한이 왕비 뭄타즈 마할을 추모하여 건축한 타지마할의 정성을 심노숭은 시골 무덤가에 펼쳐놓았다.

참고문헌

안대회·이종묵·정민·이현일·이홍식·장유승 편역, 『한국산문선』(전 9권), 민음사, 2017.

심노숭, 김영진 역, 『눈물이란 무엇인가』, 태학사, 2006.

심경호, 『한문산문의 미학』, 고려대학교출판부, 1998.

시와 소설

한국 정형시의 원형, 시조

시조의 출발

향가로부터 내려온 한국 시가는 고려시대에는 이른바 고려가요로 나타나며, 이것이 다시 고려 말 또는 조선 전기부터 시조의 모습을 띠고 출현하여 조선 중기에 형식적으로 완성된 뒤 널리 향유되었다. 조선 후기에는 시조의 변종이라고 할 수 있는 사설시조가 등장하기도 하였다.

시조는 원래는 음악의 악조를 가리키는 말이었으나, 20세기 이후 문학 장르를 가리키는 말이 되었다. 지금 문학사에서 시조는 4음보 3행의 정형시 또는 그로부터 파생된 시가를 가리킨다.

> 있으렴 부디 갈다 아니 가든 못할소냐
> 무단히 싫더냐 남의 권을 들었는다
> 그래도 하 애닯구나 가는 뜻을 일러라

이 작품은 1487년 또는 1494년에 늙은 어머니를 봉양하기 위해서 벼슬에서 물러나겠다는 유호인(兪好仁, 1445~1494)을 작별하며 성종이 부른 노래로 알려져 있다. 차천로(車天輅, 1556~1615)의 『오산설림초고(五山說林草藁)』에 실려 있는데, 이 책은 18세기에 편찬된 『대동야승(大東野乘)』의 일부로 편입되어 남아 있다. 비록 수 세기 후 편찬된 총서에 남아 있지만, 왕조 국가 조선에서 임금이 지었다는 노래를 함부로 왜곡하지 못했을 것을 생각할 때 신뢰할 만한 최초의 시조 작품으로 추정한다. 4음보 3행이라는 시조의 정형성이 분명히 드러난 작품이다.

현전하는 시조집에는 이보다 이전 시기의 시조들이 적지 않다. 고구려의 을파소, 백제의 성충, 신라의 설총이 지은 것이 있는데, 이들은 원래 시조였다고 보기 어려운 작품이고, 고려 후기 우탁, 이조년, 이존오, 최영, 이색, 정몽주 등의 작품도 이런 의심의 시선에서 자유롭지 않다. 이런 상황에서 성종의 작품은 지극히 존귀하여 함부로 할 수 없는 대상으로 여겨진 임금을 작가로 한 노래라는 점에서, 또 김구, 송순, 주세붕, 이현보, 이황, 정철 등이 지은 후대의 시조들과 문학사에서 단절 없이 연결된다는 연속성의 측면에서 상당한 신뢰도가 있다.

성종은 사직한 유호인을 붙잡기 위해 이 노래를 불렀다. 가지 말고 있으라는데도 굳이 가겠느냐, 가지 않으면 안 되겠느냐, 그리도 벼슬이 싫더냐, 사직하라는 남의 권유를 들었느냐, 이렇게 간절히 붙잡는 뜻을 밝혔는데도 사직을 하겠다니 정말 안타깝노라, 이런 말들을 하면서, 정말 간다면 도대체 무슨 이유로 사직을 하는지 받아들일 만한 이유가 있는지 말해보라고 했다.

이념과 욕망의 표현물, 시조

시조는 조선시대 이후 한국인의 서정을 표현하는 핵심적 장르였다. 물론 대부분의 상층 문인들에게 시조보다는 한시가 훨씬 많이 이용되었지만, 한시로는 모국어의 감성을 충분히 전달하기 어려웠기에 시조가 나름 상당히 의미 있는 역할을 했다. 한국고전문학 영역에서 시조만큼 중요한 문학 장르를 찾기 어렵다고 할 정도로 서정시로서 시조의 역할은 지대하다.

4만 6천여 수의 시조를 모은 『고시조대전』(고려대학교 민족문화연구원, 2012)에 실린 작품들을 약간의 표현상 차이는 무시하고 유형으로 묶어 보면 총 5,563수로 정리된다. 이 오륙천 수의 시조 가운데 작가의 이름이 밝혀지지 않은 것이 거의 2천 수에 이르는데, 작가가 밝혀진 경우에도 앞서 소개한 고려 후기 이전 작품들처럼 불확실한 것이 적지 않다. 어떤 작품은 가집에 따라 작가가 다르게 표기되어 있고, 개인 시문집에 실린 작품 중에도 다른 곳에서는 작가가 달리 표시된 것이 있어서, 어떤 자료에서 작가를 밝혔다고 해도 그것을 온전히 믿기는 어렵다. 개인 시문집에 실린 그다지 널리 유통되지 못했던 작품을 제외하면, 18세기 이후 편찬된 시조집에 실린 작품들은 기본적으로 작가가 누구인지 중요하지 않았다. 한시는 한평생 혼자서 수천 수 또는 만 수 이상을 창작한 전문가급의 시인들이 있었지만, 시조는 그런 전문적 수련이 필요한 창작의 대상이 아니었던 것이다.

이런 상황에서도 드러난 작가들을 보면 대체로 양반 남성이고, 양반 여성의 경우에는 한두 편을 창작한 것이 고작이다. 그 외에 기생 작품이 70여 수가 있으며, 17세기 말 이후에는 중인을 중심으로 평민의 작품들이 약간 보인다. 이렇게 보면 시조는 기본적으로 남성의 장르라고 할 수 있다. 물론 작가가 밝혀지지 않은 작품 중에 여성 작품이 더 있을 수 있고, 여성이 지었기에 오히려 이름을 감추었을 수도 있으나, 작가가 드러난 시조들에서 여성의 비중이 낮은 것과 또 주된 참여 여성이 미천한 취급을 받는 기생인 것으로 봐도 대체적으로 여성의 참여가 적었을 것을 짐작할 수 있다. 여성은 시조와 쌍벽을 이루는 시가 장르인

가사에서는 창작자로서 큰 비중을 차지한다. 시조는 여성이 참여하기 곤란한 장르인 반면, 가사는 여성이 참여해도 무방한 장르로 여겨졌던 듯하다.

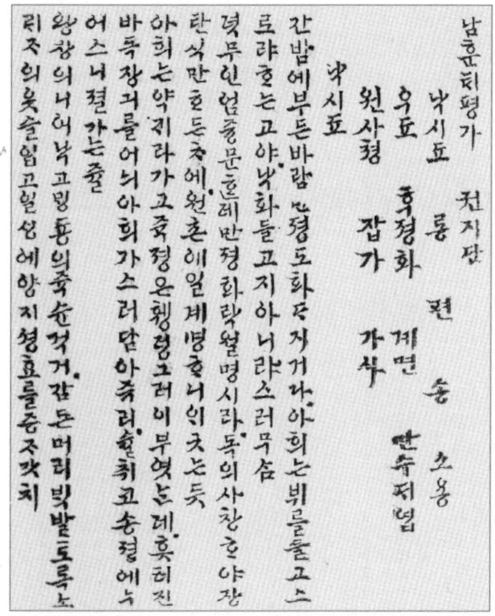

『**남훈태평가**』 1863년 서울에서 간행된, 시조와 잡가 등이 수록된 방각본 가집(歌集)이다. 서울대학교 규장각한국학연구원 소장.

또한 신라시대 향가의 주요 작가층에 해당하는 승려가 시조의 작가층으로 보이지 않는 점도 주목할 필요가 있다. 이는 조선시대에 불교가 억압을 받아서 그렇기도 하겠지만, 향가는 승려의 수도에 방해가 되지 않는 장르로 여겨졌던 반면, 시조는 수도승에게는 어울리지 않는 장르라고 여겼기 때문인 듯하다. 향가나 시조나 모두 서정 장르이지만, 향가는 성찰적 성격이 강한 반면, 시조는 유흥적 성격이 강한 장르로 인식되었기에 여성이나 불승이 쉽게 접근하지 못했던 듯하다. 이러한 시조의 유흥성은 후기로 갈수록 더욱 강해졌다.

시조도 초기에는 임금 외에 저명한 유학자들이 이념을 표출하는 수단으로 사용했다. 퇴계 이황이나 송강 정철의 작품과 같이, 양반 사대부가 자신의 학문적·이념적 관념을 시조를 통해 표현했던 것이다. 물론 황진이 등 기생의 참여에서 짐작할 수 있는 것처럼, 초기부터 남녀의 사랑을 중심으로 한 세속적 욕망의 시편이 제작되기도 했는데, 갈수록 이런 유흥적·세속적 시편들이 우세해졌다. 특히 작가가 밝혀지지 않은 작품들에서 남녀의 욕망을 드러낸 시편이 더욱 두드러진다. 조선 후기 사설시조의 강한 통속성과 유흥성은 시조의 기본 성격에서 벗어난 것이라기보다 그 연장선상에 있거나, 그러한 성격이 강화된 것이라고 할 수 있다.

이념의 구현물

고인도 날 못 보고 나도 고인 못 뵈
고인을 못 봐도 가던 길 앞에 있네
가던 길 앞에 있거든 아니 가고 어떨꼬

이 시조는 저명한 유학자인 퇴계 이황의 것이다. 그는 요순이나 공자, 맹자 등 유학의 성인들을 기리면서 자신도 그와 같은 길을 가겠다고 했다. 이황은 한시로도 자신의 감정을 표현했지만, 모국어가 가진 감각의 생기와 온기는 시조가 아니면 표현하기 어렵다.

형아 아우야 네 살을 만져보아
뉘에서 태어나서 모습조차 같아 있나
한 젖 먹고 길러 났으니 딴마음을 먹지 마라

이 작품은 정철의 「훈민가」에 들어 있는데 송순의 작품으로 알려져 있기도 하다. 「훈민가」는 정철이 강원도 관찰사로 갔을 때 백성들을 교화하기 위해 지은 작품이라고 한다. 한문 모르는 백성을 한시로 교화할 수 없으니, 쉽게 따라 부를 수 있는 시조를 교육의 수단으로 삼았다. '형아, 아우야, 네 살을 만져보아'는 화자가 형과 아우 각각에게 살을 만져보라고 말한 것일 수도 있지만, 아우가 형에게 '형아, 네 살을 만져봐' 한 것과 형이 아우에게 '아우야, 네 살을 만져봐' 한 것을 합친 것일 수도 있다. 두 번째 행에서는 한 부모에게서 태어나 형제가 닮을 수밖에 없음을 지적하고 있다. 이렇듯 초장과 중장은 둘이 한 몸에서 난 형제임을 강조했다. 마지막 종장에서 반전이 일어나는데, 한 몸에서 태어났으면서 왜 딴마음을 먹느냐고 했다. 근본이 하나임을 생각하고 한마음을 먹는다면 형제간에 다툴 일이 있겠느냐는 말이다. 화자가 작중 인물을 부르고 또 훈계하며 실감 나게 상호 소통을 시도하는 장면은 짧은 한시로는 표현하기 쉽지 않은 부분이다. 「훈민가」는 자국어 노래가 갖는 의미를 작가가 강하게 자각한 상태에서 지은 작품이라 할 수 있다.

> 내 벗이 몇이냐 하니 수석과 송죽이라
> 동산에 달 오르니 긔 더욱 반갑고야
> 두어라 이 다섯 밖에 또 더하여 무엇하리

이 시조는 연시조 「어부사시사(漁父四時詞)」로 유명한 윤선도(尹善道, 1587~1671)의 「오우가(五友歌)」 중 첫 수이다. 윤선도는 임금의 스승으로 조정에서 아주 높은 지위에 이른 사람이지만, 낙향하여 스스로를 어부에 빗대며 노래를 지어 불렀다. 더하여 「오우가」에서는 자신의 벗이 수석과 송죽 등 자연임을 말하고 있다. 혼탁한 세상의 일부가 아닌, 자연물의 하나로 자신을 설정한 것이다. 윤선도의 노래들은 실제로는 정치 활동을 활발히 하면서도 이상은 자연 회귀에 두는 양반 사내부 관념 세계의 특징을 어떤 다른 문학작품보다 잘 보여준다.

시조 중에는 앞의 「훈민가」처럼 자기가 관심을 두고 몸담고 있는 세계를 자기 이념에 맞추어 고쳐보고자 하는 작품들도 있고, 윤선도의 시조처럼 그곳으로부터 벗어나고자 하는 지향을 표현한 작품들도 있다. 벗어나기 어려운 현실을 문학을 통해서라도 탈출하려는 시도로 윤선도의 시조가 창작되었던 것이다. 그러나 이 둘은 모두 유교 사상 또는 그 배경이었던 중국 한문 문화의 번역에 가깝다는 점에서 동일한 지향을 보인다. 사상적으로나 정서적으로 중국 유교 사상과 한시 전통을 수용하는 과정의 일부로 볼 수 있을 것이다.

욕망과 사설시조

시조는 이처럼 양반 사대부의 유학자적 삶의 지향을 보여주는 한편으로, 그들조차 외면할 수 없는 현실의 본능적 욕망을 드러내기도 한다.

> 사랑이 거짓말이 님 날 사랑이 거짓말이
> 꿈에 와 뵈단 말이 긔 더욱 거짓말이
> 나같이 잠 아니 오면 어느 꿈에 뵈이리

사랑이란 믿기 어려운 거짓말이라면서, 사랑하는 사람은 꿈에 나타난다는데 그 말은 더 믿기 어렵다고 했다. 자기처럼 그리움으로 불면의 밤을 보내면 아예 꿈조차 꿀 수 없으니 사랑하는 사람을 어떻게 보겠느냐는 것이다. 사랑의 간절함과 지극함을 표현한 이 시조는 김상용(金尙容, 1561~1637)의 작품으로 전해지는데, 김상용은 병자호란 때 강화도 성문에서 순절한 충신으로 알려져 있으므로, 이 작품에 나타난 사랑을 임금에 대한 신하의 사랑으로 해석하기도 한다.

그런데 19세기 해주의 기생 명선이 자기 삶을 술회한 「해주명선자술가」를 보면, 명선이 임을 서울로 떠나보낸 다음에 그를 그리워하며 비슷한 노래를 불렀는데 노랫말이 약간 다르다.

> 사랑이 거짓말이 날 사랑이 거짓말이
> 오매사복(寤寐思服) 하시단 말 그 더욱이 거짓말이
> 진실로 그 말씀 같을진대 두고 어이

초장은 김상용의 것과 동일한데, 중장과 종장은 비슷한 듯하지만 의미가 전혀 달라졌다. 여기서 사랑이 거짓이라는 말은, 임이 자기에게 사랑한다고 한 말이 거짓이라는 뜻이다. 잠도 못 자고 그리워한다는 임의 말은 더욱 믿기 어렵다는 것이다. 정말 그런 사랑이 있었다면 어찌 자신을 두고 떠날 수 있었겠느냐고 한탄한다. 시조를 노래할 때 종장의 마지막 구는 가사가 있어도 부르지 않는데, 이 시조의 마지막 구는 아예 적지도 않았다. '두고 어이'까지만 적어도, 거기까지만 불러도, 마지막 구가 '가리오'라는 말이 될 것은 누구나 알 것이기에 굳이 적지 않은 것이다.

김상용이 지은 시조를 명선이 변형해서 부른 것인지, 명선이 부른 것과 유사한 시조가 전부터 전하고 있었는데 김상용이 그것을 변형해 부른 것인지, 아니면 이런 노래가 전하고 있었는데 김상용이라는 인물의 충절을 생각하여 그를 작가로 적은 것인지 현재로서는 알 길이 없다. 다만 이 가운데 어떤 경우라 하더라도 시조가 인간의 욕망을 주요하게 다룬다는 것은 알 수 있다.

시조 가운데 욕망을 가장 극단적으로 드러내 보이는 유형은 사설시조이다. 김천택은 사설시조를 만횡청류(蔓橫淸類)라고 부르면서 "만횡청류라는 것은 말이 음란하고 뜻이 비루하여 본받을 것이 아니다. 그러나 그 유래가 오래되었으니 한 번에 버릴 수는 없다"고 했다. 사설시조의 통속적 성격을 잘 드러낸 말이라고 할 수 있는데, 실제로 사설시조 중에는 성애를 노골적으로 그린 것이 적지 않다.

바람도 쉬어 넘는 고개 구름이라도 쉬어 넘는 고개
산진이 수진이 해동청 보라매라도 다 쉬어 넘는 고봉 장성령 고개
그 넘어 임이 왔다 하면 나는 아니 한 번도 쉬어 넘으리라

이 시조는 사설시조 중에서 성애 표현이 약한 것이다. 바람이나 구름이라도 모두 쉬어 넘을 만큼 높은 고개, 날렵한 매들조차 모두 바로 넘을 수 없는 높은 봉우리라도, 임이 왔다는 소식만 들리면 자신은 한숨도 쉬지 않고 단번에 가겠다는 간절한 사랑을 노래한 작품이다. 사설시조는 사랑을 직설적으로 표현한 것이 많아서, 그만큼 작가명이 노출되는 경우가 드물다. 대략 팔백 편 정도의 사설시조 작품 가운데 육백 편은 작가를 알 수 없고, 작가가 알려진 것 중에는 평민의 것이 많다. 사설시조는 욕망의 분출이 자유로운 활기찬 시정 문화가 잘 반영된 시조 유형이라고 할 수 있다.

현대의 시조

시조는 살아 있다. 현재도 작가가 있고 창작을 한다. 조선시대의 시조는 근대로 들어오면서 노래로서가 아니라 시로서의 성격을 확립하고자 했다. 이를 주도한 흐름을 시조부흥운동이라고 한다. 1920년대 최남선(崔南善), 이병기(李秉岐) 등이 촉발한 이 운동은 한국시가 자신의 전통을 유지하면서 근대시로 넘어갈 방법을 모색한 것이다.

묵직한 철책문이 덜그럭 닫히는고나
도몰아 이는 시름 가슴에 메어지고
하룻밤 지내는 동안 적이 수(壽)를 덜었다

버버리 그저 두고 처녀는 어제 죽고
거던 발을 빼어 자리를 옮겨 앉으며
우러러 철창 너머로 달을 처음 보았다

* 버버리는 함경남도 말로 벙어리를 이름. 벙어리는 스파이라 하여 잡

아와 서너 달 두고 때리고, 처녀는 우리 사건의 장본인인 영생여중학교 여학생 5, 6인으로 유치장에 가두었는데 그중 한 사람이 독감으로 죽었다. 나도 들어가 수십 일 동안 족쇄를 차고 있었다.

(「홍원저조(洪原低調)」 1과 2 그리고 자주(自註))

위의 시조는 이병기의 것이다. 국문학자였던 그는 이론적 논의를 넘어서 시조시인으로서도 중요한 역할을 했다. 이 시조는 1942년부터 1년 남짓한 기간 동안 조선어학회사건으로 수감되어 있을 때 지은 것이다.

조선어학회사건은 일제 말기 정치적으로나 문화적으로나 식민지 통치가 더욱 억압적으로 진행되던 때, 한 학생이 경찰의 불심검문을 당해 조사를 받던 중 공책에서 '독립만세'라는 글귀가 나왔는데 그 학생의 교사 중에 조선어학회 회원이 있다고 해서 비롯된 일이다. 배후로 지목된 조선어학회는 당시 한국어사전 편찬 작업을 하고 있었는데, 이 일로 독립운동 단체로 몰려 와해되었다. 당시 이병기는 학회의 간사를 맡았기에 법망을 벗어나기 어려웠고, 홍원경찰서에서 조사를 받고 함흥형무소에서 옥고를 치른 다음 기소유예로 풀려났다. 이 일과 관계되어 검거된 33명 중에 이극로, 최현배, 이희승, 정인승, 정태진 5인은 광복 때까지 수감되어 있었고, 이윤재와 한징은 수감 중 운명했다. 일제가 조선인에게 이름까지 일본식으로 바꾸라고 명령한 시기에, 조선어사전 편찬을 위해 애쓰다 복역한 사람 중에 이병기가 있었던 것이다.

이병기는 정신적으로나 신체적으로나 가장 힘겨운 상황에 처했을 때 그것을 시조로 표현했다. 사회적 실천의 결과로 수감되어 있으면서 그 현장과 감정을 이렇듯 시조로 표현한 경우는 종전에 없었다. 또 종전의 시조는 대개 단형이었는데, 이병기는 앞의 「훈민가」나 「오우가」가 보여준 것처럼 연시조의 형식을 이용하여 복잡한 사실과 생각을 총

29수의 시조로 표현하였다. 「홍원저조」는 시조가 근대에 들어와 어떻게 달라질 수 있는지를 잘 보여준 작품이라 할 수 있다.

이 시조에서 볼 수 있듯이, 철문이 닫히면서 세상과 단절된다는, 어쩌면 영원히 결별일 수 있겠다는 생각은 하룻밤 동안 수명이 크게 줄었다고 느끼게 했다. 말 못하는 농아를 첩자라고 하여 서너 달씩이나 감옥에 가두어두고, 사건을 촉발한 학생을 포함하여 대여섯 여학생을 차가운 옥중에 두니, 그중에 한 명이 독감을 얻어 죽었다. 좁은 감옥방에서 한 사람이 나가니 공간이 생겨 족쇄 찬 발을 빼어 옮겨 앉게 되었고, 그제야 숨을 돌릴 수 있어서 창밖을 보니 달이 보이더라고 했다. 감옥이 얼마나 혹독한 상황이었는지 이 두 수의 시가 잘 말해주고 있다.

이병기는 시조에 자신의 삶과 사상을 담으면서 근대시로서 시조의 가능성을 실험했다. 아래의 시조는 이병기의 연작시로 유명한 난초시인데, 이황 등 양반 문인의 이념적·문예적 전통을 계승하면서도 시조가 근대시로 옮겨갈 수 있는 가능성을 보여주고 있다.

> 나도 저를 못 잊거니 저도 나를 따르는지
> 외로 돌아앉아 책을 앞에 놓아두고
> 장장이 넘길 때마다 향을 또한 일어라 (「난초3」)

한편 시조시인이 아니라도 자신의 일상적 감정과 정서를 시조로 표현하는 일이 드물지 않은데, 문학계에는 거의 알려져 있지 않지만 건국훈장 애국장을 받은 독립운동가 이종률을 들 수 있다. 그는 1928년 전국학생맹휴옹호동맹사건과 관련하여 10개월간 서대문형무소에 투옥된 적이 있는데, 수감 소감을 다음과 같이 시조로 읊었다.

> 큰 잔치의 초대러냐 차가 철문 다다를 제

인왕산 비낀 석양 저 경 또한 좋을시고
선인이 오고 가시지도 못한 길 저는 이제 왔습니다

(이종률, 『민족혁명론』에서)

차디찬 형무소로 들어가는 순간을 선배 우국지사들과 함께할 수 있는 영광의 잔치로 그렸다. 이병기의 질문이 세상과의 단절을 보여주는 것이라면, 이종률의 철문은 애국의 영광으로 들어가는 문이다. 그래서 그 순간에 인왕산 경치까지 아름다웠노라고 했다. 그러면서 선인이 가신 영광의 길에 이제야 들어섰노라고 했다.

이종률은 이로부터 삼십여 년이 지난 1961년, 박정희 군사독재정권의 언론 탄압 사건인 민족일보사건에 연루되어 다시 서대문형무소에 들어가야 했고, 여기서 일제강점기의 친일 형사를 만나 취조를 받으면서 분노를 금하지 못한다. 광복이 된 조국에서 독립지사가 친일 형사의 취조를 받는다니 얼마나 억울하고 분한 일인가. 그는 당시 심정을 이렇게 표현했다.

8·15 전 다니던 곳 8·15 뒤 계속 오니
번지도 101번지 쇠창도 그대론데
다른 건 나까무라 간수 이름이 김 간수로 되었더라

광복 전이나 광복 후나 서대문형무소는 위치나 건물이나 그대로였는데 사람만은 달라져서 일본인 또는 일본 이름을 쓰는 앞잡이가 한국인으로 바뀌었더라는 것이다. 그러면서 나라의 독립과 진보를 위해 애쓰는 사람을 오히려 독재정권이 탄압하는 현실을 비판하고 있다. 이처럼 시조는 현대에 들어와서도 한국인의 정서를 대변하는 문학 장르로 역할을 해왔다.

참고문헌

김대행, 『시조유형론』, 이화여자대학교출판부, 1986.

성호경, 『시조문학』, 서강대학교출판부, 2014.

소설 왕국 조선

이야기의 나라, 조선

한국은 이야기의 나라다. 그리고 조선은 소설 왕국이다. 샤를 달레의 『한국천주교회사』에서는 "조선 사람들은 천성이 돌아다니기와 이야기하기를 좋아한다"고 했고, 17세기 중반 조선에 표류해 와서 13년을 억류되어 있다가 고국 네덜란드로 탈출한 하멜은 호기심 많고 이야기 듣기 좋아하는 것을 한국인의 특징으로 꼽았다. 하멜과 그 동료들이 외국 사정 등을 이야기해주면 조선인들은 잠도 자지 않고 들었다고 하며, 이야기 들려주는 값으로 돈까지 받을 수 있어서 사람들 특히 스님들에게 이야기를 들려주는 것이 생계에 큰 도움이 되었다고 했다.

이야기를 좋아하는 사람이 소설을 좋아하지 않을 리 없다. 소설은 출발부터 인기였다. 오랜 옛날에도 신화나 설화가 인기를 누렸겠지만, 그 전통을 고스란히 이은 소설도 다르지 않았다. 소설사의 첫머리를 장식하는 김시습(金時習, 1435~1493)의 『금오신화』야 한문으로 되어 있으니 아무리 재미있어도 널리 읽히기 어려웠지만, 15세기 중반에 한글이 창제·반포된 다음 곧이어 나온 한글소설은 사회 문제를 일으킬 정도로 높은 인기를 누렸다. 『설공찬전(薛公瓚傳)』이 대표적이다.

1511년 충청도 관찰사, 호조 참판 등을 지낸 중종반정의 공신 채수(蔡壽)가 『설공찬전』을 지었다는 이유로 사헌부에 의해 탄핵되었다. 연산군을 몰아내고 중종에게 권력을 안겨준 반정의 공신으로 인천군(仁川君)이라는 칭호까지 받았던 최고위층 인사가 소설을 지었다는 이유로 필화를 입은 것이다. 도대체 『설공찬전』이 어떤 것이기에 공신을 파직까지 해야 했던 것일까? 불행히도 작품이 온전히 전하지 않아 그 까닭을 정확히 밝힐 길은 없다. 이문건(李文楗, 1494~1567)의 『묵재일기(默齋日記)』 제3책(1545~1546년까지의 부분) 책장 뒷면에서 발견된 작품 일부의

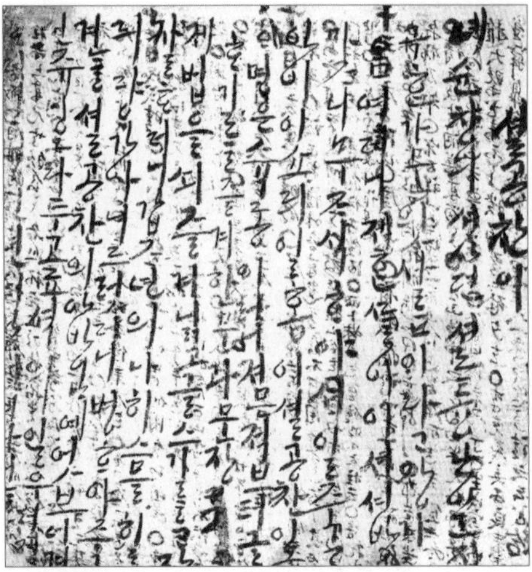

『설공찬전』 개인 소장.

줄거리는 다음과 같다.

전라도 순창에 살던 설충란에게 자식 남매가 있었다. 그런데 딸은 결혼하자 바로 죽고, 아들 공찬 역시 장가도 들기 전에 병들어 죽고 만다. 그런데 설공찬 누나의 영혼이 설충란의 동생 설충수의 집에 나타나 충수의 아들 공침에게 들어간다. 공침은 영혼이 몸에 들어오자 병들어 눕고, 이에 충수가 무당을 불러 귀신을 쫓으려고 한다. 그러자 이번에는 공찬까지 가세하여 사촌동생 공침의 몸을 들락거리며 공침을 괴롭힌다. 그 과정에서 공찬은 사촌동생 등에게 저승 이야기를 들려준다.

현전하는 작품은 여기서 끝나 있다. 『설공찬전』은 당시 시중에 떠도는 소문을 바탕으로 꾸며낸 소설로, 남아 있는 13면 3,500여 자에서 채수의 파직 이유를 찾기는 어렵다. 도대체 사헌부는 어떤 이유로 채수를 탄핵했을까? 『중종실록』의 기사에서는 다음과 같은 이유를 대고 있다.

> 채수가 『설공찬전』을 지었는데, 내용이 모두 화복(禍福)이 윤회한다는 이야기로 매우 요망합니다. 나라 곳곳에서 현혹되어 믿고서, 한문으로 베끼거나 한글로 번역하여 전파함으로써 민중을 미혹시킵니다. (『중종실록』 1511년 9월 2일 조)

탄핵 사유에 특별한 반체제적·반정부적 내용은 있지 않으니, 거론된 것으로 보면 채수는 일종의 풍속사범이라 할 수 있다. '윤회' 운운한 것에서 불교적 색채를 볼 수 있는데 이를 '요망'한 이야기라고 한 점도 주목된다. 유교의 시선으로 불교라는 이단을 배척하고 또 귀신을 멀리하는 것은 당연한 일일 수 있고, 그 점에서 채수의 탄핵이 전혀 이해되지 않는 것은 아니다.

그런데 사헌부는 채수가 "정도를 어지럽히고 백성을 선동하고 미혹케" 했다면서 그를 교수형에 처하라고까지 요구했다. 교수형까지 거론된 것은 비단 내용만이 문제가 아니었다는 말이다. 백성을 선동하고 미혹케 했다는 파급력을 고려한 것으로 볼 수밖에 없다. 당대에 이와 별반 다르지 않은 소설들이 이미 창작되고 유통되었음을 감안하면 그렇게 이해하지 않을 수 없다. '윤회'를 말한 '요망'한 이야기는 이미 영혼과의 만남을 그린 나말여초의 전기(傳奇) 「최치원」 등에서 보았던 것이고, 영혼이 다른 사람의 몸에 들어가는 서사는 고려 말의 불교계 전기 「왕랑반혼전(王郎返魂傳)」에도 있었다. 뿐만 아니라 당시에는 『전등신화(剪燈新話)』, 『태평광기(太平廣記)』와 같은 중국소설이 널리 읽혔고, 약간 후대이지만 『전등신화』, 『금오신화』는 국가 공식 출판기관인 교서관에서 간행되기도 했다.

『설공찬전』이 이들 작품과 다른 중요한 차이는 『설공찬전』은 한글로 번역되어 널리 읽혔다는 점이다. 요컨대 '한글로 번역된 글이 널리 백성을 현혹한다'는 것이다. 채수의 필화는 만들어진 지 얼마 지나지 않은 한글이 지배 이념과 다른 방향의 소설을 쏟아내자, 이에 위협을 느낀 지배층이 제동을 건 사건이었다고 볼 수 있다. 훈민정음이 반포된 지 불과 오십 년 남짓한 시점에, 한글로 적힌 소설이 '세상 사람들을 현혹'할 정도가 되었던 것이다. 종전의 한문이나 이두로는 소설을 쓰기는커녕 읽는 것도 어려웠는데, 한글이라는 자국어 표기법이 개발되자 소설이 급속히 성장했다. 한글 쪽에서 보면 소설이 한글의 보급을 급격히 늘렸다고 할 수 있고, 소설 쪽에서 보면 한글이 소설을 크게 성장시켰다 할 수 있다.

한글소설의 빠른 확산은 이로부터 이십 년 뒤의 기록에서도 확인된다. 낙서거사(洛西居士)가 1531년에 쓴 「오륜전전서(五倫全傳序)」에서는 "내가 보니 시중의 무식한 사람들이 한글을 익혀 노인들이 전하는 말을 베껴 밤낮으로 이야기한다"고 했다. '노인들이 전하는 이야기를 한글로 베낀 것'은 한글소설을 가리킨다. 노인들이 전하는 이야기로는 구체적으로 '이석단취취지설(李石端翠翠之說)'을 꼽았는데, 「취취전」이 실린 『전등신화』 등을 한글로 번역하여 읽었던 것이다. 아직 한글로 소설을 창작한 경우까지는 보이지 않고, 한문소설이나 중국소설을 한글로 번역하여 읽는 단계였다.

한글소설은 16세기 말과 17세기 초 임진왜란과 병자호란이라는 대규모 전쟁 중에도 계속 확산되었는데, 특히 이 시기에는 중국 장편소설이 본격적으로 수입되어 번역되었다. 중국 장편소설의 수입과 향유는 『삼국지연의』에 관한 1569년 『선조실록』의 기사에서 맨 먼저 확인되는데, 여기서는 『초한연의(楚漢演義)』 등을 거명하면서 비슷한 부류의 작품이 한둘이 아니라고 했다. 『삼국지연의』의 경우에는 이 시기에 이미 금속활자로까지 인쇄되었고, 17세기 후반에는 제주에서 목판으로 전질이 간행되기도 했다. 이렇게 중국소설이 수입·번역·향유되는 과정에서 한글 장편소설이 새로운 지평을 열어갔다.

집안을 망하게 한 소설

조선은 임병 양란의 전쟁 상처를 치료하면서 비약적인 경제 성장을 이루었고, 17세기 중후반부터 서울은 본격적인 상업 도시로 변해갔다. 이런 경제적 풍요는 소설 성행에 유리한 물적 환경을 조성했는데, 이 무렵 『구운몽』, 『창선감의록』, 『소현성록』 등 창작 장편소설이 유통되기 시작했다. 장편소설의 창작이 보여주는 한글소설의 성장은 종전에 소설을 사사로이 빌려 보고 개인적으로 팔고 사던 유통 방식의 한계를 드러냈다. 소설의 성장에 부응하여 새로운 유통 방식이 필요했고, 이에 따라 세책(貰冊)으로 불리는 상업적 소설 대여와 출판이 출현한 것이다. 세책이 언제부터 있었는지 정확히 알 수 없지만, 남아 있는 기록들을 종합해 보건대 대체로 18세기 초, 좀 더 엄밀히 말하면 1710~1720년대쯤 서울에 등장한 것으로 보인다.

> 가만히 살펴보니, 근세에 여자들이 서로 다투어 능사로 삼는 것이 오직 패설(소설)을 숭상하는 일이다. 패설은 날로 달로 증가하여 그 종수가 이미 백 종 천 종이나 될 정도로 엄청나게 되었다. 쾌가(세책집)에서는 이를 깨끗이 필사하여, 빌려 보는 자가 있으면 그 값을 받아서 이익으로 삼는다. 부녀들은 식견이 없어, 혹 비녀나 팔찌를 팔고 혹 동전을 빚내어 서로 다투어 빌려다가 긴 날을 소일하고자 하니, 음식이나 술을 어떻게 만드는지, 그리고 자신의 베 짜는 임무에 대해서도 모르게 되었다. 그런데 부인(동복 오씨)은 홀로 습속의 변화를 탐탁지 않게 여기고, 여공(女工)의 여가에 틈틈이 읽고 외운 것이라고는 오직 여성교훈서였으니, 가히 규중의 모범이 된다고 할 것이다.

인용문은 채제공의 「여사서서(女四書序)」로, 1740년 무렵 서울에 세책집이 성행했음을 보여준다. 이덕무(李德懋, 1741~1793) 또한 『사소절(士小節)』에서 "한글소설은 탐독해서는 안 되니, 집안일을 버려두고 여자가 해야 할 일을 게을리하게 한다. 심지어 돈을 주고 그것을 빌려 읽는데, 거기 빠져서 가산을 기울인 사람도 있다"는 말까지 하고 있다. 이들 기록을 종합해보면, 18세기 초 어느 시기에 세책이 등장했으며, 18세기 중후반에는 극성했음을 알 수 있다.

폭증한 소설 수요를 충족시키는 데 세책은 큰 역할을 했다. 하지만 세책으로는 공급에 한계가 있었다. 세책의 주력 대출품은 필사본 소설인데, 한 자 한 자 손으로 베끼는 필사의 방식으로는 넓은 시장에 대응할 수 없었고, 소설 독자가 밀집한 곳이 아니면 가게가 운영되기 어려웠다. 대출이라는 것이 권역의 제한을 받기 때문이다. 세책집이 서울 이외에 다른 어떤 지방에도 없다는 19세기 말 외국인의 기록은 세책집의 운영 특징을 잘 말해준다고 할 수 있다. 지방에는 세책집을 뒷받침할 수 있는 밀집된 수요가 없었던 것이다.

하지만 세책집이 없는 곳에도 얼마간의 소설 독자가 있어서 그 수요를 충족할 필요가 있었고, 세책집이 있는 지역이라 하더라도 인기가 많은 작품은 손으로 베껴서는 수요를 감당할 수 없었다. 이런저런 수요에 부응하여 나타난 것이 출판이다. 물론 소설 출판은 세책이 생기기 이전부터 있었다. 16세기에 한문본으로 『삼국지연의』, 『금오신화』, 『전등신화』, 『기재기이』, 『오륜전전』 등이 출판되었으며, 17세기에는 제주도에서 한문본 『삼국지연의』 전질이 출판되었고, 18세기 초에는 전라도 나주에서 한문본 『구운몽』이 간행되었다. "숭정 이후 두 번째 맞는 을사년에 나주 남문에서 새로 간행하다(崇禎再度乙巳錦城午門新刊)"라는 간기를 가진 1725년 나주 간본 『구운몽』은 전대와는 다른 특징을 보여주고 있으니, 상업 출판 곧 방각(坊刻)의 성격을 강하게 띠고 있는 것이다.

18세기부터 시작된 소설의 상업적 출판은 후대로 갈수록 더욱 번성했다. 소설 출판은 서울과 전주 두 권역에서 이루어졌는데, 두 지역에서 간행된 소설은 대개 해당 지역 사람들이 사서 읽었을 것이다. 그러나 그 소설들이 거기에 한정되어 읽혔다고 볼 증거는 없다. 상업적 출판 소설의 향유를 알려주는 맨 처음 기록부터가 이 두 지역과 관련되어 있지 않은 것도 생각해볼 부분이다. 이옥은 한글소설을 다룬 기록인 「언패(諺稗)」에서 1800년 경상도 합천에서 인쇄본[印本] 『소대성전』을 보았다고 했다. 이옥이 본 『소대성전』이 서울에서 만든 이른바 경판소설인지, 아니면 전주에서 만든 완판소설인지는 분명하지 않지만, 아무튼 경상도에서도 출판 소설을 향유했음을 볼 수 있다.

이런 단편적인 증거 외에도 두 지역의 소설이 근본적으로 다른 특징을 가진 점도 주목할 필요가 있다. 우선 서울에서 만든 것은 줄거리를 중심으로 서술하여 분량이 짧은데, 전주에서 만든 것은 문학적 표현이 풍부하여 분량이 길다. 두 지역의 소설이 다른 특징을 지니고 있는 이유를 해당 지역 독자의 특징으로 설명하는 경우도 있지만, 두 지역의 소설 유통 환경에서 근거를 찾을 수도 있다. 서울 지역은 문학적 표현이 풍부한 소설을 세책을 통해 접할 수 있지만, 전주는 세책이 없기에 방각본에 그런 문학성까지 담았다는 추측도 가능하다. 이를 염두에 두고 한 발 더 나아가 추론하면 두 지역의 소설은 서로 다른 두 부류의 전국적 독자를 겨냥하고 만들었다고도 볼 수 있다. 경판소설과 완판소설이 서울과 전주 외의 다른 지역에서도 발견된다는 사실 외에, 완판소설 경우 사투리가 그다지 심하지 않다는 점도 이러한 짐작을 뒷받침한다. 경판소설과 완판소설이 어느 정도는 해당 지역을 벗어나 전국적으로 유통되었을 가능성을 생각할 필요가 있는 것이다. 조선 후기에 소설이 전국을 하나의 독서 공동체로 묶었을 가능성을 충분히 고려해야 한다는 말이다.

열독자의 행태

소설의 성행은 소설의 열렬한 팬들이 만든 것이다. 열독자의 탄생이다. 열독자는 위로는 임금부터 아래로는 양반가 및 여항의 유한 부녀들, 그리고 기생까지 있었다. 임금의 일언일행(一言一行)을 낱낱이 기록한 『승정원일기』에는 영조가 『구운몽』을 읽고 언급한 부분이 세 군데나 보인다. 영조 나이 58세, 68세, 70세 때의 일이다. 영조는 『구운몽』이 "아주 좋다", "글이 참 좋다"고 평하면서 작가가 누구인지 신하들에게 물었다.

영조는 곧잘 소설이나 역사책을 신하들에게 읽게 했다. 그리고 영조의 아들인 사도세자 역시 엄청난 종수의 소설을 읽었음이 확인되었다.

궁궐의 남성들만 소설을 읽은 것은 아니다. 오히려 비빈과 궁녀들이 훨씬 많은 소설을 읽었다. 이들이 주로 읽었던 작품은 지금까지도 책이 전하고 있는데 흔히 '낙선재본 소설'이라고 불린다. 사도세자의 생모인 선희궁 이씨의 처소를 가리키는 '영빈방'이라는 장서인이 찍힌 소설이 전하고 있으며, 필사 시기가 밝혀진 『곽장양문록』(서울역사박물관 소장)에는 "의빈글씨"라는 표시가 남아 있기도 하다. 의빈은 정조의 후궁이다. 그런데 여기서 유의해야 할 것은 낙선재본 소설은 근본적으로 궁중 문화라기보다 양반 문화의 산물이라는 점이다. 궁궐에서 성행하던 것이 밖으로 나간 것이 아니라, 밖에서 유행하던 것이 궁궐로 들어갔다. 양반 여성들이 궁 밖에서 읽던 소설을 비빈이 되어 입궐해서도 계속 읽음으로써, 그 수요를 충족하기 위해 궁중용 한글소설이 제작된 것이다.

18세기 소설 열독자의 모습은 상상을 초월한다. 당시 소설 독서의 모습을 대표적으로 보여주는 말이 "열 줄을 한 번에 읽어내린다"는 것이다. 황종림(黃鍾林, 1796~1875)이 돌아가신 양어머니 여산 송씨(1759~1821)를 위하여 쓴 「선부인어록(先夫人語錄)」에는 송부인이 소설을 읽을 때 "열 줄을 한 번에 읽어내리고 하루에 수십 권을 보기도" 했다는 말이 나온다. 송부인이 이렇게 소설을 읽던 시기는 18세기 말이다. 열 줄이라면 보통의 세책집 소설 한 면을 가리킨다. 한 번에 한 면을 쭉 읽어내린다는 말이다. 지렁이가 기어다니는 듯 흘려 쓴 알아보기 어려운 한글소설을 한눈에 한 면씩 척척 읽어내려가는 모습이 경이로웠다는 것이다. 유만주(俞晚柱, 1755~1788) 또한 자신의 일기 『흠영(欽英)』에 비슷한 말을 남겼는데, "'열 줄을 한 번에 내리 읽는다(十行俱下)'는 말의 뜻을 정확히 모르겠다. 하지만 부녀자들이 하는 말을 들으니, 한글소설을 잘 읽는 사람은 십여 행을 일시에 소리 내어 읽지는 못하더라도 눈으로 보고 이해하며 읽어내려간다고 한다"고 했다. 한문 독서권에서 전해오는 '십행구하'라는 말의 의미를 당대 부녀자들의 한글소설 독서 태도를 통해 짐작할 수 있었다는 것이다.

한 번에 열 줄을 읽어내리고 하루에 수십 권의 소설을 빌려 보다가 결국은 집안까지 망하게 하는, 그런 열독자가 18세기 초에 세책을 낳았고 방각소설을 낳았다. 유만주는 한글소설이 수만 권 또는 다섯 수레(五車)에 그치지 않는다고 말했는데, 이는 한글소설의 성행을 단적으로 보여주는 진술이다.

이규상(李奎象, 1727~1799)은 당대 세계사의 흐름을 음양의 반복으로 설명한 「세계설(世界說)」이라는 글에서, 양에 속하는 한문에 비해 음에 속하는 한글의 사용이 종전보다 배나 늘었다고 하면서, 조만간 한글이 조선의 '공행문자(公行文字)'가 될 것이라고 예견한 바 있다. 한문과 한글의 관계가 마치 양반과 상민의 관계처럼 엄격하게 구분되던 조선 사회에서, 소설이 한글 사용의 양적 변화를 주도하고 있음을 파악하고는 한글이 한문을 넘어서서 공행문자가 될 것이라는 놀라운 예측을 내놓았던 것이다. 이규상은 그런 혁명적 변화를 목도하고 있었다.

1910년대에 최남선은 서울의 한 세책집을 직접 조사한 적이 있는데, 그곳에 소장된 소설책이 총 120종 3,221책이라고 했다. 또한 최근까지 전하는 소설의 목록을 정리한 조희웅의 『고전소설이본목록』에는 한문본을 포함하여 팔백여 종의 소설이 보인다. 적지 않은 작품이 소멸되었을 것을 생각해보면 유만주와 이규상의 진술을 과장으로만 돌릴 수 없다.

한편 문자를 모르는 문맹이라고 해서 소설 열풍에서 벗어나 있지는 않았다. 『춘향전』, 『심청전』 등은 판소리로 들을 수 있었고, 하층 또는 남성에 의해 많이 읽혔던 『조웅전』, 『소대성전』, 『임경업전』 따위의 영웅소설은 시장 등 사람들이 많이 모이는 곳을 돌아다니며 낭독과 구연을 하던 이야기꾼의 입을 통해 들을 수 있었다. 18세기 종로의 한 담배 가게에서 어떤 사람이 소설을 읽는 것을 듣다가, 영웅이 극도로 실의한 대목에 이르러 갑자기 눈을 부릅뜨고 입에 거품을 물고는 담배 써는 칼로 이야기꾼을 찔러 죽인 사건이 있었다. 이때 이야기꾼이 읽었던 작품이 『임경업전』이었다. 일반적으로 이야기꾼은 이야기가 클라이맥스에 이르면 이야기를 멈추었다가 청중이 돈을 던지며 뒷이야기를 재촉하면 다시 구연을 시작했는데, 『임경업전』 구연을 듣던 청중이 이야기꾼이 만든 긴장을 이기지 못하고 살인까지 저지른 것이다. 청중을 자극하고 흥분시킨 소설 구연은 20세기 초까지 이어졌고, 이후에는 무성영화 시대의 변사로 연결되었다. 이렇게 이야기의 시대가 자연스럽게 영화의 시대로 흘러갔다.

대장편소설과 『유씨삼대록』

한글소설은 여러 부류가 있는데, 단편으로는 『조웅전』, 『소대성전』 등 영웅이 등장하는 영웅군담소설과 『춘향전』, 『심청전』과 같은 판소리계 소설이 대표적이다. 한편 『완월회맹연』처럼 180권에 이르는 대장편소설도 있는데, 그 가운데에서 『유씨삼대록』이 가장 높은 인기를 누렸던 작품이다. 대장편소설은 상대적으로 상층, 특히 상층 여성들이 많이 읽었다. 이 밖에 중편 또는 장편으로서 상하 남녀에 걸쳐 두루 인기를 누린 작품군이 있는데, 『구운몽』을 대표작으로 꼽을 수 있다. 『구운몽』은 한문본과 한글본이 어느 한쪽으로 치우치지 않는 비중으로 전하는데, 한문 독자와 한글 독자를 아우를 만큼 독자 범위가 넓었음을 짐작할 수 있다.

『구운몽』의 독서 범위나 영향에 비할 때 『유씨삼대록』은 상대적으로 좁은 영역에서 읽혔다고 할 수 있다. 일단 분량이 다섯 배 이상 많았고 필사로만 유통되었으니 그럴 수밖에 없을 것이다. 그래도 『유씨삼대록』은 다른 대장편소설에 비해서는 상대적으로 널리 읽혔다. 『유씨삼대록』은 연암 박지원의 『열하일기』에서 중국인 통역관이 탄 수레에 있었다고 소개되기도 했고, 『한중록』을 보면 혜경궁 홍씨가 어머니 상중에 여동생과 이 작품에 대해 얘기하며 슬퍼했다는 기록도 있다. 그리고 유숙기(俞肅基, 1696~1752)가 죽은 아내를 위해 지은 제문에, 아내가 생전에 자기가 들인 양자를 이 작품의 주요 인물에 빗대어 말했음을 적고 있다. 소설 관련 정보가 매우 드문 조선의 상황에서 특정 작품에 대해 이처럼 세 곳에 기록이 있다는 것만으로도 이 작품의 인기를 짐작할 수 있다. 더욱이 당시 유행한 소설의 등장인물들을 재조직하여 만든 소설인 『여와전』에서는 『유씨삼대록』의 중심인물인 진양공주를 여러 인물들 가운데 정점에 두었다. 이런 여러 가지 증거로 볼 때 『유씨삼대록』은 18세기 장편소설 가운데 대표작이라 해도 과언이 아니다.

그렇다면 무엇이 『유씨삼대록』을 최고 인기의 반열에 올렸을까? 『유씨삼대록』은 당대의 다른 장편소설과 비교할 때 특이한 점이 많다. 상대적으로 독립된 몇 개의 큰 이야기가 병렬적으로 나열되어 있다는 점, 각 이야기에 나오는 인물의 성격과 대립이 매우 거칠고 날카롭다는 점, 주요 등장인물의 죽음이 작품 전반부터 나타난다는 점 등이 그렇다. 요컨대 개성이 강한 인물이 등장하여 강한 톤의 대립을 보이고, 격렬한 감정을 불러일으키는 사건들을 중심으로 서사를 엮었다고 할 수 있다. 대장편소설은 요즘으로 말하면 텔레비전 드라마와 비슷한 지위에 있었다고 할 수 있는데, 『유씨삼대록』을 읽는 일은 텔레비전 드라마로 말하자면 유명한 드라마 작가인 김수현의 드라마를 보는 것과 비슷하지 않을까 싶다.

『유씨삼대록』의 전반부에는 유씨 가문의 중심인물이 후실을 사랑하여 정실인 공주를 모해하는 이야기와 계시조모가 자기 조카를 위해 손자며느리를 구박하는 사건이 큰 이야기를 이루며, 뒤이어 남편에게 굽히지 않는 아내를 남편과 친정 형제들이 다스리는 이야기, 남장 여인을 집안으로 들이는 이야기, 금슬이 좋지 않아 집을 떠난 아내가 도적을 만나 잡혀 있다가 도망쳐서 집으로 돌아오지만 그사이 새로 들어온 후처에게 구박을 당하는 이야기 등이 나온다.

후반부에는 전반부의 다음 세대 이야기가 이어지는데, 집안에서 인정받지 못한 아내가 여러 가지 문제를 일으켜, 심지어 궁궐 내 귀비와 결탁하여 자기 시가를 모해하고 역모와 연루되는 이야기가 주이다. 이 밖에 한편으로는 아내를 박대하면서 다른 한편으로는 몽골에 가서 그 나라 공주를 데리고 오는 남편에 관한 이야기도 있고, 마지막 부분에는 동생이 집안의 종통을 자기가 잇기 위해 형을 모해하는 이야기가 덧붙어 있다.

이런 여러 이야기들은 한 집안에서 일어난 일이기는 하지만 각각 상당히 독립적이다. 또 등장인물들의 행동이 매우 극단적인데, 남편이 황제의 동생인 공주를 때리기도 하고, 남편이 아내 앞에서 일부러 기생을 희롱하기도 하며, 아내 앞에서 종의 목을 베는 남편도 있다. 부모가 자식을 징계하기 위해 때리고 가두는 일은 별일 아닌 것처럼 그려질 정도이다. 작품만으로 보면 유씨 집안은 세상 어느 곳에서도 쉽게 볼 수 없는 극단적인 일이 벌어지는 공간이다. 유별난 인물들을 등장시켜 극적인 대립을 지속하게 함으로써 인기를 얻었다고 할 수 있다. 이런 극적이면서도 다채로운 서사의 창작과 향유를 상층 여성들이 중요한 소일거리로 삼았던 것이다.

한글소설은 기본적으로 조선인들의 오락물이었다. 내용으로만 보면 인간에 대한 깊은 통찰을 보여주는 것이 드물고 혁신적 사상은 더더욱 찾아보기 어렵지만, 한글소설이 조선 사회에 끼친 영향은 지대했다. 소설은 한글 사용을 크게 늘렸고, 유교 성리학이라는 이념과 체제유지적 사상을 널리 깊이 퍼뜨리는 역할도 했다. 필사본은 물론이고, 세책과 방각이라는 새로운 매체를 통해 정보 전달의 새 경로를 만들어냄으로써 소설은 조선 후기 사회의 정보적·이념적 통합성을 크게 높였는데, 이는 한국의 급속한 근대화에도 일정한 역할을 했다고 할 수 있다.

참고문헌

정병설, 『조선시대 소설의 생산과 유통』, 서울대학교출판문화원, 2016.

야담과 일기

인물전과 야담

인물전

인물에 대한 이야기는 이야기의 출발점에 있을 뿐만 아니라 서사문학의 핵심에 있다. 인물전은 중국에서는 사마천(司馬遷)의 『사기(史記)』 열전 등에서 출발점을 확인할 수 있으며, 한국에서는 『삼국사기』의 열전이나 『해동고승전(海東高僧傳)』 등에서 초기 형태를 볼 수 있다.

역사서에 실린 인물전 초기작 중 대표로 들 수 있는 「김유신전」을 보자. 「김유신전」은 『삼국사기』 열전의 맨 앞에 실려 있을 뿐만 아니라 분량으로도 3권이나 되어서 그 비중을 짐작할 수 있다. 마지막 부분에 입전 경과가 설명되어 있는데, 김유신(金庾信, 595~673)의 현손인 김장청(金長淸)이 지은 김유신의 행록 10권을 추려서 전을 만들었다고 했다.

「김유신전」은 김유신의 출신을 소개하는 것으로 시작된다. 가야 시조 수로왕의 후예인 김유신은 14세에 화랑이 되었고, 16세에는 동굴에 들어가 외적의 침략으로부터 나라를 구하겠다는 맹세를 했다. 이후 신라가 고구려와의 전투에서 패할 위기에 놓이자 홀로 적진에 들어가 적장의 목을 베어오는 전공을 세우기도 했다. 백제와의 전투에서 딸을 잃은 춘추공(훗날 태종무열왕)이 백제를 공격하려고 고구려에 군사를 청하고자 사신으로 들어가며 걱정을 하자 김유신은 이렇게 응대했다.

> 공이 가서 돌아오지 않으시면 내 말을 타고 고구려와 백제로 가서 대궐을 짓밟아버리겠습니다. 이리하지 않으면 무슨 면목으로 나랏사람들을 보겠습니까?

김유신은 후에 춘추공을 도와 당나라 군대를 끌어와서 백제와 고구려를 멸망시켰다. 당나라 군대는 백제를 멸망시킨 다음 사비성 언덕에 진을 치고 신라를 침공하려는 계획을 꾸몄다. 이를 알게 된 태종무열왕이 "당나라가 우리를 위해서 적국을 멸망시켰는데, 도리어 그들과 싸운다면 하늘이 우리를 돕겠소?"라며 주저하자, 김유신이 단호히 말했다.

> 개는 주인을 두려워하지만 주인이 다리를 밟으면 뭅니다. 어찌 국난을 당하여 자신을 구하지 않겠습니까? 부디 대왕은 허락해주십시오.

김유신의 단호한 태도에 당나라는 계획을 포기하고 돌아갔는데, 당나라 황제가 장수 소정방의 노고를 치하하며 "어찌 간 김에 신라까지 치지 않았는가?" 묻자, 소정방이 "신라는 임금은 어질어 백성을 사랑하고, 신하는 충성으로써 나라를 받들고, 아랫사람은 윗사람을 부형처럼 섬기니, 나라는 작아도 도모할 수 없습니다"라고 답했다. 「김유신전」은 변방 국가인 신라를 한반도 통일의 중심이 되게 한 김유신의 희생 정신과 리더십을 그린 작품이다.

인물전은 「김유신전」처럼 저명한 사람을 다루기도 하지만 별로 유명하지 않은 사람들을 더욱 많이 입전한다. 무명이긴 하지만 기록하여 남들에게 또는 후대에 들려주고 싶은 사람들이 있다. 개인 문집들에 그런 인물의 이야기가 몇 편 실려 있는 것은 어렵지 않게 찾아볼 수 있다.

김조순(金祖淳, 1765~1832)의 「오대검협전(五臺劍俠傳)」을 보자. 이 작품은 김려(金鑢)가 편찬한 『담정총서(潭庭叢書)』에 수록된 김조순의 「고향옥소사(古香屋小史)」에 실려 있다. 이야기는 "오대산의 검객이 어떤 사람인지 잘 알지 못한다"라는 말로 시작된다. 영조 때, 풍수를 좋아하는 선비 서씨가 오대산을 갔다가 길을 잃었는데 오두막을 발견해서 들어갔더니 용모가 수려한 젊은이가 있었다. 밤에 자다 깨어보니 젊은이가 책을 읽고 있었고 곧 인기척이 들렸다. 누군가 찾아온 것이다. 젊은이는 찾아온 손님과 함께 청색과 황색 옷으로 갈아입고 각각 비수를 들고 밖으로 나갔다. 젊은이가 읽던 책을 보니 검술에 대한 것이었다. 다시 잠들었다가 깨니 젊은 검객이 돌아와 친구와 서로 치하하고 있었다. 친구가 떠나자 검객은 자는 시늉을 하고 있던 서씨를 깨워 자초지종을 말했다. 친구와는 한 스승에게 검술을 배운 사이인데, 스승의 다른 제자가 억울하게 죽자 십 년을 벼르다가 이제야 원수를 갚았다고 했다. 서씨가 검객에게 뛰어난 재주로 왜 십 년이나 기다렸느냐고 하자 원수의 천명이 다하지 않았기에 어쩔 수 없었다고 했다. 서씨가 어떻게 죽였느냐, 허리를 끊거나 목을 잘랐느냐 물었더니 검객이 이렇게 답했다.

> 아니오. 그런 방법은 검술이 서투른 자가 하는 것이오. 살인에 능한 자는 바람을 일으켜 그것이 사람의 아홉 구멍으로 들어가 척추로부터 발꿈치까지 가늘게 뼈를 쪼개며, 창자를 실을 끊듯 끊소. 겉은 터럭 하나도 상하지 않지만 속은 난도질되어 있으니, 그런 후라야 직성이 풀리지요.

서씨가 검객의 신이한 검술에 놀라 원수가 누구인지 물어보니 영남 어디에 사는 어떤 부자라고 했다. 왕복 천여 리가 넘는 길인데 하룻밤에 다녀온 데 놀라며 신이한 검술을 보여달라고 청하니, 검객은 농 안에 있는 수천 개 닭털의 중간을 순식간에 끊어놓는 놀라운 솜씨를 보였다. 서씨가 떠나려 하니 검객은 자신의 일을 밖에 알리지 말라고 당부했다.

서씨가 영남 땅에 가서 그 부자에 대해 물어보니, 사람들이 이렇게 말했다.

> 아무 달 아무 날에 아무런 병도 없이 갑자기 죽었어요. 염을 하는데 시신이 어찌나 여리고 부드러운지 마치 겨 주머니 같았어요. 근육과 뼈가 없는 것 같아서 해괴하게 여겼으나 무슨 병에 걸렸는지 아무도 몰라요.

그 사람이 죽은 날을 헤아려보니, 과연 자기가 오대산 오두막에서 잤던 날이었다. 서씨는 탄식하고 돌아와 이 일을 감히 남에게 이야기하지 못했고, 나이 들어서야 비로소 친척에게 이야기했다고 한다. 이야기를 마친 작가는 다음과 같은 논평을 덧붙였다.

> 내 어린 시절 『사기』 「자객열전」을 즐겨 읽었는데, 때때로 식음을 잊으며 '천하에 이보다 기이한 일이 있을까' 하였다. 그러다가 당나라 전기소설 중에 「위십일랑전」과 「홍선전」 등을 읽고 망연자실했다. 비유하자면 「자객열전」의 형가나 섭정은 마치 용맹스러운 호랑이가 산에서 내려오는 것 같아서 시종 여러 사람들의 눈앞에서 사나운 기운을 북돋우지만, 위랑과 홍랑의 무리는 구름 속에 숨어 있으면서 때때로 비늘과 발톱을 드러내는 것 같아 귀신같은 변화는 읽는 사람이 측량할 수 없다. 전자보다 후자가 나은 것 같으나, 사람에 따라서 다를

수도 있다.

오대산 검객이 어떤 사람인지 알 수 없으나, 방술을 보면 그 나름 방법이 있었던 것이 틀림없다. 그는 "방술이 하늘의 뜻을 이길 수 없으며 반드시 하늘의 뜻을 빌려야 한다"고 했는데, 사람을 죽이는 일은 흉악한 일임에도 불구하고 반드시 하늘의 뜻을 빌려야 한다고 하니 하늘의 뜻을 알지 못한 자는 사람을 죽이지 못할 것이다. 그러나 세상에는 진실로 아무 일도 없이 사람 죽이는 것을 즐기는 자가 있다. 이런 사람들은 하늘의 뜻을 헤아리지 못한 것이니 죄인이 아니겠는가. 아아, 슬픈 일이다.

인물전의 마지막 부분에 작가가 논평을 붙이는 것은 흔한 일이다. 본문 내용의 대부분은 깊은 산중에서 겪은 기이한 일인데, 흥미로운 이야기 마지막에서 사람 죽이기를 대수롭게 여기지 않는 세태를 비판하며 교훈을 찾고 있다. 이야기나 소설에서 교훈을 찾아 제시하려는 시도는 어느 나라 어느 시대나 어렵지 않게 찾아볼 수 있지만 조선시대 서사에서 더욱 두드러진다.

이처럼 인물전에는 「김유신전」과 같이 어떤 역사적 위인을 그리며 기억하고자 하는 작품도 있지만, 「오대검협전」과 같이 현실에는 있음직하지 않은 특이한 인물을 등장시킨 소설적 작품도 있다. 이런 것들이 더욱 풍부히 서사성을 갖추며 한 걸음 더 나아가면 『홍길동전』이니 『춘향전』이니 하는 소설이 된다.

야담의 성격

야담은 시중에 떠도는 이야기이다. 그런 이야기를 글로 정착시킨 것을 가리키기도 한다. 문학 장르로서는 조선 후기에 한문으로 정착된 이야기 모음집에 실린 이야기를 가리킨다. 책에 야담이라는 말을 처음 쓴 것은 유몽인(柳夢寅, 1559~1623)의 『어우야담(於于野談)』이다. 그런데 『어우야담』은 후대의 야담집과는 약간 달라서, 「홍도(紅桃) 이야기」처럼 서사성이 강한 이야기도 있지만 삼년상을 치르는 것에 대한 문제 제기 등 기록성이 강한 짧은 기사들도 적지 않게 섞여 있다. 그런 점에서 『어우야담』은 후대의 본격적인 야담집과는 차이가 있다. 여기서는 「홍도 이야기」의 줄거리를 살펴보기로 한다.

남원의 정생(정씨 선비)은 퉁소를 잘 불었고 노래도 잘했다. 같은 고을 양갓집의 딸 홍도와 결혼했는데, 정유재란 때 출전하여 명나라 장군의 휘하에 들어가면서 서로 헤어졌다. 정생은 아내가 중국으로 갔으리라 생각하고 명나라 군사를 따라 중국으로 들어가서 거지 행색으로 상해 근처 절강 지역에까지 아내를 찾아다녔다. 어느 날 밤 배에서 퉁소를 불었는데, 마침 아내가 그 소리를 듣고 만나게 되었다. 홍도는 일본에 포로로 끌려간 뒤 남자로 변장하여 상선에서 선원 노릇을 하며 살던 참이었다.

정생은 홍도와 같이 절강에서 살며 아들을 낳았다. 아들의 나이 열일곱이 되어 혼처를 구하니 중국 여인 중에 허락하는 사람이 없었으나, 조선으로 파병 간 아버지를 찾고자 하는 중국 여인이 있어서 결혼을 시켰다. 정생은 1618년 명나라가 만주족을 공격할 때 군사로 뽑혀 유정(劉綎)의 군대에 들어가 싸웠는데, 패전하여 명나라 군사가 거의 죽게 되자 "나는 중국 사람이 아니라 조선 사람이오"라고 말하여 죽음을 면하고 조선으로 도망쳐 나온다. 남원으로 내려오는 길에 중국인 사돈을 만나 함께 남원 옛집으로 돌아온다. 일 년 후 절강 땅에 있던 홍도는 살림살이를 팔아 작은 배를 사서 아들 부부를 데리고 조선으로 오고, 그렇게 일가가 모두 만난다.

「홍도 이야기」는 동시대에 나온 「최척전」이라는 소설과 등장인물의 이름만 약간 다를 뿐 거의 동일한 내용을 가지고 있다. 당시에 떠돌던 이야기를 각기 다른 저자가 기록으로 정착시켰던 상황을 짐작할 수 있다. 이런 서사성이 강한 이야기들로 편찬된 야담집은 17세기 말 임방이 엮은 『천예록』부터 본격적으로 시작하여, 19세기에는 『계서야담』, 『동야휘집(東野彙輯)』, 『청구야담』의 이른바 3대 야담집이 편찬되었다.

야담은 인물전과 유사한 경우도 있지만, 인물전이 기본적으로 인물에 초점을 맞추고 있다면 야담은 사건에 초점을 맞춘다는 점에서 차이가 있다. 즉 인물전은 주인공이 어떤 사람인지를 보여주기 위해 사건을 기술한다면, 야담은 어떤 사건이 있었는지 보이기 위해 인물을 등장시킨다는 말이다. 물론 둘 사이에 놓여 있는 이야기도 있다. 『청구야담』에 실린 「홍순언(洪純彦) 이야기」는 인물의 이야기이면서 동시에 사건에 초점을 맞춘 이야기라고 할 수 있다. 홍순언이라는 역관이 대의에 따라 훌륭한 행동을 하여 나라를 구하는 큰 공을 세우게 되었다는 내용인데, 홍순언을 높이는 이야기이면서 동시에 기생을 구출하고 나라를 구한 이야기이다. 줄거리는 다음과 같다.

홍순언이 1586년 사행을 따라 북경으로 갔을 때 한 기생집에서 "은천 냥이 아니면 들어오지 못하노라"는 안내문을 보았다. 워낙 고가라 중국 탕자들도 감히 들어가지 못했는데, 홍순언은 다 까닭이 있으리라 하면서 시험하고자 했다. 알고 보니 어떤 고관이 공금을 유용하여 감옥에 갇혔는데, 그 딸이 천하일색이어서 아버지를 구하기 위해 기생이 되었다는 것이었다. 홍순언은 사정을 듣고 돈을 기생집에 보내고 여자는 보지도 않고 조선으로 돌아왔다. 여자는 기생집을 나와 상서 석성(石星)의 후취가 되었는데, 매번 조선으로 들어가는 사신이 있으면 인편에 '보은(報恩)' 두 글자를 수놓은 비단을 홍순언에게 보냈다. 임진왜란을 당하여 조선이 중국에 도움을 청하게 되었을 때, 석성이 마침 병부 상서여서 여인이 힘을 썼고 이 때문에 중국의 구원병이 쉽게 조선으로 오게 되었다고 한다.

야담에는 이런 실제 인물의 사실적 이야기도 있지만, 거의 민담에 가까운 설화적 이야기도 있다. 죽음을 결심한 가난한 선비가 맨손으로 호랑이를 잡고, 도망간 노비의 빚까지 받게 되었다는 허무맹랑한 이야기도 『청구야담』에 실려 있다.

호남의 한 선비가 형제친척도 없는 고아에, 중년에 아내를 잃고 자녀도 하나 없을 뿐만 아니라 집은 끼니를 잇기 어려울 정도로 가난했다. 살아갈 낙이 없게 된 선비는 자결을 하고 싶었으나 어떻게 해야 할지 방법을 몰랐다. 마침 호랑이가 속리산에서 내려와 전라도 장성까지 와서 사람 잡아먹는다는 말을 들었다. '드디어 죽을 곳을 얻었다'고 생각한 선비는 호랑이가 나온다는 고개로 가서 죽기를 기다렸다. 그런데 거기서 그는 무거운 짐을 진 용맹해 보이는 포수를 만났다. 포수는 자기 혼자서도 할 수 있지만 같은 뜻을 지닌 선비를 만났다면서 힘을 합쳐 호랑이를 잡자고 했고, 용력을 뽐내며 이 산 저 산 소리를 지르며 다녔는데, 선비는 죽고자 마음을 먹었으니 태연히 앉아서 기다릴 뿐이었다. 이윽고 수풀 사이를 달리던 호랑이가 선비를 보고 산비탈 아래로 급히 뛰어내리다가 큰 나무의 두 가지 사이에 끼고 말았다. 호랑이는 마침 새끼까지 밴 상태라 배가 불러 몸을 빼내지 못했는데, 선비는 오로지 자결하려는 마음으로 호랑이에게 나아가 쓰다듬으며 머리를 디밀기도 하면서 죽으려 했다. 선비가 칡덩굴로 줄을 만들어 나무 틈에 끼인 호랑이를 빼내니, 호랑이는 정신을 잃었고 선비는 어이가 없어 호랑이 아래에 앉아 있었다. 포수가 멀리에서 그 모습을 보고는 서둘러 내려와 절하면서 말했다. "선비님의 힘이 호랑이를 만나도 피하지 않을 줄은 알았지만 맨손으로 호랑이를 잡는 것은 고금에 없는 일입니다. 소인의 등에 진 총탄이 사십 말이나 되지만, 선비님에 비하면 저는 삼척동자입니다." 이어 포수는 호랑이를 죽여 가죽을 벗겨 가져가면서 선비에게 돈 약간을 주고 작별했다.

집에 돌아온 선비는 신세가 갈수록 비참하여 사는 것이 죽느니만 못했다. 하루는 집안에 있는 상자를 열어보니 선대의 노비문서가 있었고, 이 노비들이 전라도 영광의 한 섬에서 잘 살고 있는데, 아버지 대부터 잡아오려고 했으나 너무 강성하여 감히 뜻을 펴지 못했다는 사실을 알게 되었다. 선비가 이것을 자결의 기회로 삼고서 이튿날 문서를 가지고 섬으로 가서 탐문하니 과연 문서에 적힌 바와 같았다. 바로 노비 우두머리에게 찾아가 문서를 보이며 "오천 냥을 사흘 내로 바치라" 호령하니 그들이 말을 듣는 체했으나 실상은 그렇지 않았다.

사흘째 되는 날 선비가 홀로 앉아 있는데 창밖에 사람 소리가 들리더니 오륙십 명의 장정이 각각 막대를 가지고 철통같이 포위했다. 선비는 드디어 죽겠구나 여기고 가만히 기다렸다. 이윽고 한 사내가 문을 열고 들어오려다가, 도로 물러서면서 기쁜 얼굴로 "선비님이 어찌 여기에 와 계십니까?" 하고 절을 했다. 선비가 사내에게 누구냐고 물으니 "함께 호랑이 잡던 것이 벌써 삼 년 전이니, 선비님이야 소인을 몰라보실 수 있지만 소인이야 어찌 선비님의 안면을 몰라보겠습니까?" 했다. 사내는 뒤따르던 사람들과 집을 포위한 사람들에게 "너희는 속히 선비님 명령을 받아라. 만일 나를 청하지 않았으면 너희 무리가 모두 생명을 보전치 못했으리라" 하고, 이어 선비가 호랑이를 맨손으로 잡던 일을 자세히 이르니 모두들 일시에 엎어지며 선비에게 사죄했다. 그리하여 선비는 닷새 만에 이천 냥을 수습하여 말 십여 필에 싣고, 포수의 선물까지 챙겨서 집으로 돌아왔다. 이것으로 아내도 얻고 집도 사고 전답도 장만하여 부자가 되었고 자손을 많이 두어 대대로 번성하였다. 선비 일족들은 아직도 허풍동(虛風洞)에 산다고 전한다.

마지막 부분에서 이 이야기가 꾸며진 허구임을 확실히 보여주는데, 이 말이 아니더라도 실제 인물의 이야기로 받아들이기에는 과장이 심하다. 그럼에도 이 이야기는 책만 읽었지 어떤 사회적인 가치도 만들어내지 못하고 벼슬을 얻지 못하면 살아갈 방도를 찾을 수 없던 당대 선비들의 막막한 현실을 반영하고 있기에, 단순한 허풍과 웃음거리로만 머물지 않고 많은 이들의 공감을 자아냈을 것이다.

야담의 발원지

대표적인 야담집의 편찬자를 보면 거의 서울 명문가 주변 인물이다. 『천예록』의 임방이나 『계서야담』의 이희평, 『동야휘집』의 이원명이 모두 명문가의 일원이고, 『동패낙송』의 노명흠은 당대의 대표적 권력자 홍봉한 집안의 가정 교사였다. 야담은 구체적으로는 사랑방에서 나왔다고 할 수 있는데, 사랑방이란 상층 남성들이 기거하는 공간이니, 상층 남성들과 그 주변에서 주고받았던 이야기인 것이다.

서울 권력가의 사랑방은 늘 벼슬을 구하는 사람들로 가득 차 있었다. 이들은 권력자의 이목을 솔깃하게 하는 이야기가 필요했다. 달레의 『한국천주교회사』에서는 1866년 순교한 푸르티에(J. A. Pourthié) 신부의 편지를 인용하여 권력가를 출입하던 문객들이 이야기를 생산하는 현장을 그리고 있다. 문객은 사교의 재주를 갖추고 있으면서 윗사람의 뜻을 잘 맞추고 좌중의 흥을 돋우며 재미있게 이야기를 이끌어간다고 하면서, 문객이야말로 재미있는 이야기를 연구하여 구연하는 이야기의 보고라고 했다.

여기서는 그런 이야기 현장을 잘 보여주는 야담 한 편을 소개한다. 조선시대 야담을 흥미롭게 소개한 김화진의 『오백년 기담 일화』(동국문화사, 1959)에 「명무(名武) 이주국의 일화」라는 제목으로 실려 있는 이야기이다.

조선 영조 때 임금의 총애를 받던 구선복(具善復)이라는 무관의 집은 늘 벼슬을 구하는 사람들로 들끓었다. 그의 친척 중에 이주국(李柱國)이라는 무관이 있었는데, 권세를 부리는 구선복을 곱게 보지 않아 자주 왕래하지 않았고 그저 새해 인사만 했다.

어느 해 이주국이 구선복에게 세배를 가니 구선복의 자리 옆에 큰 궤가 있었다. 이주국이 무엇이냐고 물어보니 구선복은 훈련대장의 인궤(印櫃)라면서 "네가 아무리 자질이 뛰어나도 이 자리는 문벌이 얕아서는 차례가 가지 않는 벼슬이야"라고 교만하게 말했다. 이에 이주국은 "이 인궤는 나중에 내가 형님 것을 받겠소" 했다. 구선복은 하인에게 술상과 함께 '아기 안주'라며 미녀 형상으로 만든 안주를 내오게 하더니 젓가락으로 눈알부터 쏙 빼먹었다. 이주국이 놀라 '아무리 안주지만 사람을 먹다니' 하면서 일어나 나와버렸다.

그다음 날 구선복이 입궐했더니 임금이 이주국이 올린 상소 한 장을 보여주었다. 자기는 구선복과 의절할 터이니 나중에 구선복이 큰 죄를 범할지라도 연좌하지 말라고 청하는 내용이었다. 구선복을 통하지 않고는 벼슬 한자리 얻을 수 없는 상황에 그런 비난 상소를 올린 이주국을 모두들 비웃었다.

이후 이주국은 아예 벼슬을 단념하고 활터로 나가 활도 쏘고 밥도 얻어먹으며 천덕꾸러기로 지냈다. 하루는 이주국이 활터에서 쏜 꿩이 홍봉한의 집 담장 안에 떨어졌다. 이주국은 화살이나 찾을 요량으로 그 집에 갔는데, 그 집 하인이 대갓집 유세를 하면서 뻔뻔하게 꿩이 없다고 거짓말을 하자 화가 나서 하인을 내동댕이쳐버렸다. 사실을 듣게 된 홍봉한은 미안해하며 이주국을 보자고 불러 그가 잡은 꿩으로 안주를 해서 술을 마시며 이런저런 이야기를 나누었다. 이주국에게 호감을 갖게 된 홍봉한은 쉰이 다 되도록 벼슬 한자리 못하는 처지를 딱하게 여겨 병조 판서인 아우 홍인한에게 벼슬 하나 줄 것을 청하는 편지를 보냈다. 얼마간 술을 마시고 있자니 답장이 왔는데, 올해는 이미 인사고과가 다 끝났다며 내년을 기다리자는 내용이었다. 이주국은 이 말을 듣고 홍봉한에게 집으로 가겠다며 꿩 값을, 그것도 시가보다 턱없이 높은 값을 요구했다. 홍봉한이 하인에게 달라는 대로 주라고 하자, 이주국은 "벼슬은 틀렸고 이것만 가지면 설은 넉넉히 쇠겠다"라고 중얼거리며 집으로 가버렸다.

집으로 온 이주국은 아내에게 "오늘 내가 벼슬을 받았으니 내일부터 출근하게 군복을 준비해주오" 했다. 아내는 코웃음을 쳤으나 과연 이튿날 아침 임명장이 왔다. 군복을 차려입은 이주국이 홍봉한을 찾아가자 홍봉한이 깜짝 놀랐고 이주국은 아래와 같이 경위를 설명하고 사죄했다.

"소인이 아무리 실성했기로서니 대감께 꿩 값을 받겠습니까. 어제 대감께서 약주를 하신 김에 동생에게 편지를 보내어 제게 벼슬을 시키라고 하셨으나 동생께서는 듣지 않으셨습니다. 소인은 이번 기회를 놓치면 다시 얻어볼 수도 없을 듯하고, 대감도 약주가 깨시면 다시 소인을 생각하지 않으실 것으로 여겼습니다. 그리하여 정도는 아니나 대감의 분을 돋우면 화가 나서 동생께 벼슬을 시키지 말라는 편지를 보내실 것이요, 동생께서는 형님의 분부를 거역한 것도 미안한데 벼슬시키지 말라는 편지를 받으면 형님이 이 일로 화가 났나 하여 반드시 벼슬을 시키려고 할 것으로 짐작했습니다. 오늘 벼슬은 받았으나 이 일로 송구하여 주여주십사 하고 여기 왔습니다."

이후 이주국은 승승장구하며 벼슬을 다녔고, 마침내 구선복이 역적으로 몰려 죽자 훈련대장의 인궤를 물려받았다. 이주국은 구선복의 사형장에 가서 상복을 입고 울었는데, 정조가 "왜 전에는 인연을 끊더니 죽으니 상복을 입느냐" 하자 그는 "전에는 이 일을 당할 줄 알았으므로 끊은 것이고, 죽은 뒤에 상복을 입은 것은 그래도 지친(至親)이기 때문입니다"라고 답했다.

이 이야기는 벼슬을 구하는 무관이 사람의 심리를 기막히게 잘 파악하고 기발한 꾀를 내어 벼슬에 나갔다는, 벼슬을 구하는 문객들의 심정을 잘 느낄 수 있는 내용이다. 이주국이 홍봉한과 사랑채에서 한담을 나누는 장면은 야담의 생성 현장을 그대로 보여준다고 해도 과언이 아니다. 생생한 인물 형상화와 멋진 반전이 돋보이는 흥미로운 작품이지만 사실 관계에 있어서는 맞지 않는 것이 꽤 있다. 우선 이주국은 구선복의 친척이기는 하지만 연좌에 걸릴 사이가 아니다. 그리고 이주국은 이야기에서와 달리 스무 살 무렵부터 선전관 벼슬을 시작해 엘리트 무관으로 잘나가던 사람이었다. 또 이주국이 선전관으로 나갈 때는 홍봉한 역시 아무 벼슬도 받지 못한 유생에 불과했으므로, 이주국이 홍봉한의 천거를 받았다는 것은 말도 되지 않는다.

사실 구선복과 이주국은 벼슬을 주거니 받거니 하는 라이벌 관계였다. 1777년의 이른바 정유역변 때 정조는 우포도대장 이주국을 파면하고 그 자리에 구선복을 앉혔다. 그리고 나중에 구선복이 죽은 다음에는 구선복의 훈련대장 자리를 이주국에게 넘겨주었다. 따라서 이 이야기는 이들의 관계를 염두에 둔 이주국 편의 사람이 만들어낸 이야기가 와전된 것 아닌가 한다.

구선복은 1786년 이담(李湛)의 역모 사건과 관련되어 사형당했다. 그런데 구선복이 정말 역모를 꾸몄는지는 밝혀진 것이 없다. 전근대 조선에서 일단 역적으로 몰리고 나면 성격과 이미지도 그에 맞추어 바뀌는 것이 일반적이니 그렇게 해서 나온 이야기일 수 있다.

야담은 이주국이 홍봉한의 사랑채에서 이 얘기 저 얘기 들려준 것처럼 문객 등 남성들이 나누던 이야기가 한문으로 정착된 것이라 할 수 있다. 그래서 상층 남성의 시각과 소망이 담긴 이야기가 많다. 옛 선인들의 뛰어난 공적과 본받을 만한 언행에 대한 것도 있지만, 유생이나 한량이 우연한 기회에 벼슬이나 큰돈, 혹은 아름다운 여성을 얻는 이야기가 흔하다. 야담은 20세기 이후 조선을 방문하여 조선의 문학에 관심을 가진 외국인들이 가장 많이 번역한 작품군이었고, 조선을 이야기의 나라로 만든 주역이었다. 상층 남성의 편협한 시각과 목소리를 드러낸다는 한계에도 불구하고 조선의 역동적인 현실을 가장 잘 보여준다는 점에서도 중요한 가치가 있는 장르이다.

참고문헌

박희병, 『한국고전인물전 연구』, 한길사, 1992.

정명기 엮음, 『야담문학연구의 현단계』(전 3권), 보고사, 2001.

이강옥, 『한국야담연구』, 돌베개, 2006.

일기와 회고

『난중일기』, 전란의 기억

일기라고 하면 『승정원일기』처럼 왕의 비서실이라고 할 승정원의 공식 일지나 『조선왕조실록』의 일부로 들어와 있는 편년체 역사서와 같은 공식적인 것도 있으나, 대체로는 공개와 출판을 전제하지 않은 개인의 사적 기록을 떠올린다. 공적인 것은 아니지만 완전히 사적인 것도 아닌 일기로는 『열하일기』나 『산성일기』 등을 들 수 있다. 앞의 것은 여행기로 비록 출간은 되지 않았지만 공람을 전제한 기록이며, 후자는 일기라고는 하지만 허구가 가미된 이야기이다. 이 밖에 근대에는 『백범일지』처럼 아들에게 주려 했다고는 하지만 공개를 전제로 한 회고록도 있다.

사적인 개인 일기로는 한문으로 된 것이 많은데, 『미암일기(眉巖日記)』나 『묵재일기』처럼 문인들의 개인 일기가 있고, 무장의 것으로는 이순신의 『난중일기(亂中日記)』가 유명하다. 여성의 일기는 드물지만 한글로 된 『병자일기』가 있다. 조선 후기로 오면 유학자의 지적 편력을 잘 보여주는 『흠영』이 있으며, 조선 말기의 『하재일기(荷齋日記)』는 서울 시정 상인의 삶을 펼쳐내고 있다. 근대로 넘어가는 전환기에 쓴 『윤치호일기』는 근대 문자 사용의 변모를 의미심장하게 보여주는데, 윤치호는 처음에는 한문으로 썼고 자국어에 대해 각성하면서 한글로 썼으며, 미국으로 유학 간 다음부터 조선에 돌아와서 죽기까지는 줄곧 영어로 썼다.

이순신의 『난중일기』 원책의 표제는 『임진일기』, 『병신일기』, 『정유일기』 등 기록한 해의 연도 간지로 표기되어 있다. 『난중일기』는 이순신이 임진왜란 때 쓴 일기를 묶어서 부르는 이름일 뿐이다. 어떤 개인에게 전쟁보다 강렬한 체험은 찾기 어렵다. 유일한 여성 일기라고 할 수 있는 『병자일기』도 병자호란 피란에 대한 기록이다. 이순신은 일본의 외침으로 조선 전역이 완전히 점령당하게 된 순간에 뛰어난 전술로 거대한 일본 수군을 격파해 나라를 구한 불세출의 영웅이다. 그렇지만 그의 일기에서는 저돌성과 용맹성보다 고뇌와 번민을 더 많이 볼 수 있다. 영웅의 이면을 드러낸다는 점에서 깊은 인간적 감동을 준다. 그중 이순신의 전승 중에 가장 유명한 명량 해전을 전후한 사흘치의 일기를 보자.

1597년 9월 15일

맑음. 수가 적은 수군을 가지고 명량(鳴梁)을 등지고 진을 칠 수 없으므로 우수영 앞바다로 진을 옮겼다. 그런 다음 여러 장수들을 불러 모아 다짐했다. "병법에 이르기를 '죽기를 각오하면 살고, 살려고 하면 죽는다' 했다. 또 '한 사람이 길목을 지키면 천 사람도 두렵게 할 수 있다'고 했으니, 지금의 우리를 두고 한 말이다. 너희 여러 장수들은 살려고 마음먹지 마라. 조금이라도 명령을 어기면 마땅히 군율대로 시행하겠다." 두 번 세 번 엄히 말했다. 이날 밤에 신인이 꿈에 나타나 '이렇게 하면 크게 이기고, 이렇게 하면 진다'고 말했다.

1597년 9월 16일

맑음. 이른 아침에 정찰대가 "숫자를 알 수 없이 많은 적선이 곧장 우리 배를 향해 옵니다" 하였다. 곧 여러 배에 명령해 닻을 올려 바다로 나가게 하자, 적선 330여 척이 우리 배들을 에워쌌다. 여러 장수들은 중과부적(衆寡不敵)이라 생각하고 달아날 궁리만 했다. 우수사 김억추는 아득히 먼 곳으로 물러나 있었다. 나는 노를 빨리 저으라고 재촉하며 앞으로 돌진해 지자(地字)·현자(玄字) 등 여러 총통을 마구 쏘게 했다. 탄환을 폭우같이 쏟아부었다. 군관들이 배 위에 빽빽이 늘어서서 빗발처럼 화살을 쏘아대자, 적들이 감히 대들지 못하고 다가왔다 물러났다 했다. 그러나 여러 겹으로 에워싸여 전세가 어찌 될는지 알 수 없으므로, 온 배에 있는 사람들이 서로 질린 얼굴로 돌아보았다. 내가 조용히 타일렀다. "적선이 비록 천 척이라 해도 우리 배와 대적하지 못한다. 조금도 동요하지 말고 힘을 다해 적을 쏘아라." 여러 장수의 배를 돌아보니, 여전히 먼 바다로 물러나 관망하면서 나아가지 않았다. 배를 돌려 곧바로 중군 김응함의 배로 가서 먼저 그의 목을 베어 높이 내걸고 싶었지만, 내 배가 머리를 돌리면 여러 배들이 점점 더 멀리 물러나고 적선이 더 가까이 달려들게 되어 낭패 볼까 걱정되었다. 그래서 호각을 불어 중군을 부르는 기를 세우게 했다. 그랬더니 중군장 미조항 첨사 김응함의 배가 차츰 가까이 오고, 거제 현령 안위의 배가 그보다 먼저 왔다. 나는 배 위에 서서 직접 안위를 불러 말했다. "안위야, 군법에 죽고 싶으냐, 네가 군법에 죽고 싶으냐. 살려고 달아나도 어디를 가겠단 말이냐?" 그러자 안위가 황급히 적선 속으로 돌입했다. 또 김응함을 불러 말했다. "너는 중군이 되었으면서도 멀리 피하고 대장을 구하지 않으니, 그 죄를 어찌 벗겠느냐? 당장 처형하고 싶지만, 적의 형세가 급하니 우선 공을 세우게 하겠다." 그래서 두 배가 적진을 향해 곧바로 들어가자, 적장이 그 휘하의 배 세 척에게 지시해 왜놈들이 일시에 안위의 배에 개미 붙듯 달려들어 서로 먼저 올라가려고 했다. 안위와 그 배에 탄 군사들이 죽을힘을 다하여 마구 쳤다. 거의 힘이 다하자, 내가 뱃머리를 돌려 바로 쫓아 들어가 빗발치듯 쏘아댔다. 적선 세 척이 남김없이 다 소탕되자, 녹도 만호 송여종과 평산포 대장 정응두의 배가 뒤쫓아와서 힘을 합해 적을 쏘았다. 투항한 왜인 준사는 안골포에서 항복해 온 자인데, 우리 배 위에 있다가 바다에 빠져 있는 적들을 내려다보더니, "무늬가 놓인 붉은 비단옷을 입은 자가 바로 안골포에 있던 적장 마다시입니다"라고 말했다. 내가 김석손을 시켜 갈고리로 뱃머리에서 낚아올리자, 준사가 신나 날뛰면서 "맞다, 마다시다"라고 말했다. 그래서 곧 명령해 토막토막 자르게 하니, 적의 기운이 크게 꺾였다. 여러 배들이 일제히 북을 울리고 함성을 지르면서 진격했다. 지자포와 현자포를 쏘고 화살을 빗발처럼 쏘아대니, 그 소리가 산천을 뒤흔들었다. 적선 삼십 척이 깨어지자 적이 달아났고 다시는 우리 수군 가까이 오지 못했다. 이는 참으로 천행이었다. 물결이 몹시 험하고 형세 또한 외롭고 위태해, 당사도로 진을 옮겼다.

1597년 10월 14일

맑음. 사경(새벽 2시)에 꿈을 꾸었는데, 내가 말을 타고 언덕 위를 가다가 말이 발을 헛디뎌 냇물 속에 떨어졌다. 거꾸러지지는 않았는데, 막내아들 면이 나를 껴안는 모습을 보고 깨었다. 무슨 조짐인지 몰랐는데 저녁에 어떤 사람이 천안에서 와서 집안 편지를 전하니 봉함을 뜯기도 전에 뼈와 살이 떨리고 정신이 혼미해졌다. 겉봉을 뜯고 둘째아들 열의 글씨를 보니, '통곡(痛哭)' 두 글자가 있었다. 면이 전사한 것을 알고 나도 모르게 간담이 떨어져 목 놓아 통곡했다. 하늘의 어질지 못하심이 어찌 이와 같은가? 간담이 타고 찢어지는 것 같도다. 내가 죽고 네가 사는 것이 당연한 이치이거늘, 네가 죽고 내가 사니 이런 어긋난 일이 있는가? 천지가 어두워지고 해가 빛을 잃는구나. 슬프다, 내 아들아, 나를 버리고 어디로 갔느냐? 남달리 영특해서 하늘이 이 세상에 남겨두지 않은 것이냐. 내가 지은 죄 때문에 재앙이 네 몸에 미친 것이냐. 이제 내가 세상에 산들 누구를 의지하겠느냐. 울부짖기만 할 뿐이다. 하룻밤 지내기가 일 년 같구나.

이해 2월 이순신은 원균(元均)의 모함으로 서울로 끌려가 심문을 받았다. 4월에는 백의종군하도록 명령을 받았으며, 권율(權慄)의 휘하에서 원균 등이 패전한 상황을 수습했다. 8월에는 조정이 원균의 패전과 전사에 놀라 이순신을 삼도통제사에 임명했다. 8월 18일 이순신이 회령포에 도착했을 때, 남은 전선은 겨우 열 척뿐이었다. 28일에 일본 전선

8척이 습격하는 것을 물리쳤고, 9월 7일에 일본 전선 13척이 들어오는 것을 물리쳤다. 마침내 9월 16일에 330여 척이 포위하자 죽기로 맹세하고 싸웠으며, 10월 14일에 막내아들 면이 전사했다는 소식을 들었다. 패전을 모르는 용맹한 장수 이순신은 일기를 통해 자기 내면을 솔직하게 드러낸 여린 문인이 되었다.

여성 기록의 의미, 『병자일기』

문필은 남성에게는 권장되었지만 여성들에게는 그렇지 않았다. 그런 상황에서 여성이 일기를 쓴다는 것은 쉬운 일이 아니었다. 남아 있는 여성의 일기로는 『산성일기』니 『계축일기』니 하면서 궁녀들이 쓴 것처럼 작품 내에 기술된 소설에 가까운 것도 있고 『의유당관북유람일기』에 수록된 「동명일기」처럼 기행문도 있지만, 이것들은 기본적으로 날마다 쓴 본래적 의미의 일기와는 거리가 멀다. 『병자일기』 외에 그런 여성 일기를 찾아보기는 어렵다.

『병자일기』는 병자호란이라는 대전란을 중심에 둔 여성의 개인 일기다. 기록자인 남평 조씨의 남편은 지금의 서울시장 격인 한성부 판윤이었는데, 이 집안이 병자호란을 맞아 당진과 충주 등지로 수년에 걸쳐 피란을 한 기록이다. 1636년 12월에서 1640년 8월까지의 기사가 남아 있다. 심양으로 끌려간 남편이 돌아오고 자신들 역시 다시 서울집으로 돌아가는 데까지 기록했다. 피란의 기록 가운데 전쟁의 참상을 보여주는 장면을 들어본다.

> 아침에 바닷가로 내려가 대나무로 가려놓고 지어 온 찬밥을 일행이 몇 숟갈씩 나누어 먹었다. 충이와 어산이가 연장도 없이 대나무를 베고, 연장이 없어 가까스로 두 칸 길이의 집을 짓고 문 하나를 내어 새 둥지처럼 조그만 움을 만들어 댓잎으로 바닥을 깔고 지붕을 이어

세 집안의 부인네 열네 명이 그 안에 들어가 지내고, 종들은 대나무를 베어 움막을 만들어 지내나 물이 없는 무인도라 대나무 수풀에 가서 눈을 긁어 녹여 먹었다. 당진에서 축이가 몹시 아파서 오지 못했는데 몸조리하고 오위장의 양식을 찧어 날라다가 바닷물에다 한 번 대충 씻어 밥을 해 먹었다. 피란 온 사람들이 모두들 거룻배로 나가 물을 길어 오나, 우리 일행은 거룻배도 없고 그릇도 없으니 한 그릇의 물도 얻어먹지를 못하고, 밤낮으로 남한산성을 바라보고 통곡하고 싶을 뿐이었다.

1637년 1월 17일의 일기이다. 청나라 군대가 서울을 점령하자 남평 조씨 일가는 남쪽으로 피란을 내려와 서산에 이르렀는데, 당진에 이미 청나라 군대가 들어왔다는 소식을 들었다. 그래서 서둘러 섬으로 피하고자 했다. 청나라 군대는 수전(水戰)에 대한 준비는 별로 없기 때문에, 이들을 피하기 위한 방편으로 섬으로 들어가고자 한 것이다. 한밤에 배를 타고 죽도(竹島)로 들어갔는데, 새벽에 섬에 도착해서는 기진하고 말았다. 사력을 다해 도망쳐서 겨우 섬에 들어오니 바로 허기기 졌다. 아직 한겨울 추위가 채 가시지 않은 가운데 댓잎으로 움막을 만들어 반노숙을 하고, 무인도에 물이 없어서 눈을 녹여 허기와 갈증을 견뎠다. 죽음의 문턱에 온 상황을 기록한 것이다. 남평 조씨는 "정신은 있으나 어찌 다 기록하리. 생각나는 대로 족족 적는다" 하기도 하고, "심신이 아득하니 어찌 다 기록하랴" 하면서 고통의 시간을 기록을 통해 이겨내고자 했다. 남평 조씨에게 일기는 전란의 아픔을 이기는 방법이었다.

회고록과 『백범일지』

현재는 일지를 일기보다 공식성이 강한 용어로 여기지만, 근대 이전에는 둘이 거의 구별되지 않았다. 『혜빈궁일기』는 궁궐 내 여성 처소의 공식적 일지인데 일기라는 이름을 붙였고, 『백범일지』는 개인 회고록의 성격을 지니지만 일지라고 했다. 조선시대 회고록의 대표작으로는 혜경궁 홍씨의 『한중록』을 들 수 있다. 『백범일지』는 일지라는 제목을 붙이고 그와 유사한 회고록을 만들었다. 『백범일지』는 비록 날마다 쓴 개인 일기는 아니지만 시간적 순서에 따라 자신의 개인사를 풀어내고 있다. 군데군데 기록자의 의견을 길게 두기도 했다.

『백범일지』는 일제강점기 말기에 서술되고 해방 공간에서 출간되었다는 점에서 고전문학으로 보기는 어려울 수 있다. 그러나 서술 문체나 양식을 보면 고전문학에 가깝다는 점에서 고전문학으로 다룰 필요가 있다. 속도감과 긴장감이 넘치는 서술은 고전문학이 근대문학으로 넘어가는 양상을 보여준다.

『백범일지』 가운데 한 부분을 들어보기로 한다. 김구가 스무 살에 황해도 치하포에서 일본인 첩자를 살해한 일을 기술한 부분이다. 당시 김구는 평안도 용강에서 황해도 안악의 치하포까지 배를 타고 갔는데, 배가 물 위를 떠다니는 빙산에 둘러싸여 뭍으로 오르지도 못하고 대동강 하류까지 떠밀려갔다가 다시 올라오는 등 빙산에 갇혀 죽을 뻔한 위기를 겪었다. 그 위기 끝에 간신히 치하포에 도착했다.

> 서산에 지는 달이 아직 희미하게 빛을 발하고 있었다. 치하포에 도착해서 여관을 겸하고 있는 나루터 객줏집에 들어갔다. 풍랑으로 인해 유숙하는 손님들이 세 칸 여관방에 가득하였다. 자정이 넘은 시각이었으므로 방방마다 코 고는 소리만 들렸다. 함께 고생했던 우리 일행도 방 세 칸에 나뉘어 들어가 잠을 자고 쉬었다.

잠이 막 들자 먼저 들어온 여행객들이 일어나 떠들며, 오늘은 날씨가 좋으니 배를 타고 건너게 해달라고 한바탕 야단을 쳤다. 조금 이따가 아랫방에서부터 아침식사가 시작되어 가운뎃방과 윗방까지 밥상이 들어왔다. 그때 가운뎃방에 단발을 하고 한복을 입은 사람 한 명이 같이 앉은 나그네와 인사를 나누고 있었다. 성은 정씨라 하고 장연에 산다고 하는데, 말투는 장연 말이 아니고 경성 말이었다. 촌 늙은이들은 그를 진짜 조선인으로 알고 이야기를 나누었으나, 내가 보기에는 분명히 왜놈이었다. 자세히 살펴보니 흰 두루마기 밑으로 칼집이 보였다. 가는 길을 물어보니 진남포로 간다 했다.

한밤에 늦게 치하포에 당도한 뒤, 여관방에 들어가 잠깐 자다 깬 김구가 일본인을 포착한 장면이다. 김구는 일본인을 보고 생각에 잠겼다. 보통 장사치나 기술자라면 조선인으로 위장할 리가 없다며 일본인 첩자로 의심했다. 김구는 일본인이 명성황후의 살해범이 아닌가 의심하면서, 칼을 찬 것으로 보아 일본 낭인쯤으로 판단했다. 이렇게 판단이 서자 김구는 그를 죽여 국모를 살해한 원수를 갚기로 결심했다. 결심은 섰지만 결행이 쉽지 않았다. 방 세 칸에 가득 찬 사십여 명 손님 중에 상대의 편이 얼마인지 몰라 걱정스러웠다. 갈등의 순간에 스승의 가르침이 떠올랐다. 일은 승패가 문제가 아니니 옳고 그름을 따를 뿐이라는 가르침이다. 김구는 주위 사람들이 방해하지 못하도록 자신의 위력을 과장하기로 마음을 먹고, 여관 주인에게 밥 일곱 상을 요구한다. 주인은 미친 사람 취급을 하면서 외면을 했는데, 방 안 사람들 사이에서 논란이 일기 시작했다. 한쪽은 그를 미친 사람 취급했고 다른 한쪽은 이인(異人)일 수 있다고 했다. 그렇게 방 안이 어수선할 무렵 김구가 돌연 일본인을 공격했다.

나는 서서히 몸을 일으켜 크게 호령하며 그 왜놈을 발길로 차서 거의 한 길이나 되는 계단 밑으로 떨어뜨렸다. 그리고는 바로 쫓아 내려가서 놈의 목을 힘껏 밟았다.

세 칸 객방의 앞쪽 출입문이 아랫방에 한 짝, 가운뎃방의 분합문 두 짝, 윗방에 한 짝, 합해서 모두 네 짝인데, 이 방문 네 짝이 일제히 열리면서 문마다 사람 머리가 다투어 나왔다.

나는 몰려나오는 사람들을 향하여 간단하게 한마디로 선언하였다.

"누구든 이 왜놈을 위해 내게 달려드는 자는 모두 죽이고 말리라."

선언이 채 끝나기도 전에, 방금 내 발에 채이고 밟혔던 왜놈이 새벽 달빛에 칼빛을 번쩍이며 달려들었다. 얼굴로 떨어지는 칼을 피하면서 발길로 왜놈의 옆구리를 차서 거꾸러뜨리고 칼 잡은 손목을 힘껏 밟으니 칼이 저절로 땅바닥에 떨어졌다.

나는 그 왜놈을 머리로부터 발끝까지 점점이 난도질했다. 아직 2월 날씨라 마당은 빙판이었는데, 피가 샘솟듯 넘쳐서 마당으로 흘러내렸다. 나는 손으로 왜놈의 피를 움켜 마시고, 그 피를 얼굴에 바르고, 피가 떨어지는 칼을 들고 방 안으로 들어가 호통을 쳤다.

"아까 왜놈을 위하여 내게 달려들려고 하던 놈이 누구냐?"

김구가 일본인을 죽이자 아까 무시하던 여관 주인이 죽을죄로 사과하는 동시에 밥 일곱 상을 준비했다. 김구는 밥 일곱 공기를 큰 양푼 하나에 반찬과 함께 넣고 숟가락 두 개를 포개서 밥 한 술이 사발통만큼씩 되게 밥을 떠먹다가 지친 듯이 "오늘은 먹고 싶던 원수의 피를 많이 먹었더니 밥이 들어가지를 않는다"라고 중얼거리며 밥술을 놓았다.

종전의 회고록에서 작가가 어떤 판단을 내리는 과정에서의 심경 변화와 갈등을 『백범일지』처럼 자세히 그린 것은 찾아보기 어렵다. 더욱이 잔혹한 장면을 이토록 구체적으로 보여준 것도 전례가 없는 일이다. 어쩌면 김구와 같은 행동가가 자신이 겪은 일을 직접 기록한 경우가 없었기 때문인지도 모른다. 『한중록』에도 사도세자가 내관의 목을 잘라 머리를 들고 오는 것을 보았다는 말이 있지만 장면을 세세히 그리지는 않는다. 앞의 묘사들은 마치 근대소설의 한 장면을 보는 듯하다. 『백범일지』는 자식에게 주어 알리고자 한다는 회고록의 기본 틀을 보면 고전문학에 닿아 있는 듯하지만, 일부 구체적이고 세밀한 묘사와 표현은 근대문학에 가깝다. 『백범일지』는 외적의 침략으로 국가가 존망의 위기에 놓였을 때 그것을 그냥 두고 보지 못하고 행동으로 나선 애국지사의 역사 기록으로서도 중요한 의미를 지니지만, 고전문학과 근대문학을 이어주는 성취로서도 가치를 지닌다.

참고문헌

이순신, 노승석 역, 『난중일기』, 민음사, 2010.
남평 노씨, 박경신 역, 『병자일기』, 나의시간, 2015.
김구, 도진순 역, 『백범일지』, 돌베개, 2005.
정우봉, 『조선 후기의 일기 문학』, 소명출판, 2016.

근대문학으로의 길

서양과의 만남

근대와 서양

근대는 서양에서 시작되었고, 동양은 서양과의 만남을 통해 근대라는 새로운 시대에 접어들었다. 그런 의미에서 보면 한국은 세계에서 가장 늦게 근대가 진행된 곳에 속한다고 할 수 있다. 한국은 유럽에서 가장 멀리 떨어졌을 뿐만 아니라, 유럽에서 거의 관심을 갖지 않은 궁벽한 곳이었다. 한국 역시 해외에 관심을 두지 않았다. 관심을 두었다가는 중국으로부터 외국과 연합한다는 의심을 살 수 있어서 애써 외면했다. 인신무외교(人臣無外交)라 하여 신하 국가가 외국과 교류한다는 혐의를 피하고자 했다. 어쩌다 표류 등으로 외국인이 한국에 들어오는 일이 있어도 얼른 귀환시키거나 몰래 억류했다. 외국으로부터 무엇을 얻으려는 시도도 적극적으로 하지 않았다. 조선은 내치는 자치를 했지만 외교는 중국이나 일본 정도하고만 사신을 보내고 받는 상황이었고, 그마저도 상당히 제한적이었다.

중국의 경우에는 이미 당나라 때 기독교의 일파로 흔히 경교(景敎)라고 불리는 네스토리우스교가 들어왔고, 명나라 때는 정화(鄭和)의 대규모 원정대가 아프리카까지 갔다. 일본은 16세기 중엽에 천주교가 전래되었는데 이는 중국보다도 앞선 일이다. 또 16세기 말에는 로마로 신학생들을 유학 보냈고, 17세기 초에는 센다이(仙臺) 번주가 로마에 사절단을 파견하기도 했다. 그런데 조선은 하멜(Hendrick Hamel)과 같은 네덜란드 상인이 일본으로 가다가 표류해 온 것이 아니면, 정식의 서양 선교사는 19세기 중엽에야 겨우 잠입하는 상황이었다. 중국을 넘어 외국과 본격적으로 교류한 것은 19세기 말 일본에 의해 강제로 개항을 당하고 서양 제국과 협정을 맺은 후의 일이다. 조선은 오래 고립되었고 스스로를 고립시켰다.

조선과 서양의 접촉은 임진왜란 때 일본 군대를 따라온 예수회 선교사로부터 시작되었다. 그러나 이것은 서양 쪽의 접근일 뿐, 조선이 반응할 상황은 아니었다. 서양인 몇 명과 접촉했다는 것이 무의미할 만큼 긴박한 전쟁 중이기도 했다. 그러다가 병자호란 후 청나라에 볼모로 잡혀간 소현세자가 1644년 북경에서 예수회 신부인 아담 샬(Adam Schall)을 만났고, 그로부터 약 십 년 후에 하멜이 조선에 표류했다. 조선과 서양의 초기 만남은 이런 형태로 비자발적이거나 비의도적이고 또 단발적이었다. 더욱이 중국이나 일본을 통한 간접적인 방식이기도 했다. 북경에 와 있는 서양 선교사를 만나거나 중국어로 번역한 서양 책을 수입하고, 또 일본으로 간 조선통신사나 왜관을 통해 서양 문물을 들여오는 방식이었다.

조선에 처음으로 천주교를 소개한 이수광(李睟光, 1563~1628)은 『지봉유설(芝峰類說)』에서 마테오 리치(Matteo Ricci, 1552~1610)의 『천주실의(天主實義)』를 인용하여 천주교의 기본적인 정보와 교리를 정리했다. 조선의 서양 이해는 백여 년 이상 여기서 크게 나아가지 못했다. 조선 정부는 직접 서양을 상대하겠다는 의식이나 의지가 없었고, 서양에서도 조선은 필요한 존재가 아니었다. 중국은 세계에서 가장 거대한 시장이자 공장이니 필요했고, 일본은 은이나 그 밖의 여러 생산품으로 인해 무역을 해야 하는 곳이었지만, 조선은 서양인의 매력을 끌 만한 것이 없는 가난한 나라였다.

고립된 조선의 지식인들은 외부와의 접촉에 대한 갈증이 컸다. 중국이나 일본과의 접촉만으로 세계에 대한 호기심을 채울 수 있는 이도 있었지만, 그쪽을 통해 들려오는 서양의 소식과 정보에 귀를 세우고 있는 사람도 적지 않았다. 조선 후기 지식인들이 서양 소식을 듣는 주요한 통로는 연행사였다. 정부 사절단이 북경을 다녀오는 편에, 북경의 천주당에 가서 서양 신부를 만나기도 하고, 유리창(琉璃廠) 거리에 있는 서점에 가서 천주교 관련 서적을 사오기도 했다. 연행사는 일본으로 가는 통신사처럼 비정기적이 아니라 정기적으로 매년 한두 번은 가는 터라 더욱 중요한 의미를 지니고 있었다.

『열하일기』

중국에 사신으로 가는 것이야 오래전부터 있었던 일이지만, 18세기의 연행사들에게 북경에서 천주당을 찾아가 서양 신부와 문물을 만나는 것은 특별한 경험이었다. 깊은 문화적 고립감을 느낀 조선 지식인들은 서양 문화와의 만남을 무척 기대했다. 1757년 조선 사신을 만나 필담을 나눈 할러슈타인(August von Hallerstein) 신부는 조선인들의 특징을 다음과 같이 기록했다.

> 그들은 매년 이곳에 온다. 그들은 세상에서 가장 의심이 많은 사람들이기 때문에 가장 확실한 것조차 말하려 들지 않았다. 상대편 질문에는 대꾸조차 하지 않고 오직 자기 질문만 한 시간 이상씩 하기도

했다. 그들은 우리를 방문할 때마다(황제의 허가를 받은 후로는 우리를 방문했는데) 먼저 지필묵부터 찾았다. 간혹 그들 중 아무도 중국어를 못해 글씨로만 의사소통이 가능한 경우에는 그런 식으로 우리에게 질문을 하곤 했다. 우리도 하인들의 도움을 얻어 글로써 답해주었다. 그들은 천문학에 관한 매우 깊이 있는 질문들을 하곤 했다. 자세히 답해줄 테니 질문들을 글로 써서 남겨놓고 가라고 하면, 그들은 한결같이 자기들이 쓴 질문 내용 중 한 글자라도 남겨놓기를 거절했고, 대신 몇 번이고 다시 찾아오겠노라고 말하곤 했다. (메디나, 『한국천주교전래의 기원』, 서강대학교출판부, 1989, 107-108쪽에서 재인용)

조선의 대표적인 지식인인 사신들이 보인 지적 호기심은 놀라운 일이 아니다. 이미 천문학에 대해 상당한 이해가 있었다는 점에서 그들의 수준을 짐작할 수 있거니와, 그러면서도 자신들이 서양 신부와 접촉한다는 사실이 불러올지도 모를 문제에 대해 무척이나 경계하고 있었음을 볼 수 있다. 기록 증거가 나중에 청나라에 제출되어 외교적 문제가 발생할 수도 있고, 조선 정부에 알려져 문책을 받을 수도 있기 때문이다. 이때는 아직 천주교가 박해를 받기 전인데도 조선 사신들은 만에 하나 문제가 될 수 있는 어떤 접촉 내용도 비밀로 하고자 했다.

조선인이 서양 신부를 만난 일은 이미 소현세사 때도 있었지만, 이로부터 근 반백 년 동안은 접촉의 흔적을 찾을 수 없다. 서양 신부가 북경을 떠난 것도 아니고 조선인들이 그 존재를 모를 리도 없지만, 청나라 황제에게 접촉 허가를 받지 못했기 때문으로 보인다. 그러다가 17세기 말에 접촉한 사실이 확인되며, 이후 18세기에는 연행을 가는 사람들마다 천주당을 찾아가고자 했다. 1760년 북경을 찾은 이의봉(李義鳳)은 북경의 제일 구경거리로 계문연수(薊門煙樹), 서양풍악(西洋風樂), 망원경, 천주당 그림, 원명원(圓明園) 궁실을 꼽았다. 계문연수는 북경 팔경 가운데 첫째로 꼽히는 경치로, 이것을 빼면 원명원도 서양루라는 서양식 건축물이 가장 인상적인 것으로 알려져 있으니, 이의봉이 꼽은 구경거리는 모두 서양적인 것이다. 서양에 대한 조선 사람들의 관심이 얼마나 높았던지 홍대용(洪大容)의 『을병연행록』을 보면, 1766년 방문한 이덕성이 "몇 년 전에는 천주당 사람이 우리나라 사람을 보면 반겨서 대접하는 음식이 풍성하고 서양 물건으로 답례하는 선물이 적지 않더니, 근래는 우리나라 사람의 보챔을 괴롭게 여겨 대접이 이리 소홀하니 통분합니다"라고 말했다고 했다.

조선 지식인들의 지적 호기심은 넘쳐나는데 현실은 그것을 받쳐주지 않았다. 서양은 조선에 그다지 관심이 없었고, 조선의 조정은 외교로나 현실 정치에서나 새로운 조류를 받아들일 적극적인 뜻이 없었다. 18세기 영조 때의 『명기집략(明紀輯略)』 사건을 보면 현실은 더욱 엄혹해서, 중국에서 수입한 책 내용의 한두 부분을 문제 삼아 수십 명 이상을 사형시킬 정도였으니, 정치적 억압에다 철저한 자기검열의 조심성까지 더해서 새로운 지식의 유통이 극도로 억제되었다.

이런 상황을 알아야 18세기 조선의 대표적인 문장으로 꼽히는 『열하일기』를 이해할 수 있다. 『열하일기』는 박지원이 1780년 청나라 건륭제의 70세 생일을 맞아 사절로 중국에 다녀온 것을 적은 여행기이다. 보통의 연행사는 북경을 다녀올 뿐이지만 황제의 특명으로 황제의 별장이 있는 열하까지 다녀왔다. 평소 중국을 보고 싶었던 박지원에게 이는 더욱 특별한 기회였다. 박지원은 중국에 가기 전에 이미 선배들과 벗들로부터 중국 사정을 많이 들어 잘 알고 있었다. 언젠가 중국의 상황을 직접 보고 싶었지만 기회를 얻지 못하다가, 팔촌형 박명원이 사행의 정사로 발탁되자 그의 수행원으로 비로소 갈 수 있었다.

성리학을 신봉하는 조선 지식인의 눈으로 보면, 만주족이 중화를 무너뜨리고 세운 청나라는 스스로 황제라고 칭하며 조선을 굴복시켰지만 문화적으로는 조선보다 하위에 있는 오랑캐이다. 성리학의 화이론(華夷論)에 따르면, 명나라는 문명의 중화이지만 청나라는 야만의 오랑캐이다. 조선인들은 야만이 문명 세계를 굴복시키고 지배하는 현실을 받아들이지 못했다. 더욱이 조선 역시 만주족에 의해 굴복당해 임금이 오랑캐 임금 앞에 무릎을 꿇었다. 조선의 화이론적 시각과 굴복의 치욕이 결합되어, 겉으로는 청나라에 반기를 들지 못해도 청나라를 용납하지 않겠다는 분위기가 뚜렷했다. 심지어 가능하지도 않은 북벌론, 곧 청나라 정벌론까지 제기되는 판이었다.

그러나 북경을 다녀온 사절이 들려주는 소식은 사뭇 달랐다. 청나라가 결코 야만적이지 않으며, 나라가 강대하고 경제가 튼튼할 뿐만 아니라 제도와 문화 역시 합리적이고 세련되었다고 했다. 박지원은 이미 김창업의 『노가재연행일기(老稼齋燕行日記)』나 홍대용의 『담헌연기(湛軒燕記)』 등을 통해 청나라의 근황을 듣고 있었다. 세계는 빠르게 돌아가는데, 일 년에 한두 번 가는 사신의 입과 붓을 통해서만 어둠 속의 한 줄기 빛처럼 선진 세계의 근황을 알 수 있었으니, 호기심 많은 조선 지식인 박지원의 마음은 갑갑하기 그지없었다.

『열하일기』의 도입부에는 「호곡장론(好哭場論)」이 있다. 이 글에서 박지원은 한반도를 벗어나 요동 벌판으로 들어가면서 울고 싶다고 했다. 중국으로 들어가는 초입에는 그곳을 지나는 사람이면 누구나 아는 흰색 탑이 있었는데, 그 탑을 보기도 전에 이미 박지원은 그곳에 거의 다 왔음을 알았다. 이미 선배의 연행록과 노정기를 통해서 자기가 어디쯤 왔는지, 자기가 가는 곳에서 무엇을 볼 수 있으며 보아야 하는지 알았던 것이다. 산모퉁이를 지나 벌판으로 나서기 전부터, 이미 산으로 둘러싸인 조선에서는 볼 수 없는 광대무변의 평야를 만날 것을 알고 있었다. 박지원은 벌판에 들어서자 그 감회를, 인생이란 아무 데도 의지할 곳 없이 하늘을 이고 땅을 밟으며 떠도는 것이라고 말하면서, 여기야말로 호곡장, 곧 울기 좋은 곳이라고 표현했다. 곁에 있는 마부에게 설명하기를 울음에는 여러 종류가 있지만 여기서의 울음은 갓 태어난 아기의 울음이라고 했다. 갑갑한 엄마 배 속을 벗어나 탁 트이고 훤한 곳으로 나와 시원하게 터트리는 울음, 그것이 여기서 우는 울음이라는 것이다. 사실 박지원의 울음은 요동 벌판을 보고 터트렸다기보다 울 준비를 다 하고 와서 벌판을 만나자 바로 터트린 데 가깝다. 「호곡장론」은 조선 지식인들의 갑갑한 심경을 토로한 것이라고 할 수 있는데, 『열하일기』의 진지하고 치열한 문제의식과 박지원의 재기 발랄한 글솜씨가 조선 지식인을 매료했다.

『열하일기』(「일신수필」)에서 박지원이 중국에서 가장 볼만한 것으로 꼽은 것은 선배 사신들이 말한 아름다운 경치나 멋진 서양 문물이 아니라 깨진 기와와 똥 덩어리이다. 청나라에서는 깨진 기와를 잘 모아서 가난한 집에서 담장을 쌓을 때 사용했는데, 이는 좋은 장식이 될 뿐만 아니라 담장이 비에 쓸려 무너지는 것을 막아주기도 했다. 또 똥 덩어리도 그냥 버려두지 않고 잘 쌓아서 거름을 만들었다. 이를 보고, 청나라가 버려진 것들까지 얼마나 알뜰히 잘 갈무리해서 쓰는지 알 수 있다고 한 것이다. 물건 재사용을 볼 때, 쓸모없는 사람조차 잘 활용할 것이니 어찌 훌륭한 나라가 되지 않겠느냐고도 했다. 날카로운 시각과 판단이 박지원 특유의 역발상과 잘 결합한 부분이다.

『열하일기』가 인기를 끌게 되자 바로 비판이 뒤따랐는데 '노호지고(虜號之稿)', 즉 오랑캐의 연호를 쓴 글이라는 것이다. 조선은 명나라가 멸망한 다음 외교적으로야 어쩔 수 없이 청나라의 연호를 따랐지만, 지식인들 사이에서 내부적으로는 '숭정'이라는 명나라의 마지막 연호를 계속 사용했다. 청나라를 인정하지 않겠다는 의식의 표현이다. 그런데 박지원은 자기 글에 청나라의 연호를 넣어 썼다. 이는 청나라가 가진 힘의 우위뿐만 아니라 그들의 문화적 위상마저 인정하자는 뜻과 다르지 않다. 청나라를 정벌하자는 북벌이 아니라 청나라를 배우자는 북학과 연결되는 부분이다. 박지원은 현실을 그대로 보지 못하는 조선 지식 세계의 편협함을 견디기 어려웠던 것이다.

천주교의 전래

임진왜란 때 일본군을 따라 조선에 온 서양 신부를 통해 천주교를 처음 접한 조선 사람들은 포로로, 노예로 일본으로 끌려가서 신앙을 얻었다. 이때 끌려간 조선인 포로는 십만 명도 더 될 것으로 추산하고 있는데, 주로 일본 규슈 등지에 정착한 조선 포로 중에는 천주교를 받아들인 사람들이 많았다. 일본의 천주교 박해 시대에 이름이 알려진 조선인 순교자만 25명이나 되며, 한때 나가사키에만 이천 명 정도의 조선인 천주교 신자가 있었다고 한다. 1610년 나가사키에 세워진 조선인 천주교회는 1620년에 파괴되었다. 당대 일본인 박해자의 평가에 의하면 조선인은 천주교를 깊이 신봉하였고, 특히 여성들의 신앙심이 깊었다고 한다.

그러나 일본에 끌려간 조선인의 신앙은 한반도에는 거의 영향을 끼치지 못했다. 17세기 이후 조선인의 서양 접촉은 인질이 되어 청나라에 간 소현세자나 연행사들에 국한되었다. 서양 신부에게서 받은 서양 물건과 천주교 관련서들로 인해 서서히 서양에 대한 관심이 높아졌을 뿐만 아니라 자연스럽게 신앙이 형성되어 갔다. 그런데 18세기 초에 중국에서 천주교 포교 금지령이 발표되어, 금령을 따르지 않는 선교사들은 중국에서 쫓겨나갔고, 남은 사람들은 소극적으로 포교할 수밖에 없었다. 이런 상황에서도 조선인들의 천주교 신앙은 계속 성장했다.

중국에서 수입한 천주교 서적을 읽으며 신앙을 키워가던 사람들이 모여서 교회를 만들고 예배를 드리기 시작했다. 자생적인 천주교 공동체가 탄생한 것이다. 그런데 교단과 교회법에 대한 이해가 깊어질수록 먼저 신앙을 얻은 사람들이 정식의 세례를 받아서 교회를 이끌어야 함을 알게 되었다. 이승훈(李承薰, 1756~1801)은 서장관으로 북경에 가게 된 아버지 이동욱(李東郁, 1738~1794)을 수행하면서, 1784년 초기 조선 천주교회의 수장 격이었던 이벽(李檗, 1754~1785)의 지시에 따라 북경에서 서양 신부에게 조선인 최초로 세례를 받았다.

세례 신자를 지닌 조선의 천주교회는 비약적으로 성장했는데, 1794년 중국인 주문모 신부가 외국인 신부로는 처음 조선에 들어왔고, 1836년에는 파리외방전교회 소속의 프랑스 신부가 왔다. 동아시아에서 일본에 처음 서양 신부가 들어온 지 근 삼백 년이 되어서야 조선에 서양 신부가 들어온 것이다.

천주교는 출발부터 박해를 받았다. 이미 청나라에서 포교 금지령이 있었으니 조선도 그 영향을 받지 않을 수 없었을 것이다. 첫 세례 신자가 나온 지 불과 일 년 후인 1785년에 첫 번째 천주교 탄압 사건이 터졌고, 1791년에는 처음으로 두 명의 순교자가 나왔다. 조상 제사를 금지하는 천주교의 금령에 따라 제사를 없애고 신주를 불태운 두 신자 윤지충(尹持忠)과 권상연(權尙然)이다. 그리고 1801년 황사영(黃嗣永)이 비단에다 장문의 편지를 써서 북경의 서양 신부에게 보내려고 한 사건이 있었는데, 편지 가운데 서양에 군사 원조를 청하는 내용이 있어서 이로부터 조선 정부는 천주교 신자를 대역죄인으로 다스렸다. 프랑스와의 협약으로 포교의 자유를 얻은 1886년에 이르기까지, 천주교는 백여 년 이상 박해를 받았다.

그전에도 작지 않은 탄압 사례들이 있지만, 1801년에 조선의 천주교는 대박해를 겪었다. 당시 인구가 천오백만 명 정도이던 조선에서 만 명 정도의 천주교 신자 중에 천 명은 죽었을 정도로 큰 규모였다. 이로부터 십 년 후인 1811년에 조선의 천주교 신자들은 와해 위기에 몰린 교회 사정을 수만 리 바다 너머의 교황에게 알렸다. 그 편지에서 조선 신자들은 "선교사가 전한 것이 아니라 글을 읽어 도를 찾은 것은 우리 조선밖에 없습니다"라고 호소했는데, 이는 조선 교회의 자부심을 가장 잘 표현한 말이다. 조선 교회는 스스로 새로운 신앙, 가치, 신념을 찾아간 우등생이라는 것이다. 조선은 기독교로 대표되는 서양 문화, 나아가 근대를 일부 지식인들이 힘써 찾아가야 하는 상황이었다. 그 정도로 조선은 고립되어 있었고, 그 정도로 조선 지식인의 열망은 강렬했다.

이순이의 옥중편지

다른 종류의 박해도 그렇지만, 종교 박해도 그 증거 자료를 거의 남기지 않는다. 가혹한 탄압이 있었던 조선 천주교의 상황도 마찬가지이다. 기본적인 경전이나 교리서는 상대적으로 많지만, 천주교를 접한 지식인들이나 교인들이 남긴 기록은 더욱 희소하다. 문학 쪽에서는 19세기 이후 한국인 신부나 교인이 가사 형식으로 교리를 풀어내고 신앙을 강조한 천주가사 약간 편이 있으나, 그보다 인상적인 것은 옥중편지로, 감옥에서 순교를 앞둔 신자가 밖으로 보낸 편지이다. 이순이(李順伊, 1779~1802)의 편지가 대표적이라고 할 수 있다. 이순이는 1802년 1월 30일(음력 1801년 12월 27일), 지금의 전주시 신북동에 있는 숲정이에서 칼을 맞고 죽었다. 이순이는 1779년생으로 1801년 음력 9월 보름께 감옥으로 잡혀와서 석 달 넘게 옥살이를 한 끝에 스무 살 남짓의 짧은 인생을 매듭지었다.

이순이는 십 대에 이미 천주교 신앙을 결심했고 결혼을 하지 않고 신앙에 전념하고자 했다. 그러나 당시는 처녀가 결혼을 하지 않으면 천주교인으로 의심을 받는 상황이었다. 신부와 수녀가 결혼을 하지 않고 신앙생활을 하는 것을 하나의 모범으로 삼아 그 길을 따르고자 하는 사람들이 생겼으나, 음양의 결합을 자연의 순리로 여기는 조선 사회에서 이는 이해하고 용인할 수 없는 일이었다. 이순이 집안은 아버지부터 천주교인으로 알려져 있어서 더욱 의심을 받을 수밖에 없었다. 결혼을 하

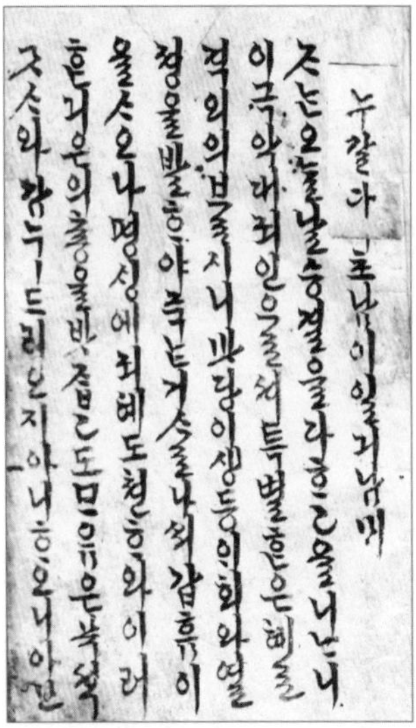

이순이 옥중편지 후사본 호남교회사연구소 소장. (왼쪽)
이순이 무덤에서 나온 십자가 호남교회사연구소 소장. (오른쪽)

지 않을 수 없는 현실에서 동정을 지킬 방법을 찾았으니, 그것이 동정결혼이다. 일반적인 결혼이 아니라 외형만의 위장결혼이다. 남편 유중철(柳重哲)과 서로 동정을 지켜주기로 약속하고 결혼한 것이다. 이순이 부부는 조선 최초의 동정부부이다. 그들은 수년의 결혼생활에서 때로는 젊은 남녀로서 순결 약속을 저버릴 위기를 겪기도 했지만, 마침내 그것을 극복하고 둘 다 형장에서 죽음을 맞았다.

그는 감옥에서 친정어머니와 올케언니에게 편지를 보냈다. 옥중편지는 기독교 전통에서는 바울의 옥중서신에서 볼 수 있듯이 오랜 역사를 가진 것이지만, 조선에서는 유례를 찾아볼 수 없다. 조선의 감옥은 글을 써서 밖으로 보내는 것이 쉽게 용납되지 않았을 뿐만 아니라, 기본적으로 글을 쓸 수 있는 환경도 아니었다. 이순이가 고문 속에서 어렵게 남기고 극적으로 밖으로 보낸 편지는 근 백 년의 혹독한 박해 속에서 숨어서 신앙을 지킨 조선 천주교인들 사이에서 기적적으로 전해졌다.

이는 물론 필사본으로 전해졌으며, 품에 숨기기 좋은 문고본 크기의 작은 종이에 정성스레 필사되어 있다.

이순이는 천주교가 조선에 처음으로 뿌리를 내리던 시기에 태어나 조선 최초의 천주교 대박해 때 순교했다. 초기 천주교의 신앙 수준이나 천주교가 조선인들에게 미친 영향은 혹독한 박해의 과정에서 자료들이 거의 사라져버렸기에 구체적으로 확인하기 어려운데, 이런 상황에서 이순이의 옥중편지는 한국 초기 천주교의 신앙적·사상적 수준을 보여주는 보물이라고 할 수 있다.

이순이의 옥중편지는 가족에게 보낸 것이라, 기본적으로는 개인적인 인사와 위로가 중심이며 자기 신앙의 견고함을 보여주는 것이 핵심이지만, 그 속에 천주교와 연관된 사회사상도 살짝 내비치고 있다. 다음은 이순이가 함께 감옥에 갇힌 남편이 순교했음을 듣고 쓴 부분이다.

> 내 이제 오랫동안 원하던 바를 이루었어요. 사실 이는 요한(남편) 또한 어릴 때부터 원하던 것이에요. 우리의 만남은 두 사람의 소원을 천주께서 윤허하심이니 특별한 은총이지요. 피차 감사하여 죽음으로 은혜를 갚자고 했지요. 또 언약하기를, 아버지가 가산과 사업을 물려주시는 날이 오면, 서너 등분을 하여 가난한 사람을 도와주고, 또 막냇동생에게 후히 주어 부모님을 부탁하고, 새 세상이 오면 각각 헤어져 살자고 했어요.

이순이는 신앙을 버리지 않고 순교하는 것이 자신과 남편 모두 오랫동안 바라던 바였다면서, 하느님의 특별한 은총으로 맺어진 신앙의 친구인 자기 부부는 일찍이 약속하기를 재산을 물려받으면 삼사 등분을 하여 한몫은 가난한 이웃을 돕는 데 쓰고, 다른 한몫은 크게 동생을 주어 부모님을 봉양하게 하고자 했다고 한다. 물론 나머지 한몫은 자기 부부의 신앙을 위해 쓴다는 말일 것이다.

형이 아우에게 유산의 대부분을 준다는 것부터 보통 사람으로서는 생각하기 어려운 일이다. 더욱이 이 집안은 보통 집안이 아닌 호남 최고의 갑부였다. 이런 집안에서 자기 재산의 큰 몫을 가족이 아닌 생면부지의 이웃을 위해 쓰겠다는 생각은 일찍이 한반도에서 볼 수 없었다. 기근이 닥쳤을 때 부자가 이웃을 구제하기 위해 얼마간 곡식을 내놓은 일은 있어도, 재난 상황이 아닌데도 미리 재산의 상당 부분을 내놓겠다는 각오를 밝힌 것은 전에 없던 발상이다. 그것도 빈민 구제를 유산 사용의 맨 앞에 내세웠다. 물론 이들 부부는 모두 젊은 나이에 형장의 이슬이 됨으로써 약속을 행하지 못했지만, 이 발상은 그 자체만으로도 의미가 있다.

당시 천주교는 새로운 교리였을 뿐만 아니라 진보적 사상이기도 했다. 유학에도 대동이니 뭐니 공동체 구성원의 평등을 강조하는 개념이 있지만, 현실은 그렇지 못했다. 철저한 세습적 신분 사회에서 하층 구성원들은 최소의 자존감조차 가지기 어려웠다. 반면 천주교는 인간의 근본적 평등성을 투철히 인식했고 신앙 공동체 내에서 실천했다. 중인 출신의 최창현이 양반들을 물리치고 총회장이 된 것도 종전 조선의 신분 질서에서는 상상하기 어려운 일이었다. 또 황 알렉시오라는 백정은 천주교 공동체 내에서 자신이 양반과 한방에 머무를 수 있다는 사실에 감격했다. 경상도 지역의 경우 백정은 길에서 다른 사람을 만나면 길 아래로 내려서서 피해야 할 정도로 무시받는 존재였다. 그런 사람들이 양반과 함께 한방에 앉는다니 감격하지 않을 수 없었다. 알렉시오는 자신에게는 두 개의 천국이 있다고 했다. 하나는 천주교 신자들과 함께하는 '살아 있는 천국'이요, 다른 하나는 죽어서 갈 '내세의 천국'이다. 하층민들에게 천주교 공동체는 인간 대접을 받을 수 있는 지상의 천국이었다.

이순이의 옥중편지는 초기 천주교의 사회사상을 명시적으로 드러내고 있다. 서울 명문가에서 태어나 지방 도시인 전주로 시집을 간 이순이는 그곳에서 남편 유중철과 막대한 재산을 빈민 구제에 사용하겠다는 다짐을 했다. 이웃의 미천하고 가난한 사람들이 자신과 똑같은 사람이라는 사상을 실천에 옮기려고 한 것도 놀라운 일이지만, 현실의 부귀영화를 초개처럼 여기고 저세상 곧 천국을 향하면서도 누구보다 현실에 충실한 생활 태도는 종전 조선 사회에서는 볼 수 없는 것이었다. 천주교 전래 이전 조선에는 신선 사상이나 불교처럼 현실을 초탈하려는 사상과 함께, 이와 반대로 '개똥밭에 굴러도 이승이 좋다'는 말처럼 극단적 현실주의가 혼재해 있었다. 이순이처럼 천국에 가기를 열망하면서도 현실에 충실한 인간형은 찾아볼 수 없었던 것이다. 이들에게 세상은 천국으로 가기 위한 발판이었다.

이런 새로운 사상이 18세기 말에 이미 궁벽한 시골에까지 뿌리내리고 있었다. 발본적 탄압으로 자료가 거의 남아 있지 않지만, 이순이의 옥중편지는 서양으로부터 전래된 천주교의 영향이 어느 정도인지 보여주고 있다. 본격적인 근대가 시작하기 이전에 조선은 서학과 천주교를 수용하며 서서히 새 시대를 준비하고 있었다.

참고문헌

박지원, 김혈조 역, 『열하일기』(전 3권), 돌베개, 2017.
정병설, 『죽음을 넘어서: 순교자 이순이의 옥중편지』, 민음사, 2014.

근대문학의 형성

『무정』과 고전소설

1866년 프랑스 함대가 조선에서 천주교를 포교하던 프랑스 신부들을 죽인 책임을 조선 정부에 묻기 위해 한강 깊숙이 양화진까지 들어왔다. 양화진은 서울 도성을 둘러싼 인왕산에서 바로 내려다보이는 곳이다. 서울 궁성의 턱밑에까지 들어온 것이다. 프랑스 함대는 복잡한 프랑스 국내의 정치 사정과 보급 문제로 인해 바로 철수하고 말지만, 조선 정부는 서양의 힘을 절감했다. 이어 1871년에는 미국이 강화도로 들어와 개항을 요구하고 전투를 벌였으나, 조선의 완강한 저항에 뜻을 이루지 못하고 물러났다. 조선은 1876년 일본의 강압에 의해 비로소 개항했는데, 이후 서양 열강들과 협약이 체결되면서 급속히 서양 중심의 세계 질서에 편입되었다.

조선이 세계를 향해 문을 열면서 일본·미국·유럽에서 외국인들이 조선에 들어왔고, 조선 사람들 또한 종전의 중국·일본을 넘어서 해외 각지로 나갔다. 정부 사절로 가기도 했지만, 개인 자격으로 유학을 가기도 했다. 특히 대부분의 유학생이 향했던 일본을 통해 종전의 중국문학 외에 일본문학과 서양 문학을 보기 시작했고, 그것은 한국 근대문학의 발판을 이루었다. 최초의 신소설로 꼽히는 『혈(血)의 누(淚)』(1906)를 쓴 이인직(李人稙)이나 「해(海)에게서 소년에게」(1908) 등으로 새로운 형식의 시인 신체시를 실험한 최남선 등은 모두 일본 유학생 출신이었다. 신소설이나 신체시는 표현, 형식, 내용이 그전의 고전소설이나 시조와 달랐다. 그러나 바뀐 부분이 큰 만큼이나, 아직 근대문학이라고 하기에는 내용이나 형식이 미치지 못하는 부분도 있었다.

이는 최초의 근대소설로 불리는 『무정』(1917)의 경우도 마찬가지이다. 고전소설과 차별되는 요소가 있지만, 동시에 최초의 근대소설이니만큼 고전소설의 흔적도 적지 않다. 이 때문에 근대소설로서 『무정』의 수준에 대해 완전히 정반대의 견해가 제기되어왔다. 근대소설적 성격에 초점을 맞추어 그 성과를 높이 평가하기도 하지만, 고전소설과의 연속성을 강조하면서 그 성취를 낮추어 보기도 한 것이다.

『무정』의 작가 이광수(李光洙)는 어릴 때 『소대성전』, 『장풍운전』, 『월봉기』, 『사씨남정기』, 『창선감의록』 등의 고전소설을 읽고 자랐으며, 작품 내에서도 그 독서의 흔적이 발견된다.

> 고래로 무슨 이야기책에나 늦도록 일점혈육이 없던 사람이 아들 아니 낳은 자 없고, 아들 낳으면 귀남자 아니 되는 법 없고, 물에 빠지면 살아나지 않는 법 없는 모양으로, 영채도 아마 대동강에 빠지려 할 때 어떤 귀인에게 건짐이 되어 어느 암자에 중이 되어 있다가, 장차 형식과 서로 만나 즐겁게 백년가약을 맺어 수부귀다남자(壽富貴多男子) 하려니 하고 소설 짓는 사람의 좀된 솜씨를 넘겨보고 혼자 웃으신 이도 있으리라.

자살하러 평양으로 간 영채의 이야기를 하면서 고전소설의 상투적 서사문법을 언급한 부분이다. 자기 작품은 고전소설처럼 상투적 전개를 하지 않겠다는 선언이기도 하다. 그러나 『무정』 역시 『사씨남정기』 등의 고전소설과 마찬가지로 물에 빠져 자살하려는 여주인공을 어떤 사람이 살려주는 이야기가 되어버렸다. 다만 마지막에 남주인공과 결혼하여 잘 산다는 결론에 이르지 않았을 뿐이다. 고전소설의 서사문법을 의식하며 그로부터 벗어나려고 하지만, 완전히 벗어나지는 못했다.

이 외에도 『무정』 안에서는 고전소설이 적지 않게 언급되거나 인용되는데, 가장 많이 나오는 것은 『춘향전』이다. 박영채와 함께 작품의 또 다른 여주인공인 김선형의 아버지 김 장로는 평안 감사인 아버지를 따

無情

春園

【一】

경성학교 영어교사 리형식은 오후 두시 사년급 영어 시간을 마초고 나려쏘이는 六월 볏체 땀을 흘니면서 안동 김장로의 집으로 간다。김장로의 딸 션형(善馨)이가 명년에 미국류학을 가기위하야 영어를 준비할차로 리형식을 매일 한시간식 가뎡교사로 고빙하야 오늘 오후 세시브터 슈업을 시작하게 되엇슴이라。리형식은 아직 독신이라、남의 녀자와 갓가이 교뎨하여본적이 업고 이러케 슌결한 쳥년이 흔히 그러한 모양으로 젊은 녀자를 대하면 자연 수집은 생각이 나서 얼골이 확확 달며 고개가 저절로 숙어진다 남자

—(1)—

『무정』 제6판(회동서관, 1925). 도쿄외국어대학 도서관 소장. 초판은 고려대학교 도서관 등에 있다.

라 평양에 갔다가 기생 부용을 만나 그를 첩으로 들인다. 그리고 뒤에 자기 본부인이 죽자 부용을 정실부인으로 앉힌다. 아버지가 평안 감사라는 높은 벼슬을 한 것으로 보아 김 장로의 집은 조선의 손꼽히는 명문가라고 할 텐데, 기생을 본부인으로 들였다. 이는 『춘향전』의 이 도령이 아버지 임지인 남원에 따라갔다가 기생 춘향을 만나 나중에 본부인으로 삼은 것을 연상시킨다. 작품에서도 김 장로는 '이 도령'으로 불린다.

『무정』에 언급된 고전소설로 『옥루몽』도 있다. 영채가 모델로 삼는 선배 기생 월화는 고적(高適), 왕창령(王昌齡) 같은 성당(盛唐) 시대의 시인이나 『옥루몽』의 양창곡, 또는 『춘향전』의 이 도령과 같은 남자와 살고 싶다고 했다. 월화가 바라는 이상적 남성 가운데 『옥루몽』의 주인공이 있는 것이다. 또 남주인공 이형식은 친구 신우선을 '중국소설에 나오는 풍류남자'라고 평했는데, 서술자는 구체적으로 당나라 시절 소주·항주 근방의 호협한 청년의 풍모가 있다고 표현했다. 이 역시 항주 출신으로 설정되어 있는 『옥루몽』의 양창곡을 의식한 말로 보인다. 당대에는 『옥루몽』을 중국소설로 여긴 사람이 적지 않았다.

이 밖에도 『숙향전』의 영향을 거론할 수 있다. 대표적인 것이 영채의 여성수난담이다. 영채는 집이 망하자 외갓집으로 가는데 거기서 온갖 박해를 당한다. 심지어 도둑질을 했다는 모함까지 받아, 어쩔 수 없

이 남장을 하고 외갓집을 나온다. 이 부분은 숙향이 전란으로 가족과 이산하여 장 승상 집에 입양되고 거기서 다른 여종의 모함을 받아 쫓겨나오는 장면을 연상케 한다. 숙향이 장 승상 집을 나올 때 데리고 있던 개가 따라와서 서로 의지하며 지내는데, 영채가 외갓집을 나올 때도 개가 따라 나와 영채의 고통을 달래준다. 심지어 작품의 중반부에서 원래 정혼한 남자를 만나는 것까지 똑같다. 이야기의 중심축인 '영채 이야기'에 관한 한 『무정』은 『숙향전』과 유사한 서사를 가지고 있다. 『숙향전』은 조선 민중들 사이에서 가장 오랫동안 가장 높은 인기를 누렸던 작품 가운데 하나이니, 적지 않은 독자들이 『무정』의 영채를 보면서 숙향을 떠올렸을 것이다. 이처럼 『무정』은 여러 주요한 고전소설 작품을 의식하며 창작된 작품이다.

『무정』의 근대

『무정』은 계몽사상, 사실성, 내면 분석과 묘사 등으로 인해 흔히 최초의 근대소설로 호명되었다. 그러나 그 가운데 어떤 것은 바로 근대성과 연결시키기 어렵고, 어떤 것은 수준이 낮다.

먼저 계몽사상에 대해 살펴보자. 『무정』은 재미만 추구하던 종전의 소설과 달리 서양의 근대적 계몽사상을 작품에 녹여 도덕적 유용성이 있다고 한다. 물론 작품에 담긴 근대적 사상은 고전소설에서 찾을 수 없는 것이지만, 소설에 도덕과 사상을 담는다는 계몽적 사유는 '문장은 바른 생각을 담아야 한다'는 문이재도(文以載道)의 전통적 문학관과 별반 다르지 않다. 조선시대에 이미 그런 관점에서 『사씨남정기』나 『창선감의록』과 같은 소설을 고평한 바 있다.

『무정』의 사실성은 고전소설 일반과 일정하게 차별되는 부분이다. 그러나 고전소설을 훌쩍 뛰어넘는 수준이라고는 말할 수 없다. 작품에 영웅이 아닌 평범한 능력의 주인공을 등장시킨 것부터 중요한 변화라고 지적하기도 하나, 이는 한국의 초기 소설에 해당하는 『금오신화』에 실린 「만복사저포기」의 양생이나 『운영전』의 김 진사 등에서 이미 볼 수 있었던 것이다. 한문 전기소설(傳奇小說)에서는 가난하고 힘없는 주인공의 등장이 일반적이다. 사건 묘사의 사실성에 대해서도 비슷한 평을 할 수 있는데, 『무정』은 전반적으로 보면 전대의 고전소설보다 사실성이 높지만, 그 수준이 탁월하다고 말할 수는 없다. 예를 들어 주인공 영채가 괴한들에게 성폭행을 당하는 장면은 보통의 고전소설보다 묘사가 사실적이지만, 『완월회맹연』 등 고전소설에서 화재 현장을 박진감 넘치게 묘사한 경우들과 비교하면 유사하거나 약간 나은 수준이다.

『무정』의 근대소설적 면모를 가장 잘 보여주는 부분은 내면 분석이다. 『무정』은 주인공의 내면을 마치 서술자가 본 듯이 세밀히 그리고 있다. 고전소설에서 인물의 내면을 이처럼 자세하게 그린 적은 없다. 『무정』은 특히 인물 내면의 갈등을 그대로 노출하는 부분이 특징적인데, 이런 것은 이전 시대의 어떤 글에서도 찾아보기 어렵다. 예컨대 형식은 기생으로 전락한 영채를 불쌍히 여기면서, 다른 한편으로는 영채가 다른 남자에게 몸을 빼앗긴 순결치 않은 여자가 아닌가 하여 꺼리는 마음을 품는다. 또 형식은 사회 공헌을 고민하는 선각자로 자처하지만, 실제로는 "선형의 사랑을 얻어야 한다. 이것이 형식의 유일한 목적이다"라는 서술처럼 사회 공헌은 허식이며 오로지 사랑만을 찾으려 한다고 표현되기도 한다. 인간 내면의 분열을 그대로 보여주고 있는 것이다.

『무정』이 주인공 내면의 분열과 한계를 철저히 드러내고 있음은 다음 장면이 잘 보여준다. 작품의 맨 마지막에 등장인물들이 자신의 장래 희망을 말하는 장면이 있는데, 여기서 형식은 교육학과 생물학을 전공하겠다고 한다. 그런데 이 말에 대해 서술자는 "듣는 사람 중에는 생물학의 뜻을 아는 자가 없었다. 이렇게 말하는 형식도 물론 생물학이란 참 뜻은 알지 못하였다. 다만 자연과학을 중히 여기는 사상과 생물학이 가장 자기의 성미에 맞을 듯하여 그렇게 작정한 것이라" 하면서 과학에 대한 형식의 인식이 보잘것없다고 비평한다. 계몽적인 의미가 강한, 등장인물의 장래 희망을 말하는 장면에서조차 서술자는 그들의 꿈을 조롱하며 한계를 드러내 보인다. 이런 점은 고전소설은 물론 『한중록』처럼 한 인간의 내면을 집중적으로 분석하고자 했던 전대의 다른 글에서도 찾을 수 없는 요소이다. 더욱이 이런 내면의 서술과 묘사가 감각과 연결될 때 더욱 특징적인 면모를 보인다.

> 형식은 고개 숙인 두 처녀의 까만 머리와 쪽찐 서양 머리에 꽂은 널따란 옥색 리본을 보았다. 그리고 책상에 짚은 두 처녀의 손가락을 보았다. 부드러운 바람이 슬쩍 불어 지나갈 때에 두 처녀의 몸과 머리에서 나는 듯 만 듯한 향내가 불려온다. 선형의 모시 적삼 등에는 땀이 배어 하얀 살에 착 달라붙어 몸을 움직일 때마다 그 붙은 자리가 넓었다 좁았다 한다.

인용문은 이형식이 김신형의 집을 찾아가 가정 교사로 선형과 순애를 가르치는 장면이다. 이 장면은 『구운몽』의 주인공 양소유가 여장(女裝)을 하고 정경패의 집을 찾아가 정경패 앞에서 거문고를 연주하는 장면과 비슷하다. 청춘 남녀의 짜릿한 대면이다. 그런데 『무정』은 선형과 순애라는 두 처녀를 훨씬 육감적으로, 어쩌면 관음증적이라고 볼 수 있을 정도로 구체적으로 그리고 있다. 그것이 『구운몽』과 다른 점이다. 처녀들의 까만 머리, 옥색 리본, 흰 손가락, 머리와 몸에서 풍겨오는 향내, 땀에 젖은 등 등을 감각적으로 그리고 있는데, 『구운몽』에는 이런 자극적인 묘사가 없다. 독자에게 긴장된 상황을 상상하며 짜릿함을 느끼게 했을 뿐이다.

형식은 또 영채를 찾으러 평양으로 가서 어린 기생의 시중을 받으며 "전류를 통할 때와 같이 전신의 짜릿함을 깨닫는다"고 했다. 이렇게 숨은 욕망을 자극하는 묘사와 표현은 고전소설에서는 음담패설의 노골적인 표현이 아니면 볼 수 없는 것이다. 유교의 가르침에 따라 정욕을 눌러야 한다고 가르치고 배운 조선에서 그러한 표현방식은 성장할 수 없었다. 『무정』은 독자의 감각을 일깨우는 데 성공한 최초의 소설이라 할 수 있다.

정(情)의 발견

감각과 감정의 표현은 『무정』에서 작가 스스로 가장 중시한 부분이다. '무정'이라는 제목부터 그런 의식을 보여주고 있다. 작품은 마지막에 다음과 같은 말을 던지며 끝난다.

> 어둡던 세상이 평생 어두울 것이 아니요, 무정하던 세상이 평생 무정할 것이 아니다. 우리는 우리 힘으로 밝게 하고 유정하게 하고 즐겁게 하고 가멸게 하고 굳세게 할 것이로다. 기쁜 웃음과 만세의 부르짖음으로 지나간 세상을 조상(弔喪)하는 『무정』을 마치자.

『무정』은 '무정한 세상'을 버리고 '밝고 즐겁고 가멸고(넉넉하고) 굳센 유정한 세상'을 맞자는 작품이다. 그러면 '무정한 세상'은 어떤 세상인가? 작품에서 '무정'에 대한 언급은 곳곳에 있다. 특히 형식이 영채의 자살을 막으려고 평양으로 갔다가 오히려 영채 생각은 잊고 기생에게 빠진 장면에서 여러 차례 언급된다. 여기서 무정은 대체로 "따뜻한 정이 없이 쌀쌀맞고 인정이 없음"이라는 일반적인 의미로 사용되었는데, 이는 인용문에 나오는 '무정하던 세상'의 '무정'과는 근본적으로 다르다. 인용문의 '무정한 세상'은 '인정 없는 세상'이 아니다. '무정'에는 다른 뜻이 있으니 그 실마리를 다음 부분이 잘 보여준다.

평양에서 계향이라는 어린 기생에게 빠진 형식은 평양을 떠날 때 "다만 계향을 떠나는 것이 서운할 뿐이요, 영채를 위하여서는 별로 생각도 아니 하였다"고 하면서, 돌연 삶의 깨달음을 얻었노라고 했다. 그러면서 이것이 오히려 자기 감정에 충실한 것임을 장황하게 설파했다.

> 지금까지 혹 자기가 웃기도 하고 울기도 하였다 하더라도, 그는 마치 고무로 만든 인형의 배를 꼭 누르면 웃기도 하고 울기도 하는 것과 같았다. 그러므로 그 웃음과 울음은 결코 자기의 마음에서 스스로 흘러나오는 것이 아니요, 전혀 타동적이었다.
>
> 자기가 지금껏 '옳다', '그르다', '슬프다', '기쁘다' 하여온 것은 결코 자기의 지(知)의 판단과 정(情)의 감동으로 된 것이 아니요, 온전히 전습(傳襲)을 따라 사회의 습관을 따라 하여온 것이었다. 예로부터 옳다 하니 자기도 옳다 하였고, 남들이 좋다 하니 자기도 좋다 하였다. 다만 그뿐이로다. (중략) 이것이 잘못이로다. 나는 나를 죽이고 나를 버린 것이로다.
>
> 자기는 이제야 자기의 생명을 깨달았다.

형식은 지금까지 자신의 이성과 감정에 충실하지 않고 사회적 관습에 따라 판단하고 행동했다고 하면서 그것이 잘못임을 깨달았다고 했다. 그것을 생명의 깨달음이라고 했다. 평양에서 보인 형식의 생각과 행동은 도덕적 관점에서는 부적절하다고 할 수 있는데, 그런 상황에서조차 작품은 그가 정의 발현에 충실해야 함을 강조한다. 말하자면 정의 발현이 관습이나 도덕보다 중요하며, 그 종점에 생명이 있다는 것이다. 여기서 정은 불쌍한 것에 대한 '동정'이 아니라, 자신이 느끼는 충실한 '감정'이다. 무정이란 이런 충실한 감정이 없는 상태인 것이다. 말하자면 '무정한 세상'은 '인정 없는 세상'이 아니라 '감정 없는 세상'인 셈이다.

이 장면에서 형식이 제기한 '정(情)의 발견'은 『무정』 전체에서 주제적인 의미를 담고 있다. 『무정』이 추구하는 계몽의 핵심은 감정에 충실한 세계를 만들자는 것이다.

이광수는 「문학의 가치」에서 '정(情)의 분자를 포함한 문장'으로 문학을 규정하였고, 문학을 통해 조선 사람의 정을 길러야 한다는 생각을 가졌다. 『무정』은 그 구체적인 문학적 실천이었다. 이광수가 가진 문학론의 틀이 일본 유학을 통해 형성되었을 것은 두말할 필요가 없다. 구체적으로는 톨스토이 외에 쓰보우치 쇼요(坪內逍遙)의 『소설신수(小說神髓)』 등이 배경으로 거론된 바 있으며, 시마무라 호게쓰(島村抱月) 등의 '와세다 미사학(美辭學)'과 깊이 연관되어 있다고도 했고, 이 밖에 기타무라 도코쿠(北村透谷)와 시마자키 도손(島崎藤村)의 기독교적·인도주의적 문학관과의 연관성도 거론되었다. 또한 다카야마 조규(高山樗牛)의 『미적 생활을 논함』 등에 나타나는 당대 일본 사상의 영향을 받았다고도 했다. 물론 이런 사상의 영향을 받았을 가능성이 있으나, 그것이 정의 문제가 소설의 핵심 주제가 된 이유를 설명하지는 못한다.

『무정』의 핵심인 정을 길러야 한다는 '정육론(情育論)'은 조선의 유교적 성정론(性情論)을 고려하지 않고는 온전히 이해할 수 없다. 전근대 조선인의 머릿속을 지배한 유학의 핵심적 화두는 감정과 욕망을 억압하고 통제하라는 '존천리 멸인욕(存天理滅人欲)'의 사상이었다. 이기론(理氣論), 사단칠정론(四端七情論) 등 조선 유학의 핵심에는 감정 억압이 자리잡고 있었다. 희로애락애오욕이라는 인간 감정과 욕망은 세상과 인간을 이(理)와 기(氣)로 나누어볼 때 기의 차원에 속하는데, 그것들은 하늘이 내린 인간의 본성, 곧 이에 의해 지배받아야 한다는 것이 조선 유학의 가르침이었다. 이런 사상으로 인해 조선에서는 감정을 잘 표현하지 않는 것이 미덕이 되었다.

근대에 들어서자 유학의 천리(天理)가 붕괴되었다. 이가 무너진 사회에는 기만 남았다. 이제는 거꾸로 욕망과 감정이 중요해졌다. 그 틈에 욕망과 감정을 누르는 사상과 예술이 아니라, 거꾸로 그것을 긍정하고 기르자는 사상과 예술이 솟구쳐 나왔다. 이런 문제의식은 조선과 조선 예술을 개혁하겠다고 마음먹은 사람이라면 누구도 외면할 수 없는 것이었다. 정육론을 외래 사상의 영향을 받은 결과로만이 아니라 유교적 성정론에 대한 반발과 비판이라는 현실적 문제의식의 산물로 이해해야 하는 이유가 여기에 있다.

정의 문제에 관한 한 조선과 일본의 문화적·역사적 배경은 거의 상반된다. 전근대 일본은 정의 표현이 세계 어느 나라보다도 분방했다. 분방한 욕망과 감정의 표출은 그들의 문학과 예술에서도 쉽게 찾아볼 수 있다. 욕망과 감정이 극도로 억눌린 조선과는 완전히 딴판이다. 따라서 같은 말이라고 해도 정육이라는 말이 가진 의미의 지향과 비중은 조선과 일본이 엄청나게 다를 수밖에 없었다. 『무정』의 핵심 주제인 정육을 단순히 일본의 영향으로 볼 수 없다는 말이다. 일본의 정육은 정의 방향성이 문제라면, 조선의 정육은 감정 해방의 성격이 강하다. 이광수의 정육론은 전근대 조선의 개혁을 고민하는 조선 지식인의 절실한 문제의식과 닿아 있었다. 그것이 근대로의 길이라고 보았다.

근대문학으로 가는 길

감각과 감정을 중시한 이광수가 절감한 근대의 일차적 감각은 소리였다. 『무정』에서 여주인공 영채가 역경을 딛고 도쿄 유학을 갈 때, 기차가 평안도 시골에서 서울에 중도 기착한 장면은 다음과 같이 그려져 있다.

> 차가 남대문에 닿았다. 아직 다 어둡지는 아니하였으나 사방에 반짝반짝 전기등이 켜졌다. 전차 소리, 인력거 소리, 이 모든 소리를 합한 '도회의 소리'와 넓은 플랫폼에 울리는 나막신 소리가 합하여 지

금까지 고요한 자연 속에 있던 사람의 귀에는 퍽 소요하게 들린다. 도회의 소리, 그러나 그것이 문명의 소리다. 그 소리가 요란할수록 그 나라가 잘된다. 수레바퀴 소리, 증기와 전기 기관 소리……. 이러한 모든 소리가 합하여서 비로소 찬란한 문명을 낳는다. 실로 현대의 문명은 소리의 문명이라. 서울도 아직 소리가 부족하다. 종로나 남대문통에 서서 서로 말소리가 아니 들리리만큼 문명의 소리가 요란하여야 할 것이다. 그러나 불쌍하다. 서울 장안에 사는 삼십여만 흰옷 입은 사람들은 이 소리의 뜻을 모른다. 또 이 소리와는 상관이 없다. 그네는 이 소리를 들을 줄을 알고, 듣고 기뻐할 줄을 알고, 마침내 제 손으로 이 소리를 내도록 되어야 한다.

"실로 현대의 문명은 소리의 문명"이라고 하면서, '전차 소리', '증기와 전기 기관 소리', '인력거 소리', '수레바퀴 소리', '나막신 소리' 등으로 근대를 실감했다. 반짝이는 전기등의 불빛과 함께 무엇보다 시끄러운 도시의 소리로 근대를 보았다. 이광수에게 불빛이라는 시각적 자극과 함께 소음이라는 청각적 자극은 근대의 상징이었다.

조선 말기 한국에 온 서양 사람들은 서울의 적막에 감동했다. 비숍(Isabella Bird Bishop)은 『조선과 그 이웃나라들(*Korea and Her Neighbours*)』(1897)에서 "서울 밤의 고요함은 매우 인상적이다"라고 했고, 알렌(H. N. Allen)은 그의 견문기(1908)에서 "서울은 고요한 밤의 도시"라고 했다. 서울 밤에 들리는 소리라고는 다듬이 소리, 순라군의 육모방망이 소리, 개 짖는 소리가 전부라고 했다. 이런 것을 보면 '아침 조'와 '고울 선'의 문자적 의미를 지닌 조선(朝鮮)이라는 국호가 '고요한 아침의 나라(the land of morning calm)'로 번역된 데는 감각적인 '고요'의 경험이 작용하지 않았나 한다.

근대를 소리로 인식한 것은 비단 이광수뿐이 아니었다. 최남선은 이미 「경부철도가」(1908)에서 굉음을 울리며 고막을 때리는 '철마'의 소리를 통해 근대를 말한 바 있고, 「해에게서 소년에게」 역시 "텨⋯ㄹ썩, 텨⋯ㄹ썩, 턱, 튜르릉, 콱"의 웅장한 의성어를 동원하여 파도소리를 형용하며 바다로부터 전해오는 새로운 시대를 말했다. 최남선은 또 『무정』의 서문에다 '『무정』을 하나의 소리, 새로운 소리로 받아들인다'고 쓰기도 했다. 이광수나 최남선이나 근대소설이나 근대시나 모두 소리라는 감각의 차원에서 먼저 근대를 이해했던 것이다.

감각 수준의 근대 이해로는 근대에 대한 초보적 이해에서 벗어나기 어렵다. 여기서 근대는 인식된다기보다 감각될 뿐이다. 그러니 어디로 가야 하는지 모르고, 다만 현재가 부정되어야 한다는 사실만 느낄 뿐이다. 『무정』의 정육론도 그런 수준의 인식이다. 욕망과 감정의 긍정, 그리고 정육을 통한 생명의 발견은 조선 유학의 절대주의를 넘어서려는 근본적인 비판이자 도전이었지만, 그것을 통해 도달할 지점은 설정하지 못했다. 옛집을 허물어야 한다고 하면서 새집을 지을 생각까지는 못한 것이다. 이것이 『무정』의 의의이자 동시에 한계라 할 수 있다.

참고문헌

이광수, 방민호 외 7인 감수, 『무정』(춘원 이광수 전집 1), 태학사, 2019.

정병설, 「무정의 근대성과 정육」, 『한국문화』 54, 서울대학교 규장각한국학연구원, 2011.

제3부

한국문학 개설

한국사 개설

한국의 역사는 한반도 북쪽에서 시작되었다. 현재의 북한 지역과 그 북쪽의 만주 지역을 중심으로 고조선이 건국되었고, 이어 그 자리에 부여와 고구려가 들어섰다. 그리고 부여의 지배층 일부가 남하하여 백제를 건국하였다. 한편 고구려와 백제가 건국될 무렵 한반도 남쪽에서도 국가가 세워졌으니, 곧 신라와 가야 제국(諸國)이다. 가야 제국은 곧 인접 신라와 백제에 통합되었고, 이로부터 고구려·백제·신라의 이른바 삼국시대가 시작되었다. 한반도의 여러 나라들은 내부적으로 경쟁했을 뿐만 아니라, 밖으로는 중국·일본과 싸워야 했다. 고조선은 한나라의 침략으로 멸망하여 직접 지배를 받은 바 있고, 고구려는 수나라·당나라와 전쟁을 벌여야 했다. 그리고 신라는 일본의 잦은 침략을 받았다.

외세는 때에 따라서는 연대의 대상이기도 했다. 삼국통일전쟁 시기에 신라는 당나라와 연합하였고, 백제는 일본과 연합하여 전쟁을 벌였다. 백제와 일본 연합군의 최후 저항을 이겨낸 신라는 고구려까지 병합함으로써 삼국통일을 이루었다. 통일 이후 당나라가 한반도 전체를 지배하려고 하자, 신라는 당나라와의 전쟁을 피하지 않았고, 전쟁을 승리로 이끌며 당나라가 더 이상 한반도를 넘볼 수 없게 했다. 중국과 일본은 이후의 역사에서도 한반도의 운명을 결정짓는 중요한 변수였다.

이 사이 고구려와 백제의 유민들은 자기 나라를 회복하려는 운동을 벌였는데, 그 결과 만주 지역의 고구려 땅에 발해가 세워졌다. 발해의 건국으로 대동강 남쪽의 한반도는 신라가 통치하고, 그 이북은 발해가 장악한 이른바 남북국시대가 시작되었다. 남북국시대는 거란의 침입으로 발해가 멸망하고 신라가 내분으로 멸망하면서 이백여 년 만에 막을 내렸다. 발해 멸망 이후 한국의 역사는 만주 지역을 잃어버렸고 한반도 안쪽으로 고립되었다.

통일신라 말기에 이르러서는 후백제와 후고구려가 세워져 세 나라가 영토를 나눈 이른바 후삼국시대가 되었다. 이것을 통일한 나라는 고구려의 계승을 외치며 건국한 고려이다. 고려는 발해 유민 일부를 받아들이면서 한반도 북방으로 영토를 넓혀 명실상부 한반도 최초의 본격 통일 국가가 되었다. 고려는 오백 년 가까이 나라를 유지했는데, 그 가운데 13세기 초에는 근 30년 몽골의 침략에 시달렸고, 이후 80여 년 동안 몽골족 원나라의 지배를 받았다. 원나라 통치 말기 중국에서는 명나라가 세워졌고, 이 무렵 한반도에서는 이성계가 쿠데타를 일으켜 조선을 건국했다.

조선은 고려의 국교(國敎)인 불교를 버리고 유학, 그 가운데서도 신유학(新儒學)을 공식적인 지배 이념으로 채택했다. 유교 국가로의 변화가 진행되던 와중인 16세기 말 17세기 초 동아시아 국제 정세에 큰 변동이 있었는데, 그 여파가 조선을 강타했다. 16세기 말 일본은 무로마치(室町)시대가 종지부를 찍으며 혼란을 겪게 되었고, 이 혼란을 수습한 도요토미 히데요시(豊臣秀吉)가 여력을 모아 조선을 침략했다. 일본의 조선 침략은 명나라의 참전을 불러왔고, 한국에서 임진왜란이라 부르는 이 조·일 전쟁은 동아시아 국제전쟁의 성격을 띠며 동아시아 정세의 지형도를 바꾸어 놓았다. 이 혼란기에 세력을 확장한 만주족이 중국을 공격하여 점령했고, 이후 만주족 국가인 청나라 중심의 동아시아 국제 질서가 성립되었다.

수차례에 걸친 일본과 청나라의 대규모 침략은 조선의 국가적 성격을 크게 바꾸어놓았다. 반백 년이 못 되는 기간 내에 벌어진 여러 번의 전국적 전쟁으로 전체 인구의 오륙분의 일에 해당하는 사람이 죽었을 뿐만 아니라, 규모를 짐작조차 할 수 없는 막대한 인원이 포로나 노예로 일본과 만주로 끌려가야 했다. 일본과의 전쟁에서는 임금이 도성을 버리고 의주까지 피난을 가야 했고, 청나라와의 전쟁에서는 임금이 무릎을 꿇고 항복을 해야 했다. 이런 벼랑 끝의 위기에서 조선은 불가사의하게도 왕조를 지켰다. 권력에 대해 절대적 충성을 요구하는 유교에 근거한 체제였다는 점과 대체 권력이 없었다는 점으로 인한 결과로 생각할 수 있는데, 이런 이유 때문인지 이후 유교 이념은 더욱 강화되었다.

조선인들은 17세기 이후 약간씩 서양 문화를 접했지만 그것은 미미한 정도였고, 19세기 말 20세기 초 서양의 충격을 받기 전까지 중국 중심의 동아시아 질서 바깥을 넘보는 일은 소수의 천주교도를 제외하면 시도조차 하지 못했다. 그러다 일본을 앞세워 밀려온 서구의 질서가 마침내 조선을 전복했고, 20세기 초 일본의 침략으로 기원전 중국의 지배와 13세기 몽골의 지배 이후 다시 한반도는 이민족의 지배하에 놓였다.

1945년 제2차 세계대전의 종전과 함께 일본의 지배에서 벗어난 후, 1950년부터 3년 동안 한반도 전체가 전쟁의 참화를 입었다. 이 역시 중국과 소련의 지원을 얻은 북한과, 미국과 유엔의 지원을 받은 남한이 벌인 국제전쟁이었다. 한국은 역사적으로 주변 강대국의 세력 변동에 큰 영향을 받았고, 외세의 침략과 지배에도 불구하고 정치적으로는 물론 문화적으로도 독립을 지켰다. 20세기 초 이천만이 못 되던 한국의 인구는 현재는 남북한 합쳐서 칠팔천만 명에 이르게 되었고, 세계 최빈국이었던 한국이 21세기에 이르러서는 남한만으로도 세계 10위에 이른 경제대국이 되었다. 그러나 여전히 남북한의 분단과 대치 상태를 면치 못했고, 지정학적으로 초거대강국인 중국과 일본 사이에 끼어 있으며, 미국의 막강한 영향력하에서 흔들리고 있다. 강대국 사이에서 늘 존립을 위협받아온 것이 한국의 역사적 운명이었다.

한국문학의 범주와 역사

한국문학의 범주를 정하는 일은 현상기술적인 것이면서 동시에 가치규범적이다. 한국문학의 영역을 어디까지로 보고 어디까지를 연구와 교육의 대상으로 삼을 것인가를 정하는 일이기도 하지만, 한국문학의 핵심적 가치를 어디에 둘 것인가를 택하는 일일 수도 있다. 민족주의가 한국문학 연구의 중심적 시각이었을 때는 다분히 가치규범적 측면이 강했지만 세계화 시대가 오고 민족주의에 대한 반성이 제기되면서 한국문학의 언어적, 문화적 경계를 설정하는 현상기술적 부분의 비중이 높아졌다.

한국문학은 좁게 말하면 한국인이 한국어로 쓴 문학이고, 넓게 말하면 한국인이 쓰거나 한국어로 된 문학 전부이다. 문학사에서 한국문학의 범주를 설정할 때 먼저 한국인의 범주부터 문제가 될 수 있다. 고려시대 이후로는 한국인의 범주 안에 한반도 외부에 있는 다른 집단을 떠올리기 어렵지만, 그 이전만 해도 발해를 포함해야 할지부터 문제이다. 발해의 지배층이 고구려인이라는 점에서 발해문학을 한국문학의 일부로 이해하고 있으나, 실상 발해에서 고구려인의 비율은 아주 낮으며 문학에 한정해서 봐도 발해문학과 후대의 한국문학은 영향 관계를 거의 찾을 수 없다. 또 20세기 이후에는 외국으로 이주한 한국인이 그 나라의 국적을 얻고도 본래의 문화적 정체성을 유지하는 경우가 있는데, 그들의 문학을 한국문학으로 보아야 할지도 문제이다.

한국문학의 범주를 정함에 있어서 더욱 큰 문제는 언어이다. 한글문학이나 한국어 차자 표기인 향찰로 된 문학이야 기본적으로 한국어를 표현한 문학이니 한국문학이라고 할 수 있지만, 고전문학 가운데 압도적인 비중을 차지하고 있는 한문학을 한국문학으로 볼 수 있을지 문제이다. 한문학은 단순히 한자를 표기 수단으로만 쓴 것이 아니다. 그 내용과 형식의 측면에서 중국 한문학의 전통을 잇고 있으니, 한국인이 쓴 것이기는 해도 한 발은 중국문학에 걸쳤다고 할 수 있다. 문학이 사상과 감정의 표현물이라고 할 때, 한국 한문학은 중국문학의 그릇에 한국인의 사상과 감정을 담았다고 할 수 있고, 어떤 면에서는 중국화한 한국문학이라고 말할 수 있다.

세계문학사를 보면 중세에는 민족어 대신 지역의 대표적인 문명어를 공식적인 표현 수단으로 삼는 것이 일반적이었다. 유럽의 라틴어가 그렇고 이슬람권의 아랍어가 그렇다. 그러니 시대적 상황을 고려하면 한문학을 한국문학의 일부로 포함하는 것은 당연하다고 할 수 있다. 더욱이 전근대 한국문학은 한문학의 압도적 영향하에 있었기 때문에, 한문학을 이해하지 않고는 한글문학도 제대로 이해할 수 없다. 심지어 구비문학조차도 한문학을 알지 못하면 온전한 이해가 불가능하다. 다만 한국 한문학을 한국문학에 포함하여 논의하는 경우에 그 중요한 부분이 중국문학과 닿아 있음을 잊어서는 안 될 것이다.

한문학과 함께 고려해야 할 부분이 일제강점기 한국인이 쓴 일본어 문학이다. 피지배 상황에서 지배에 순응하여 쓴 문학작품들의 경우, 후대에 인정을 받지 못하고 또 거의 영향을 끼치지 못하므로 한국문학의 범주에 넣지 않으려는 경향이 있으나, 한문학을 한국문학에 포함시키는 한 이 또한 포함시키지 않을 이유가 없다. 이와 함께 한국인이 미국·독일·프랑스 등 외국에 나가서 쓴 문학들도 비슷한 시각으로 접근할 수 있다. 재외 교포의 문학, 한문학, 일제강점기 일본어 문학 등은 한국문학의 일부 또는 부수적 영역으로 다루어져야 할 것이다.

이 밖에 구비문학을 문학의 일부로 취급할 것인지도 문제이다. 문학을 고차원의 창조적 언어예술이라는 근대적 관념으로 이해한다면, 구비문학은 한국문학의 범주에 속하기 어렵다. 더욱 협소하게 문학을 시·소설 중심의 문예물로 이해하면, 구비문학은 물론 회고록, 기행기, 편지들까지 문학의 영역에서 제외될 수밖에 없다. 그러나 한국문학의 개념을 한국인의 언어 표현 양식으로 포괄적으로 규정한다면, 구비문학은 물론 여러 기록 양식들이 모두 포함될 수 있다. 한국문학의 중심에 있는 한글문학이 풍부하다면야 한문학이나 구비문학의 비중이 상대적으로 낮아질 수밖에 없겠지만, 전근대 한국의 문학사적 상황이 그렇지 않으니 적어도 고전문학 분야에서는 구비문학 역시 적극 포함시키지 않을 수 없다.

서양의 근대주의와 민족주의적 시각을 절대적 기준으로 삼았던 한국문학 연구 초기에는 구비문학은 물론 한문학도 한국문학의 중심 연구 대상에 속하지 않았다. 구비문학은 문학의 영역이라기보다 민속학의 영역으로 간주되었고, 한문학은 한국문학의 영역에 온전히 들어올 수 없었다. 그러다 한국문학 연구가 본격화하고 서구중심주의에 대한 반성이 일어나면서 이들도 한국문학의 중요한 일부로 취급되었다. 한국고전문학의 특성을 고려하여 문학의 영역을 새롭게 구성한 것이다. 한문학을 버리고는 한글문학도 온전히 이해할 수 없고, 구비문학을 알지 못한 채 한글문학을 알 수도 없다. 무엇보다 전근대 한국인들에게 한문학과 구비문학은 한글문학 이상으로 중요한 문학이었다. 한평생 한문을 배운 상층 지식층은 한문학이 자기 문학 세계의 대부분이었고, 문자를 알지 못하는 하층 또는 여성층에서는 구비문학을 빼고 문학을 말할 수 없다. 넓은 범주의 한국인이 향유한 한국문학이라면 이들 영역은 뺄 수 없는 중요한 부분이다.

한국문학의 역사는 본격적으로는 문자 사용과 함께 시작되었다고 말할 수 있다. 한반도에서 한자는 늦어도 한나라의 직접 지배 이후부터 사용되었다고 볼 수 있으니 한국문학은 이천 년 이상의 역사가 있다고 하겠지만, 초기의 문학작품은 거의 전하지 않는다. 그나마 문학작품이라고 할 만한 것은 12·13세기에 편찬된 역사서인 『삼국사기』나 『삼국유사』 정도이다. 이들 문헌에는 그때까지 전해온 책의 내용을 옮겨 적

보각국사탑 『삼국유사』를 지은 일연(一然)의 사리탑이다. 훼손되어 판독이 불가한 비석과 함께 전하는데, 다행히 탁본한 비문이 남아 있어 그의 생애를 알 수 있다. 경상북도 군위군 인각사 소재.

은 것이 적지 않아서 이를 통해 문학사를 몇백 년 더 소급할 수 있지만, 그렇다고 해도 한국문학사는 천 년 이전의 작품을 거의 찾아볼 수 없는 것이 현실이다.

한국문학사에 대해 가장 방대한 저술을 남긴 조동일은 전체 다섯 권에 이르는 『한국문학통사』에서 문학사를 크게 원시·고대·중세·근대의 네 시기로 구분한 바 있다. 이를 구체적으로 보면, 제1권에서는 원시문학, 고대문학, 중세 전기(삼국시대부터 고려 전기)를, 제2권에서는 중세 후기(고려 후기 및 조선 전기)를, 제3권에서는 중세에서 근대로의 이행기 전기(17세기~1859년)를, 제4권에서는 중세에서 근대로의 이행기 후기(1860~1918년)를, 그리고 마지막으로 제5권에서 근대문학을 다루었다. 그런데 서술의 실상을 보면 문학사를 고려시대 이전과 이후로 나누었다고 할 수 있으며, 그 가운데도 조선 후기를 집중적으로 다루었다.

조동일이 문학사 시대구분의 주요한 기준으로 삼은 것은 문학의 바탕을 이루는 문자와 사상인데, 원시와 고대에는 문학이라고 할 만한 것이 거의 전하지 않는 현실을 감안할 때 실제로는 중세와 근대가 문제일 뿐이다. 그는 문학사에서 중세와 근대를 구분 짓는 중요한 표지로 공동문어와 자국어를 들었다. 중세는 문명권 중심의 사상, 제도, 문자가 주변부에 파급되어 하나의 문화권을 형성하는 시기이며, 근대는 단일한 문화권 내의 개별 국가들이 자기 언어를 강조하며 문화적으로 자립을 꾀한 시기로 보았다. 한국에서는 한문의 정착과 한글의 대두를 시대구분의 주요한 표지로 삼았다.

사상의 경우에 중세는 삼국시대에 불교와 유학이라는 보편 종교 또는 지배적 사상이 수입됨으로써 시작되었는데, 구체적으로 보면 통일신라와 고려에서는 불교가 국교의 지위를 얻었고, 교양으로 또 기술적 수준에서 학습되던 유학은 고려 후기에 이르러 송나라의 신유학이 수입되면서 조선을 건국한 주체들에 의해 지배 이념의 차원으로 높아졌다. 이런 실정을 따라 조동일은 불교 중심의 시대를 중세 전기로, 유학 중심의 시대를 중세 후기로 나누었다.

동일한 논리를 따르면 근대 역시 기독교의 수입과 함께 이해할 수 있을 것이다. 학문으로서의 천주교야 이미 17세기에 들어왔고, 18세기에는 세례 신자가 생기는 종교적 차원에 이르렀지만, 조선 정부의 엄혹한 박해를 받아 전면적으로 수용되지 못했고, 1886년 프랑스와의 수교로 비로소 포교의 자유를 얻었다. 조동일은 1919년 3·1운동을 근대의 기점으로 삼고 그 이전을 중세에서 근대로의 이행기로 설정했는데, 특히 1860년 동학의 등장 이후를 이행기 후기로 나누었다. 서양 사상이 들어오던 시기를 이행기 전기로, 그것이 본격적으로 사회 변혁의 촉매제로 역할을 한 시점을 이행기 후기로 파악한 것이다.

요컨대 전근대의 한국문학은 한글문학 외에 한문학과 구비문학을 포함하며, 문학사는 실질적으로 역사 기록과 문집이 남아 전하는 고려 후기부터 본격화한다고 할 수 있다. 전근대에 한정하면 조선 후기가 문학사 서술의 대부분을 차지하는데, 이 시기에 한편으로는 유교 이념이 조선 사회에 더욱 깊이 뿌리를 내렸고, 다른 한편으로는 그로부터 벗어나려는 움직임이 있었다. 이것을 후자에 초점을 맞추고 보면 근대로의 이행기라 부를 수 있게 된다.

언어와 매체

언어와 문자

문학은 언어 표현의 한 양식이므로 언어에 따라 작품이 크게 달라질 수밖에 없다. 먼저 말로 표현되는가 글로 표현되는가에 따라 구비문학과 기록문학이 나뉘는데, 구비문학이 기록으로 남겨지기도 하고 기록문학의 영향을 받아 구비문학이 변화하기도 한다. 기록문학의 경우에는 기록 수단에 따라 문화적 의미가 달라진다. 한국어를 표현하는 문자가 만들어지기 전에야 한국문학이 다른 문자로 기록된 것이 당연하고 이상하지 않지만, 한국어를 표현하는 문자가 만들어진 다음에도 오랫동안 외래 문자를 통해 창작되었던 것도 그래서이다. 이는 문자가 단순한 소통의 수단을 넘어서서 역사 전통과 문화적 수준 그리고 지위를 나타내기 때문에 벌어진 현상이다.

근대 이전 한국문학은 크게 보아 한문으로 된 것과 한국어를 표기하는 문자로 된 것, 두 종류가 있었다. 한자는 기원전부터 사용되었는데 곧 한자를 빌려 한국어를 기록하는 방법이 만들어졌다. 그것이 이두로 대표되는 차자표기법(借字表記法)이다. 그러나 차자표기법은 표기 방식 통일 등에 어려움이 많았다. 이런 문제를 극복하고 한국어를 완벽하게 표현할 수 있는 독자적인 표기 체계를 창안했으니, 그것이 세종대왕의 훈민정음 곧 한글이다. 요컨대 근대 이전 한국에는 구체적으로 한문, 이두, 한글의 세 가지 표기법이 있었다.

이두는 이미 5세기부터 「고구려성벽석각명(高句麗城壁石刻銘)」을 비롯한 각종 석각·비석 등에서 볼 수 있다. 이두를 만들었다고 알려진 원효의 아들 설총 이전에 이미 이두가 사용되었던 것이다. 이두는 초기에 비문, 일기, 노랫말 기록 등 사용 범위가 매우 넓었지만 한문 사용이 늘어나면서 그 범위가 점차 줄었다. 그러다 훈민정음이 반포된(1446년) 다음에는 거의 행정·사법·매매 등 문서 작성에 국한되어 이용되었다. 이두는 19세기 말까지도 계속 사용된 근대 이전의 중요한 한국어 표기법이었다. 다만 문학작품으로는 신라와 고려의 향가를 제외하고는 거의 남아 있지 않아서, 문학 연구에서 그리 중요하게 취급하지 않는다.

문학의 표현 수단으로 사용된 문자는 거의 한문과 한글이다. 한문은 국가의 공식 문서나 중요 서책 외에 상층의 고급 문학을 기록하는 데 사용되었다. 반면 한글은 개인 특히 소외 계층인 여성이나 하층의 사람이 창작하거나 그들을 수신 대상으로 삼은 편지 등에 사용되었으며, 상대적으로 저급의 문예물인 소설과 시가 정도에만 이용되었다. 한문은 공식적이고 고급한 문학의 표현 매체가 될 수 있었던 반면, 한글은 그 반대였다. 한문과 한글의 쓰임이 이처럼 뚜렷하게 나뉘게 된 것은 이들 언어의 특성 때문이라기보다 각각의 언어가 대표하는 문화적 수준의 차이 때문이었다.

한문은 진리를 표현할 수 있다는 뜻의 '진서(眞書)'로 불린 반면, 한글은 방언 또는 사투리라고 번역될 수 있는 '언문(諺文)'으로 불렸다. 훈민정음 창제 당시부터 이런 이분법이 예비되었는데, 훈민정음의 사용을 반대한 최만리(崔萬理)의 상소를 보면 그 이유를 짐작할 수 있다. 최만리는 '중국에 대한 지성사대(至誠事大)에 어긋난다', '고유문자를 만들면 문명의 중심인 중국에서 멀어지고 오랑캐가 된다', '한자 공부를 하지 않게 되어 성리학이 쇠퇴한다'는 것 등을 반대 이유로 들었다. 한글을 사용하면 조선이 중국의 정치적·문화적 영향권에서 벗어날 것이라는 주장이다. 이런 의식에 따르면 한글은 문명으로 가는 길에 놓인 장애물에 불과했다.

한문은 중국 문명의 표준을 대표하는 것으로 학문과 도덕의 참〔眞〕을 표현하는 매체이고, 한글은 표준에서 갈려 나온 동떨어지고 어그러진 글자이다. 이것이 조선 지식인의 일반적인 한글 인식이었다. 한문이

본(本)이면 한글은 말(末)이고, 한문이 진(眞)이면 한글은 가(假)였다. 한글이 멸시되거나 배척되었다고 단언할 수는 없지만, 한문이 존숭된 만큼 한글의 문화적 위상은 상대적으로 낮을 수밖에 없었다. 한글은 편리성 때문에 어쩔 수 없이 사용하는 문자에 불과했다. 단적인 예로 한글이 만들어진 후 400년 동안 한글은 그 어떤 비석다운 비석에도 새겨져서 남은 것이 없다. 수십, 수백만 개도 더 될 비석 가운데 단 하나의 온전한 한글 비석이 없는 것이다. 돌에 한글이 새겨진 경우는 기껏해야 짤막하게 비석을 파손하지 말라거나 '산불 조심'하라는 등의, 하층민들을 향한 경고 문구가 고작이다. 그나마도 두어 개 정도밖에 없다. 비석에 한글이 새겨지지 않았다는 것은 한글이 비석에 쓸 수 없는 문자였음을 말한다. 비석에 글자를 새기는 것은 여러 사람에게 오랫동안 보여주자는 뜻인데, 비석에 새기지 않았다는 것은 공식적인 문자가 아닐 뿐만 아니라 새겨서 오래 간직하여 전해줄 가치가 없다고 취급되는 문자였음을 드러낸다. 한글은 표준이 되지 못하는 사투리 또는 방언이었기에 돌에 새길 수 있는 문자가 되지 못했던 것이다.

17세기 말 숙종은 한글로 기록된 문서의 채권(債權)은 인정하지 말라는 수교(受敎)를 내렸다. 또 1865년 만들어진 법전인 『대전회통(大典會通)』에서는 아예 한글로 된 문서는 효력을 인정하지 않는다고 공표하기도 했다. 그사이 영조 재위 기간에는 어떤 어사가 백성들의 사정을 임금에게 보고하면서 민간의 노래를 한글로 기록하여 바쳤다가 탄핵을 당한 일까지 있었다.

일본에서는 자기 문자를 '가나(假名)'라고 부른다. 가나란 임시적인 문자라는 말이다. 언문과 다르지 않은 의미이다. 이처럼 중세 중국문명권의 주변 국가에서 자국 문자를 낮추어 부르는 것은 조선만의 일이 아니었다. 그렇지만 한문에 대한 조선 사람들의 존숭은 특별하다 할 만했다. 19세기 말 조선에 와서 포교한 기독교 선교사 게일은 "유생들에게 한자는 사상을 전달하기 위한 도구라기보다 숭배의 대상(the object of veneration)인 듯하다"고 말했다. 조선 사람에게 한문은 소통의 수단 또는 문화 학습의 수단을 넘어서 거의 종교적 차원의 숭배 대상에 이르렀다는 것이다. 한문과 한글 사이에 가로놓여 있었던 이와 같은 거대한 장벽은 조선이 망하기 전까지 하등의 변화가 없었으며, 이로 인해 한문학과 한글문학에도 뚜렷한 차이가 있었다. 한문학은 양반 남성 지식인의 고급 문학이었고, 한글문학은 여성과 하층의 생활을 표현한 것이거나 통속의 오락용 문학이었다.

요컨대 한국고전문학은 크게 한문학과 한글문학으로 나뉘는데, 자국어보다는 공동문어를 숭상하는 중세적 문화의식의 발로로 인하여 한문학은 주류적 지위를 지녔고 한글문학은 보조적 성격을 띠었다고 할 수 있다. 유학에 물든 조선 지식인들은 중국과 그 문화는 높인 반면 자기 문화는 상대적으로 경시하는 태도를 보였다. 자기 역사가 아닌 중국 역사를 중요하게 생각했고, 자기 문헌보다 중국 문헌을 가치 있게 여겼으며, 한글문학보다 한문문학을 문화적 위상이 높은 것으로 여겼다. 그러다가 근대 이후 중국이 동아시아 문화에서 중심적 지위를 잃고 동아시아 각국에서 민족주의가 대두하면서, 한문은 순식간에 힘을 잃고 사라졌고 그 자리를 한글이 채웠다. 그러나 곧 기독교를 업고 들어온 서양 문화가 중국 문화를 대체하면서 또 다른 중심 언어인 영어가 공식어인 한국어와 문화적 지위를 놓고 다투고 있다.

매체

언어가 문학의 표현 매체라면 필사와 출판 등은 문학의 전달 매체이다. 노래가 시가 되고 이야기가 소설이 되는 과정은 필사와 출판이라는 매체를 통해서이다. 한국은 매체의 역사에 있어서 단연 선진국이라고 할 수 있다. 세계 최초의 목판 인쇄물이 있으며, 금속활자 인쇄에서도 세계 최초라는 기록을 가지고 있다. 그러나 이는 모두 불교 경전의 간행과 관련된 것으로, 자국 문학 출판의 영역으로 들어가면 다른 나라에 비해 빨랐다고도 또 성했다고도 말할 수 없다.

한국 최초의 시 장르라고 할 수 있는 향가는 888년에 『삼대목』과 같은 시집으로 정리되었다는 기록이 있지만 이 책은 현재 전하지 않는다. 향가는 역사책인 『삼국유사』에 실린 14수 등 이십여 편만이 전할 뿐이다. 설화 역시 마찬가지여서 통일신라 말기에 편찬된 것으로 알려진 설화집 『수이전』은 사라졌고, 여기에 실린 이야기가 여타 역사책 등에 옮겨져서 전해진다. 고려시대 가요도 향가와 마찬가지로 후대인 조선시대에 편찬된 『악학궤범』과 『시용향악보』와 같은 음악책에 실려 전한다.

조선에서 문학작품의 출판은 일반적으로 작가 사후에 선조나 선배의 문필을 정리하고 높이는 차원에서 이루어졌다. 『금오신화』 역시 김시습 사후에 윤춘년(尹春年, 1514~1567)이 작가를 높이는 차원에서 교서관을 통해 간행한 것이 처음이며, 이것이 일본에 건너가 일본에서 출판되었고 20세기 초에 역수입됨으로써 일반에 알려졌다. 문학작품이 다수의 독자를 향해 판매의 목적을 띠고 출판되기 시작한 것은 거의 18세기 이후의 일이다. 중국소설 『삼국지연의』의 경우에는 16세기에 활자본이 간행되었고, 17세기 말에는 제주도에서 목판으로 완질이 간행되기도 했으나, 이들이 방각출판 곧 상업적 출판인지는 분명하지 않다. 방각출판의 대표라 할 수 있는 방각본소설은 18세기 언젠가부터 시작되었으며 19세기에 본격적으로 나왔는데, 이 또한 근대적 의미의 출판과는 얼마간 차이가 있다. 전근대의 방각출판은 출판사가 작가를 발굴하는 식으로 출판을 적극적으로 기획했다고 보기 어렵고, 필사본으로 유통되는 소설 중에 인기가 높은 것을 골라 판목에 새겨 찍어내는 초보적 수준이었던 것으로 짐작된다.

한국고전문학은 방각본소설을 빼면 거의 출판 단계에 이르지 못했고 필사 영역에 머물렀다. 시이든 소설이든 기행기이든 회고록이든, 설령 출판이 있었다 해도 사후(死後)에 간행된 것만 약간 있을 뿐이다. 작가가 자신의 정치적·사회적 의견을 드러내기 위해, 또는 문학적 재능을 널리 보이기 위해 작품을 기획하여 당대에 출판한 경우가 없었다는 말이다. 지금으로야 문학작품으로 분류하지만, 『용비어천가』는 개인이 자신의 의견을 드러내기 위해 지은 것이 아니라 지배의 정당성을 알리기 위해 국가가 기획하여 출판한 것이며, 18세기에 장안의 지가(紙價)를 올렸다는 『열하일기』는 물론이고 북학의 대표적 저작으로 임금에게 올린 글이기도 한 『북학의』조차 당대에는 출판되지 않았다. 현대에 와서 한국문학 고전의 반열에 오른 『한중록』 역시 당연히 출판을 위해 기획되지 않았을 뿐만 아니라 간행되지도 않았고, 임금이 된 손자 등 작가 주변 몇몇 사람을 독자로 삼아 저술하여 필사본으로 전승되었을 뿐이다.

특별한 정치적 색채와 지향을 찾을 수 없으면서 조선 후기에 가장 넓고 많은 독자를 확보한 한국문학의 고전 『구운몽』 역시 당연히 저자 생전에 출판은 없었고, 저자가 죽고 수십 년이 지나 전라도 나주에서 간행되었다. 대개의 다른 문학적 저술과 마찬가지로 저자가 작품 창작의 동기나 과정 등에 대해 일언반구도 남기지 않아서, 관련한 정보가 후대의 다른 기록에 의해 불확실하게 알려졌다. 『구운몽』의 작가에 대해서도 당대에는 김만중이 아니라 일반적으로 김만중의 종손자인 김춘택으로 알고 있었다. 물론 첫 간행에 대해서도 책 마지막에 새겨진 1725년 나주 남문에서 간행했다는 짧은 기록 외에 어떤 다른 정보도 찾을 수 없다. 작가는 물론이고 간행 동기와 목적, 그리고 대상 독자 등 어느 하나 분명한 정보가 없다. 한국고전문학이 필사본 중심으로 유통되었다는 사실은, 중국에서는 일찍이 송나라 때부터 출판이 성행했고 일본은 17세기 이후 출판 전성기에 들어섰다는 사실과 비교해도 특이한 점이라고 할 수 있다.

그렇다면 조선에서 출판이 부진했던 원인은 무엇일까? 일차적으로는 엄격한 사상 통제를 들 수 있다. 유학을 지배 이념으로 삼아 엄하게 사상을 통제하면서 원칙적으로 사적 출판을 불법으로 간주했던 데 원인이 있다. 16세기 채수가 소설 『설공찬전』을 썼다는 이유로 필화를 입은 적이 있고, 18세기 서적상들이 조선 왕조에 대한 작은 오류를 담고 있는 중국 역사책 『명기집략』을 유통했다는 이유로 사형을 당한 일이 있을 정도로, 사상과 서적에 대한 통제가 엄격하고 가혹했다. 임금의 허락을 받지 않은 출판은 생각하기 어려운 분위기에서 출판이 많을 리 없었으니, 한국고전문학은 필사본 중심이 될 수밖에 없었다.

매체와 유통에 관한 이런 특징을 알아야 한국고전문학을 이해할 수 있다. 조선시대 소설을 보면 작가가 밝혀진 것이 거의 없으며, 그나마 밝혀진 것도 작가 스스로 자기 작품에 대해 언급한 경우는 더욱 드물다. 또 작품의 배경은 대부분 중국으로 설정되어 있다. 그리고 출판본이라 해도 누가 언제 어떤 목적으로 간행했는지 세부적인 정보를 전하고 있는 것이 거의 없다. 필사본 중심에다 저술 및 출판과 관련된 정보가 적은 현상이 의미하는 바에 대한 충분한 고려 없이는, 달리 말해 대부분의 고전문학 작품이 엄격한 이념적·사상적 억압하에 놓여 있었다는 사실을 분명히 의식하지 않고는, 작품을 온전히 이해했다고 할 수 없다.

갈래와 미적 특질

갈래

문학의 갈래(genre)는 일반적으로는 단순하게 시와 소설로 나눈다. 한국 고전문학 역시 가장 단순한 갈래 분류법은 이분법인데, 시가와 산문으로 나누는 것이다. '시'에다 '가(歌)'를 더해 시가라고 하고 산문에 소설을 포함시킨 설정이다. 이런 이분법에다 희곡을 넣어 삼분을 하는 경우가 있는데, 현실적으로 전근대 한국에서는 연극이 활발하지 않았을 뿐만 아니라 대본을 가지고 연극을 한 흔적이 발견되지 않는다. 탈춤이 있지만 이것은 정해진 대본으로 한 것이 아니고, 『동상기(東廂記)』 등 한문으로 된 희곡이 약간 있지만 이는 일종의 레제드라마(Lesedrama)로 『서상기(西廂記)』 등 중국 희곡의 형식을 따라 지은 것일 뿐이다.

현대문학과 함께 전근대 문학의 갈래를 두루 포괄하기 위해 새로운 분류법이 만들어지기도 했는데, 대표적인 것이 조동일이 『한국소설의 이론』(지식산업사, 1977)에서 정리한 사분법이다. 조동일은 분류의 체계성을 강화하여 문학을 서정, 교술, 서사, 희곡 네 가지로 나누었다. 그 구체적 내용은 다음과 같다.

> 서정: 작품 내적 자아 및 세계만으로 이루어져 있으며, 자아와 세계의 대립이 자아 쪽으로 귀착된 세계의 자아화이다.
>
> 교술: 작품 내적 자아 및 세계에 작품 외적 세계가 개입하고 있으며, 자아와 세계의 대립이 세계 쪽으로 귀착된 자아의 세계화이다.
>
> 서사: 작품 내적 자아 및 세계에 작품 외적 자아가 개입하고 있으며, 자아와 세계가 어느 한쪽으로 귀착되지 않고 대결한다.
>
> 희곡: 작품 내적 자아 및 세계만으로 이루어져 있으며, 자아와 세계가 어느 한쪽으로 귀착되지 않고 대결한다.

앞의 정의는 우선 서정과 교술을 각각 '세계의 자아화'와 '자아의 세계화'로 규정했다. 서정은 시적 자아가 주관적으로 세계를 인식하여 표현한 것으로, 교술은 서술 주체인 자아가 스스로를 드러내지 않고 객관적으로 인식한 세계를 표현한 것으로 보았다. 전자에는 서정시가, 후자에는 다큐멘터리가 대응된다고 할 수 있는데, 현실을 주관적으로 표현한 것과 객관적으로 표현한 것의 차이를 이렇게 나누었다.

서정과 교술의 갈래 분류 기준은 기본적으로 현실 재현의 방식과 관계된다고 할 수 있다. 그런데 서정, 교술과 별개로 현실과 관계하면서도 동시에 현실을 넘어서는 허구의 세계를 설정한 양식도 있다. 서사와 희곡이 그렇다. 이 둘은 서정과 교술이 논리적으로 짝을 이루는 것처럼 다른 한 짝이 된다. 서사와 희곡은 모두 '자아와 세계의 대결'이 있는 갈래이다. 여기서 '자아와 세계의 대결'이란 주인공이 상대자 또는 마주한 세계와 벌이는 갈등을 가리킨다. 서사와 희곡의 차이는 '작품 외적 자아의 개입'이 있느냐 없느냐인데, 다시 말해 서술자의 존재 여부이다. 희곡은 사건의 전개에 서술자의 개입이 없지만, 서사는 서술자가 서사를 추동하는 힘으로 존재한다.

조동일의 사분법은 비록 단일한 기준에 의한 분류는 아니지만 종전보다 훨씬 논리적인 체계를 갖추고 있다. 그리고 이 갈래는 인간이 만든 표현의 결과물인 문학을 마치 인간을 분류하듯이 갈라놓아서, 문학의 갈래가 곧 인간의 갈래임을 보여주고 있다. 매 갈래 용어 뒤에 '인간'을 붙이면 그 갈래에 속한 인간이 지닌 특징을 알 수 있다. '서정적 인간'이나 '극적 인간'이라고 했을 때 그 사람이 어떤 사람인지 떠올릴 수 있을 것이다. 이들은 각각 자기 감정에 충실한 인간과 세상에 순응하지 않고 자기 뜻을 이루기 위해 온몸을 던지는 인간을 가리킨다. '극적 인간'에 비해 '서사적 인간'은 중간에 중재자가 있어서인지 세상과의 대결 강도가 약하다는 느낌을 준다. 한편 교술이라는 말은 실생활에서 잘 쓰지 않는 말이기에 바로 풀이하기 어렵지만, 서정적 인간과 반대되는 의미의 현실적 인간을 가리킨다고 이해할 수 있다.

앞의 네 갈래는 관념적이고 형식적인 갈래인데, 실제 문학사에는 이런 관념적인 구분으로는 정확히 나뉘지 않는, 자연스럽게 형성된 역사 갈래가 있다. 당대에 사용하는 명칭을 그대로 쓴 것도 있고, 경우에 따라서는 후대에 연구자가 붙인 갈래명도 있다. 그리고 어떤 것은 당대에 사용된 것이지만 지금과는 그 의미와 범주가 다른 것도 있다.

표현 매체인 언어에 따라 역사 갈래를 차례로 짚어보면 다음과 같다. 먼저 한문학은 중국 한문학의 갈래를 그대로 이어받아 우선 시부(詩賦)와 산문으로 나누어 볼 수 있고, 시부에는 고시니 절구니 율시니 하는 각종 장단형의 시가 있으며, 산문에는 서발(序跋)이니 제문(祭文)이니 용도에 따라 수많은 양식이 있다. 그리고 구비문학에는 민요, 무가, 설화, 탈춤, 꼭두각시놀음 등이 있으며, 민요와 무가는 서정민요, 서사민요, 서사무가처럼 작품의 내적 성격에 따라 세분하기도 한다.

역사적으로 향가 이전의 노랫말을 고대가요로 묶고, 고려시대에 불리고 조선시대에 기록으로 정착된 노래들을 고려가요 또는 고려속요라고 부르는데, 고려가요는 대개 민간 세속에서 유래했다고 보기에 속요라 했다. 또 조선시대에 만들어진 시조와 가사의 경우에 시조는 세부적으로 평시조와 사설시조 등으로 더 나누고, 가사는 작가층에 따라 사대부가사·규방가사 등으로 나누기도 한다. 한편 서사 갈래에는 신화·전설·민담 등의 설화와 판소리 등이 포함되는데, 서사 갈래의 중심을 이루는 것은 소설이다. 소설은 세부적으로 길이에 따라 단편·장편·대장편으로 나누고, 성격에 따라 영웅소설·가정소설·가문소설·규방소설 등 다양하게 명명하고 있다.

구체적인 역사 갈래를 형식적인 갈래 사분법에 위치시키는 것에는 많은 논란이 있었다. 인간이 서정적 인간이면서 극적인 인간일 수 있는 것처럼, 역사 갈래 역시 어느 한군데에 넣을 수 없는 것이 적지 않다. 특히 논란이 된 갈래가 교술이다. 조동일은 시가인 경기체가를 교술 갈래에 넣었고, 가사 역시 서정이 아니라 교술에 포함시켰다. 또 산문의 경우에 서대석은 몽유록을 서사가 아니라 교술로 보기도 했다. 김흥규는 『한국문학의 이해』(민음사, 1986)에서 조동일의 사분법을 보완하고 현대문학을 포괄하여 역사 갈래를 다음과 같이 정리했다.

서정적 갈래: 고대가요, 향가, 고려속요, 시조, 사설시조, 서정민요, 한시, 허두가, 잡가, 신체시, 현대시
서사적 갈래: 신화, 전설, 민담, 서사무가, 판소리, 서사민요, 고전소설, 신소설, 현대소설
희곡적 갈래: 탈춤, 꼭두각시놀음, 창극, 신파극, 현대극
교술적 갈래: 악장, 창가, 기술의론류(記述議論類)의 산문문학
중간혼합적 갈래: 경기체가, 가사, 가전, 몽유록, 야담

서정적 갈래에 들어 있는 허두가는 판소리 연행 현장에서 목을 풀기 위해 부르는 짧은 노래로 단가라고도 하며, 잡가와 비슷한 성격을 지닌다. 교술에는 수필류 산문과 목적성이 강한 시가를 넣었다. 김흥규가 제시한 갈래론의 가장 큰 특징은 중간혼합적 갈래를 둔 것이다. 갈래 분류에서 논란이 컸던 역사 갈래들을 거기에 넣었는데, 경기체가와 가사는 서정적인 동시에 교술적인 갈래라고 보았고, 가전·몽유록·야담 등은 서사적인 동시에 교술적인 갈래로 보았다. 중간혼합적 갈래를 둠으로써 현실적으로 엄격히 구분되기 어려운 관념적 갈래의 구분 문제를 해소했다고 할 수 있지만, 동시에 갈래 구분의 체계를 무너뜨린 문제가 없지 않다.

미적 특질

갈래와 함께 문학작품의 성격을 드러내는 중요한 표지로 미적 특질을 든다. 미적 특질은 그 자체가 어떤 자질이어서 독자들에게 그 느낌을 주는 것일 수도 있지만, 자질과는 무관하게 감상자의 미적 경험과 미적 판단을 거쳐 파악되는 것일 수도 있다. 어떤 작품이 일반적으로 숭고의 미적 특질을 가지고 있다고 해도, 독자에 따라서는 그런 미적 경험을 하지 못할 수도 있고, 그런 독자들은 숭고하다는 미적 판단을 하지 않을 수 있다. 기본적으로 미적 특질은 존재의 문제라기보다 인식의 문제일 수 있다. 미적 특질이 인식의 문제라고 할 때에는 그 객관성이 문제가 된다. 어떤 독자가 어떤 작품을 읽고 우아미를 느꼈다고 해도 다른 사람은 전혀 공감하지 못할 수 있고, 어떤 사람은 비장미를 느꼈는데 다른 사람은 조금도 슬프지 않을 수 있다. 이런 점에서 다수의 지지를 얻지 못한 미적 인식은 미적 특질로서 받아들여지기 어려울 것이다.

한국문학의 미적 특질에 대한 연구는 미의식이나 미적 범주라는 개념을 사용하여 연구되었는데, 미적 특질이 인식의 문제와 깊이 연결되어 있다는 사실을 등한히 하는 바람에 일반의 공감을 얻기 어려운 결론에 이른 경우가 드물지 않다. 조윤제(趙潤濟)는 1955년 간행한 『국문학개설』에서 춘향에 대한 묘사로부터 '은근'을, 장시조의 율격에서 '끈기'를, 고려가요에서 '애처로움'과 '가날픔' 등을 끌어내었고, 나중에는 '은근과 끈기'를 한국문학의 대표적 특질로 규정했다. 춘향을 묘사하는 부분의 어떠한 면에서 은근함을 끌어냈는지, 장시조의 율격에서 어떻게 끈기를 읽어냈는지 짐작하지 못할 것은 아니지만, 그러한 이해를 곧바로 한국문학의 미적 특질로 연결시켜 읽을 수 있는지 의문이다. 춘향에 대한 묘사가 그 아름다움을 직설적으로 드러내지 않고 비유적으로 드러낸 데서 은근을 읽어내고, 시조창의 길게 늘어지는 율조에서 끈기를 읽었다고 짐작은 되지만, 이런 한두 가지 요소를 가지고 한국문학의 대표적 특질을 읽어내는 것이 과연 설득력이 있느냐는 문제이다. 더욱이 이것이 한국문학을 넘어서서 한국인의 정체성, 한국사의 특질에 대한 규정으로까지 사용되면 더욱 받아들이기 어렵다.

초기 한국문학 연구자 중에 구자균(具滋均)이나 조지훈(趙芝薰)도 미의식에 대한 규정을 내린 바 있는데, 이들에게서는 일본 국학파의 영향이 느껴진다. 18세기 일본의 국학자 모토오리 노리나가(本居宣長)가 와카(和歌)나 『겐지모노가타리(源氏物語)』 등에 나타난 일본문학의 특질로 '모노노아와레(もののあはれ)'를 제시한 데서 일정하게 영향을 받은 것으로 보인다. 모노노아와레는 사물을 대할 때 자연스럽게 느끼는 감응을 일컫는 말로서, 미적 특질에 문화적 규범성을 덧씌운 개념이라 할 수 있다. 일본 국학파들은 여기에다 운동성과 경향성을 부여하려고 했는데, 이는 한국의 초기 국학자도 마찬가지였다. 이들은 모두 문학에 민족주의 또는 나아가 국수주의적 운동성을 부여하고자 했다.

조동일은 선학들의 인상비평적 규정을 넘어서서, 미적 범주라는 개념을 사용하여 범주화와 체계화를 시도했다. 문예미라는 범주로써 일종의 장르론을 이루고자 한 것이다. 조동일은 『한국문학 이해의 길잡이』(집문당, 1996)에서 미적 범주를 숭고, 우아, 비장, 골계의 네 가지로 설정했다. 논자에 따라 여기에 관능미·이상미·정신미 등을 추가하기도 하지만, 조동일은 앞의 네 범주 외에 다른 것이 설 자리를 두지 않았다. 조동일은 먼저 '있어야 할 것'과 '있는 것'을 나누고, 이것이 융합되느냐 상반되느냐를 더해 만든 네 가지를 '기본 범주'로 삼았다. 숭고는 있어야 할 것을 지향하면서 그것이 있는 것과 융합하는 특징을 보이는 미적 범주이고, 우아는 있는 것에 중심을 두면서 있어야 할 것과 융합이 이루어지는 특징이 있고, 비장은 있어야 할 것을 지향하되 이루지 못함으로써 일어나는 것이고, 골계는 있는 것에 중심을 두면서 있어야 할 것과 부조화를 보이는 것이 특징이라고 했다.

조동일은 이 미적 범주를 문학사에 적용했는데, 숭고는 고대신화에서나 나타나던 것이 후대에 잔영의 형태로 나타날 뿐이며, 비장은 영웅전설이나 전기(傳奇)소설 등을 통해 미미하게 나타날 뿐이라고 보았다. 네 범주 가운데 한국문학사에서 실질적으로 비중을 지니는 것은 우아와 골계뿐이고, 그 가운데서도 특히 골계의 비중이 높다고 했다. 한국문학 연구사를 보면, 미의식에 관한 한 '웃음', '해학', '골계'에 대한 연구가 압도적으로 많다.

그런데 비장이 적고 골계가 많은 것을 한국고전문학의 특징으로 말할 수 있느냐는 문제에 관해서는 조심스러울 필요가 있다. 한국고전문학에서 문화적으로 상층의 지위를 점하는 한문학을 크게 고려하지 않고 한글문학에 초점을 맞추다 보면 이렇게 이해할 수 있지만, 한문학을 전폭적으로 수용한다면 다른 결론에 이를 것으로 보기 때문이다. 한글문학이 통속문학 또는 민간문학적 성격이 강하기에 골계가 중요한 범주로 받아들여지지 않았나 하는 것이다. 실제로 한문학에는 우아나 비장에 속하는 것이 적지 않다. 앞으로 한국문학사에서 미적 범주를 한문학까지 포괄하여 재검토할 필요가 있다.

미적 범주로 한국문학사를 개관할 때 어떤 작품군에 초점을 맞추느냐에 따라서 다른 결과를 얻게 된다. 그런데 그것을 개별 작품에 적용하여 해석할 때도 논란이 있을 수 있다. 있어야 할 것과 있는 것의 상관성에 따라 어느 한 가지 미적 범주에 귀속된 작품이라고 해도, 그 작품을 수용하는 독자들에게는 그에 맞는 미감을 주지 못할 수도 있기 때문이다. 실제로 조동일이 예로 든 대부분의 작품이 대다수 독자에게는 설명과 일치하는 미감을 주지 못할 가능성이 있다.

한 예로 고려시대 문인인 이규보가 고구려의 건국신화인 「주몽신화」에 대해 느낀 바를 들어보자. 이 신화는 조동일의 미적 범주로는 숭고에 해당하지만, 이규보는 처음에는 그것을 느끼지 못했다.

> 세상에는 고구려 시조 동명왕의 이야기를 말하는 자가 많다. 내가 일찍이 그 이야기를 듣고서 황당하고 괴이한 이야기라 말할 바가 못 된다고 여겼다. 그러다 지난번에 『구삼국사』를 얻어 동명왕의 사적을 보니 그 신이한 행적이 세상에서 이야기하는 것보다 더했다. 처음에는 꾸며낸 말로만 여겼는데, 여러 번 읽고 생각해보니 그것이 신령한 것임을 깨달았다. 동명왕의 일은 신이한 일로 사람들의 눈을 현혹하자는 것이 아니다. 실로 나라를 일으킨 신성한 자취이니, 이것을 서술하지 않으면 후인들이 장차 무엇을 볼 것인가? 이에 시로 써서 우리나라가 원래 성인의 나라임을 널리 알리고자 한다. (「동명왕편서」)

「주몽신화」를 듣고서 처음에는 숭고는커녕 거짓으로만 여겼는데, 뒤에 서서히 그것을 받아들이면서 신성성을 깨달았다고 했다. 이렇듯 숭고에 해당될 만한 작품이라 해도, 숭고를 느끼지 못한 경우가 있는 것이다.

더욱이 문학 갈래에 중간혼합적 갈래가 있는 것처럼, 한 작품이라고 해서 한 범주의 미감만 준다고 말할 수 없다. 짧은 시편이라면 몰라도, 장형의 시편이나 소설, 희곡 등은 여러 가지 미감이 얼마든지 공존한다. 『춘향전』을 읽는 독자는 방자에게서는 골계를, 옥중의 춘향에게서는 비장을, 그리고 춘향의 사랑과 자존을 위해 목숨을 건 항거에서는 숭고를 느낄 수 있다. 그리고 그것은 작품의 통일성에 방해가 되지 않는다. 작품의 결론에 보이는 미감만 포착하여 한국문학사에서 숭고와 비장의 비중이 낮다고 보는 것도 과연 적절한 판단인지 따져볼 문제이다.

한국문학사에서 골계는 『춘향전』, 『흥부전』 등 판소리계 소설 외에 탈춤 등에서 쉽게 찾아진다. 그리고 우아는 한시나 사대부 시조 등에서 어렵지 않게 볼 수 있으며, 비장은 소설에서 주인공이 비탄에 잠기거나 비극적 결말을 맺는 부분에서 느낄 수 있다. 오히려 가장 보기 어려운 것이 고양된 정신세계가 현실을 초극하는 곳에서 찾아지는 숭고이다. 숭고는 대개 종교와 결부되는 일이 많은데, 그 가운데도 순교는 그 극점에 해당한다. 한국문학사에서 가장 강렬한 숭고의 미적 경험을 하게 하는 작품으로 천주교 순교자 이순이의 옥중편지를 꼽을 만하다. 순교자의 기록은 사람에 따라 단순한 비장으로 느낄 수 있지만, 그 사상을 인정하지는 않더라도 부정하지도 않는 사람이라면 숭고로 느낄 만하다.

미적 범주는 이처럼 존재와 인식 사이에서 복잡하게 작용하는 것이므로, 섣불리 단정하기보다 개별 작품을 설명하는 하나의 지표 정도로 생각하는 편이 좋을 듯하다.

동아시아 속의 한국문학

중심과 주변

전근대 동아시아 문화의 중심은 중국이다. 이는 언어를 통해 가장 분명히 확인할 수 있는데, 한자와 한문은 중국은 물론 한국과 일본에서도 공식 문서에 사용되었다. 언어예술인 문학에서도 당연히 중국문학의 영향이 압도적이었는데, 국경을 맞대고 있는 한국의 경우 정도가 더욱더 심했다. 한문학은 물론이고 한글문학조차도 중국문학의 강한 자장 내에 있었다.

조선시대 한글문학의 대표 격인 시조는 한시를 번역하는 과정에서 나왔다는 설이 있을 정도로 형식으로나 내용으로나 한시와 비슷한 점이 많다. 한글소설 역시 중국소설의 모티프와 형식 등에서 큰 영향을 받았는데, 예컨대 『삼국지연의』는 한글소설 가운데서도 비슷한 주제를 다룬 영웅군담소설은 물론이고 기타 유형의 소설에까지 큰 영향을 끼친 것이 확인된다.

중국 문화와 문학이 한국에 미친 영향력은 정치 제도의 도입과 더불어 깊어졌다. 시험을 거쳐 관료를 임용하는 과거제도가 고려 중기에 채택되면서 시험 교재에 대한 철저한 학습이 이루어졌고, 그것이 중국의 사상과 문학이 한국 사회에 넓고 깊게 자리 잡게 했다. 당송시를 배워 시를 짓고, 『논어』·『맹자』는 물론 『사기』 등 역사서와 한유의 산문을 배워 산문을 지었으니, 한국문학은 중국 한문학의 세계에서 빠져나올 수 없었다. 이 부분은 일본과 다른 점인데, 일본은 기본적으로 직역(職役)이 세습되었으며 관리들은 시험이 아닌 추천 등으로 임용되었다. 따라서 과거가 없는 일본에서는 한국처럼 중국 고전에 대한 수요가 높지 않았다.

문화 중심지의 영향이 압도적이라고 해서 문화 주변부가 중심부가 되지는 않는다. 중국 문화를 수용해도 유독 선호하는 작품이 있고, 선호하는 유형이 있으며, 선호하는 표현이 있고, 선호하는 사상이 있다. 자기 역사 또는 현실에 잘 맞는 작품이 수입·향유되기 마련이지만, 수입품으로 충족하지 못하는 부분은 자국 문학이 맡는다. 조선 후기 소설의 경우, 중국소설로는 『삼국지연의』 같은 역사연의류가 많이 읽혔는데, 한글소설은 국가의 문제보다는 가정과 가문에 대한 문제를 주로 다룬 『사씨남정기』, 『유씨삼대록』과 같은 규방소설 또는 가문소설류가 많이 유통되었다. 중국소설의 경우 일본에서는 『수호지』 외에 성애와 상업 활동 등을 다룬 세태소설류가 많이 읽혔다. 이렇게 동아시아 각국은 중심 문화의 영향 속에서 자국의 형편에 맞추어 선택적으로 중국문학을 수용하였고, 아울러 독자적인 성격을 지닌 자국 문학을 발전시켰다.

동아시아의 동시성

동아시아의 문화는 직접적인 교류와 영향 관계를 넘어서 역사적·환경적 배경을 공유하는 동시성을 지니고 있다. 동일한 문화권에 속해 있다는 점, 그리고 국제정치적 관계망에 함께 엮여 있다는 점에서 동아시아 각국에서는 동시에 비슷한 문화 현상이 나타날 수 있다는 말이다. 그 한 예를 17세기 소설에서 찾아보기로 한다.

중국소설 『옥교리(玉嬌梨)』는 17세기 중반 명확히 밝혀지지 않은 어떤 작가에 의해 창작·간행되었고, 한국소설 『구운몽』은 1687년 김만중에 의해 창작되었으며, 일본소설 『호색일대남(好色一代男)』은 1682년 이하라 사이카쿠(井原西鶴)에 의해 창작되어 오사카에서 간행되었다. 이 세 작품은 모두 17세기 중후반 동아시아에서 창작된 소설로, 당대에 가장 널리 읽혔을 뿐만 아니라 후대의 소설사에도 큰 영향을 끼친 작품들이다. 그런데 세 작품은 공히 남녀의 사랑에 초점을 맞추고 있는 애정소설이다. 물론 한국의 『어면순』, 중국의 『금병매(金瓶梅)』, 일본의 『겐지모노가타리』처럼 그 전대에도 성애에 초점을 맞춘 서사물이 없지 않았지만, 비슷한 시기에 비슷한 유형의 작품이 각국에서 높은 인기를 누렸다는 사실은 역사적으로나 소설사적으로 주목할 만하다.

17세기 중후반 동아시아에서 이렇게 공통된 성격의 소설이 문학사의 중심에 부상한 이유가 무엇일까? 이 시기는 16세기 말 일본의 조선 침략으로 시작된 동아시아의 국제질서 재편이 거의 마무리되던 때이다. 중국은 왕조가 바뀌었고, 일본 역시 새로운 막부의 탄생을 알렸다. 조선은 왕조는 지속되었으나 인조반정과 병자호란을 겪으면서 큰 사회적 변화를 겪었다. 두 차례에 걸친 전쟁을 기점으로 조선시대를 전기와 후기로 나눌 만큼 큰 변화가 있었다.

이런 새로운 질서 속에서 다시 경제활동이 활발히 이루어지던 시기가 17세기 중후반이다. 중국이야 그전의 명나라 말기부터 이미 경제적으로 막대한 부를 보유했고 청나라가 그것을 이어받았지만, 이 시기 일본이나 조선의 경제 수준은 종전에 비해 한층 도약했다. 『호색일대남』이 간행된 오사카는 18세기 초 인구가 38만이었다고 하며, 이 시기의 에도 즉 지금의 도쿄는 100만에 육박했다고 한다. 한편 임진왜란 전에 10만이 약간 넘던 서울 인구는 양란의 참상을 겪었음에도 17세기 후반에는 30만에 육박했다.

경제 성장과 도시의 발달은 도시의 유흥 문화를 성장시켰다. 1589년 교토에서 생겨난 일본의 유곽(遊廓)은 1615년 도쿄에, 1631년에는 오사카에도 만들어졌다. 후지모토 기잔(藤本箕山)의 『색도대경(色道大鏡)』에 의하면 17세기 후반 일본 전역 22개 지역에 유곽이 설치되었다고 한다. 한편 유교 국가인 조선에서는 유곽과 같은 본격적인 유흥 공간을 특별히 설치하지는 않았지만 소규모 유흥장으로서 기방(妓房)이 부상하기 시작했다. 기방이 본격적으로 등장한 시기를 대개 17세기 중기 이후로 본다.

중국은 도시화가 빨랐던 만큼 유흥 문화는 물론이고 출판도 일찍부터 높은 수준을 유지했다. 예컨대 명나라 말기에 이미 대표적인 출판지인 소주(蘇州)의 여러 서방(書坊)에서 소설을 간행하여 상업적 이익을 취했는데, 『옥교리』도 경제와 출판의 성장, 상업 문화와 유흥 문화의 융성 속에서 나온 작품이라 할 수 있다. 이는 근본적으로 『구운몽』이나 『호색일대남』이 창작되고 간행된 배경과 유사하다. 『옥교리』는 간행되자 바로 한국에 수입이 되어 한국어로 번역되어 유통되었으며, 그 한글번역본을 일본에서 한국어를 배우는 사람들이 읽기도 했다.

주인공의 성격에 반영된 각국의 특징

동아시아 문학에는 동시성과 상동성도 존재하지만, 개별 국가의 특징도 있다. 여기서는 앞서 소개한 세 작품에 등장하는 주인공의 성격을 통해 각각의 특징을 살펴본다.

『옥교리』의 주인공은 수재(秀才) 소우백(蘇友白)이다. 그는 유적(儒籍)에 이름이 오른 선비이지만, 어려서부터 고아인 데다 빈한하기 그지없어 고단한 삶을 산다. 그러나 용모가 훌륭하고 뜻이 높으며 시를 잘 짓는 비범한 인물이다. 그는 자신의 신세는 아랑곳하지 않고 고귀한 집안의 청혼도 거절하는데, 여주인공 백홍옥(白紅玉)의 시비를 홍옥으로 착각하여 그 집안의 청혼을 거절하고는 홍옥의 외삼촌에게 "유재무색(有才無色)이면 가인(佳人)이라 할 수 없고, 유색무재(有色無才) 또한 가인이라 할 수 없으며, 유재유색하지만 나 소우백과 정이 잘 통하지 않아도 소우백의 가인이라 할 수 없다"라고 하면서, "절색가인을 만나지 못하면 종신토록 결혼하지 않겠다"고 선언한다. 그러고는 연적인 장궤여(張軌如)에 의해 "색중아귀(色中餓鬼)"라는 말을 들을 정도로 여성에 골몰한다.

소설 속에서 소우백의 아내는 두 명이다. 이는 여덟 명을 아내로 맞은 『구운몽』의 양소유나, 어려서부터 수를 헤아리기 어려운 많은 여성과 육체적 관계에 골몰한 『호색일대남』의 주인공 요노스케에 비하면 적은 숫자이지만, 여성에 대한 관심으로만 보면 소우백은 어느 누구에 뒤지지 않는다. 태상정경(太常正卿) 백현(白玄)의 딸 홍옥과 홍옥의 고종사촌인 노몽리(盧夢梨)가 소우백의 아내가 되는데, 절색가인과의 결혼을 지상 목표로 삼은 소우백을 둘러싸고 연적들의 방해와 착오로 일이 꼬이고 꼬이면서 이야기가 흥미롭게 전개된다. 『호색일대남』이 보여주는 다채로운 풍속적 배경이나 『구운몽』이 보여주는 화려한 환몽 세계는 없지만, 『옥교리』는 플롯의 거듭된 역전을 통해 독자를 사로잡는다.

『구운몽』은 불교 승려인 성진이 꿈에 양소유라는 인물이 되어 살다가 잠에서 깬다는 이야기이다. 양소유의 아버지는 양소유가 열 살이 되던 해 아내에게 "나는 본래 이 세상 사람이 아니오. 그대와 더불어 세상에 인연이 있어서 오래 이 땅에 머물렀소만, 봉래산 신선들이 자주 편지하여 오라고 했소. 그러나 그대의 외로움을 염려하여 결심을 못 하였소. 그런데 이제 저 아이의 영특함이 이러하니 그대 길이 의지할 곳을 얻은 셈이오. 말년에 부귀영화를 누릴 것이니 이제 더 나를 생각지 마오"라고 말하고는 다른 도인들과 함께 흰 사슴과 푸른 학을 타고 깊은 산골로 들어가버린다. 양소유는 어린 나이에 그렇게 갑자기 아버지를 잃었다. 엄격한 가부장제 사회에서 아버지는 아들의 뜻을 제약하는 요소가 되곤 하니, 아버지의 부재는 소설 주인공에게 자유를 주는 것이라 할 수 있다. 양소유는 부모의 제약을 받지 않고 편하게 여러 여성을 만나 아내로 삼는데, 주인공이 여덟 명의 아내를 두었다는 설정이 주는 선입견과 달리 만남의 과정을 보면 남자 주인공인 양소유가 적극적인 경우는 거의 없다. 오히려 양소유는 언제나 한 여성만 원하는데 계속 여성들이 엮여든다.

양소유는 과거를 보러 가는 길에 어사의 딸 진채봉을 만나 혼약을 맺지만, 채봉의 집이 난을 만나 이산의 비극을 겪으면서 어쩔 수 없이 이별한다. 채봉이 행방불명이 되었으니 소유로서는 다른 여성을 배우자로 찾을 수 있다. 난이 끝나고 다시 과거를 보러 가는 도중에 낙양에서 기생 계섬월을 만나 인연을 맺는다. 기생은 신분상 양소유의 처가 될 수는 없으므로, 양소유는 서울 장안에 와서 정 사도의 딸 경패와 혼약을 맺는다. 그런데 경패가 자신의 시비이자 규중붕우(閨中朋友)인 가춘운과 함께 남편으로 섬기겠다고 하여, 소유는 졸지에 두 여인을 얻게 된다. 그러다가 북쪽 땅에서 난이 일어나 사신으로서 그곳을 평정하러 가는데, 거기서 섬월의 친구인 적경홍을 만나 인연을 이룬다. 이때 소유에게 문제가 생기는데, 황제가 자신의 누이 난양공주를 소유와 결혼시키고자 하는 것이다. 소유는 처음에는 정경패와의 혼약을 들어 거절하지만, 결국 황제의 명을 거역하지 못하고 받아들인다. 이 밖에 토번 정벌에 나섰다가 만난 자객 심요연이라든지, 동정호 용왕의 딸 백능파도 그들이 자원하여 소유의 아내가 된다. 이처럼 양소유는 스스로 여자를 찾지 않아도 여자들이 찾아오는 인기 높은 남성이다. 『옥교리』의 주인공 소우백처럼 자기 뜻에 맞는 여성을 찾기 위해 인생을 걸지도 않고, 『호색일대남』의

「구운몽도」 심요연이 양소유의 진중에 잠입하는 장면. 개인 소장.

주인공 요노스케처럼 큰돈을 뿌리며 여성의 마음을 얻으려 하지도 않으며, 그저 시를 짓고 악기를 연주하며 솜씨를 과시할 뿐인데도 여인들이 알아서 찾아온다. 또 여러 여인들은 양소유를 독점하려고 하지도 않으며 사이좋게 살아간다. 어찌 보면 한 남자가 여덟 여인을 거느린 것이 아니라, 여덟 여인이 한 남자를 세워놓고 그들만의 이상적인 동성 공동체를 만들었다고 말해도 과언이 아니다.

『호색일대남』의 주인공은 요노스케(世之介)인데, 그는 세 명의 유명한 유녀(遊女)와 부자 상인 아버지 사이에서 태어난 난교의 산물이다. 그의 이름 요노스케는 '부세지개(浮世之介)'의 약어로 세속의 산물이라는 뜻이다. 요노스케는 일곱 살 때부터 성에 눈을 뜨기 시작하여, 환갑이 되어 일본 열도 내의 모든 여성을 섭렵한 후 '호색환(好色丸)'이라는 이름의 배를 타고 여성들만 산다는 전설의 섬으로 떠나기까지 평생 동안 본성과 본능에 충실한 삶을 산 인물이다. 『호색일대남』은 호색남 요노스케의 '일대성(一代性)'을 보여준 작품인데, 일대성이란 "부모도 없고, 자식도 없고, 정한 처도 없는" 상태를 가리킨다. 평생 홀로 속세를 떠도는 인생이다.

요노스케의 아버지 역시 색광(色狂)이었지만, 성(性)을 향한 요노스케의 몰입은 아버지와 차원이 다르다. 아버지는 그래도 자식인 요노스케를 아끼고 사랑했지만, 그는 15세에 과부와 관계를 맺어 낳은 자식을 버린다. 또 아버지는 여색에 탐닉하면서도 자신의 기업을 이어나갔지만, 요노스케는 가업을 내버리고 아예 호색의 길로 나갔다. 17세 되던 해 아버지가 장사하는 법을 배우라고 요노스케를 다른 상인에게 보냈으나 그는 장사에는 뜻을 보이지 않았다. 18세에 비단과 면을 파는 도쿄의 상점에 결산 심부름을 보내자 그 길로 가출하고 만다. 일은 버리고 호색에만 골몰한 요노스케가 마침내 초라한 신세가 되었을 때 '다행히도' 아버지가 거금의 유산을 남기고 죽어 다시 자기 뜻을 펼 수 있게 된다. 34세에 엄청난 거금을 물려받은 요노스케는 아버지의 죽음은 아랑곳하지 않고 드디어 자신의 소원을 이룰 시기가 왔다며 더욱 많은 여성을 상대한다. 그는 아버지도 모르고 자식도 모르는, 오직 자신만 아는 일대의 삶을 살았으니 그의 삶은 오직 쾌락뿐이었다.

『옥교리』, 『구운몽』, 『호색일대남』의 주인공은 모두 호색의 남성들이라는 공통점이 있지만, 그 성격과 지향은 약간씩 다르다. 『옥교리』의 소우백은 여성의 외모를 중요시하지만, 재능과 감성도 중요하게 평가한다. 그리고 그런 여성들이 애당초 많지 않기에 자기와 맞는 최상의 여성을 찾는 데 모든 노력을 기울인다. 양소유도 최상의 여성을 찾으려는 마음은 소우백과 다르지 않지만, 그것을 널리 드러내놓고 공표하지는 않으며, 소우백처럼 여성에만 골몰하지도 않는다. 정경패를 찾을 때 외가 친척인 두련사에게 자기에게 맞는 여성을 만나고자 하는 뜻을 넌지시 말하지만 어디까지나 은근히 드러낸 것이다. 양소유는 어찌 보면 호색한이라기보다 이성을 좋아하는 평범한 남성에 가깝다. 그가 여덟 여인을 얻은 것은 워낙 출중한 외모와 재능을 갖춘 데다 여성들을 따뜻하게 대하다 보니 여성들이 따른 결과라고 설명할 수 있다. 이에 비해 요노스케는 철저히 남성중심적 인물이다. 미천한 도공(刀工)의 제자에게도 정성을 다한 요시노(吉野)를 '유녀의 참모습'이라고 말하면서 자신의 아내로 삼는 등 높은 뜻을 지닌 유녀를 높이 평가하기도 하지만, 자신의 관점 특히 남성의 관점에서 여성을 대상화하는 면에는 변함이 없다. 그에게 여성은 성욕 해소의 대상이자 자기 마음을 달래주는 위안과 안락의 대상일 뿐이다. 그렇기 때문에 굳이 한 여성에게 자신을 맡길 이유가 없다.

위 세 소설의 주인공은 호색의 남성이라는 공통점이 있음에도 여성에 대한 인식이나 태도 그리고 선호하는 여성상은 다르다. 일본소설은 여성의 몸에 대한 관심과 탐닉을 뚜렷이 보여주고 있으며, 중국소설은 여성의 외모에 대한 관심을 분명히 밝히지만 거기에 노골적으로 치중하지는 않는다. 반면 한국소설은 주인공이 굳이 여성의 몸과 외모에 대한 관심을 드러내지 않는다. 물론 소설에 나타난 애정의 양상이 곧바로 현실의 애정 양상이라고 말할 수는 없다. 에도시대 일본이 육체적 사랑에 골몰했고 조선 사회는 정신적 사랑에 치중했다고 보기 어렵다는 말이다. 다만 이들 작품을 통해 독서 대중이 관심을 가진 이상적 애정과 욕망의 지향은 볼 수 있을 것이다.

17세기 동아시아 소설에 불어닥친 호색의 바람은 도시를 통해 불어온 유흥의 바람과 연결되어 있다고 할 수 있다. 공통적 국제 정세가 정치 환경의 변화를 낳았고, 종전에 비해 크게 성장한 경제력에 기반하여 도시가 성장하면서 세 나라의 소설은 유사한 경향이 나타났다. 도시의 바람은 자유의 바람이다. 주인공들은 모두 아버지가 없는, 아버지가 떠난, 아니면 아버지를 버린 사람이다. 기성세대로부터 자유로운 인물들이 제각각 다른 자기 세계를 구축해나간 것이다. 이처럼 같으면서도 다른 것이 바로 동아시아 문학의 세계였다.

한국문학 연구사

한국문학이 학문적 연구의 대상이 된 것은 20세기 이후의 일이다. 그 이전에는 한문학에 대해 시화(詩話)류의 비평이 얼마간 있었고, 한글문학에 대해서는 짧은 비평들이 간혹 나왔을 뿐이다. 19세기 말 오카쿠라 요시사부로나 애스턴(William George Aston) 등의 외국인 교사 또는 외교관에 의해 한국문학이 소개되기도 했지만, 그것을 본격적인 연구로 볼 수는 없다. 한국문학에 대한 본격적인 연구 저작은 안확의 『조선문학사』(1922)에서 시작된다.

초기 국학 연구에서는 안확과 함께 신채호, 최남선 등의 학자들이 한국문학에 주목했는데, 신채호는 향가 해독을 시도했고, 최남선은 한국문학사의 자료를 발굴하고 시조집을 만들었으며 동시에 한국문학의 근원을 탐색하는 작업을 수행했다. 이들 초기 국학자 중에는 한국민족의 시조로서 단군을 믿는 민족종교 대종교(大倧敎)와 관련된 사람이 많다. 대종교는 일제하에 항일무장투쟁의 최전선에 서기도 했다. 청산리 전투 승리의 주역들이 이들 교인이었고, 이런 이유로 일제의 극심한 탄압을 받아 만주 지역에 거주하던 수십만의 교인이 학살당하는 참변을 겪었다. 한국인의 자존심이 극도로 위축된 상황에서 이들 국학자는 민족 각성의 일환으로 한국문학을 연구했던 것이다.

국학 연구의 초창기인 1926년, 일제에 의해 서울에 처음으로 근대적 대학인 경성제국대학이 설립되었다. 경성제국대학에는 조선어문학 전공이 개설되었고, 여기서 비로소 한국문학이 근대학문의 일환으로 연구되었다. 당시 한국문학 담당 교수는 다카하시 도루(高橋亨)였으며, 그는 민요·시조 등의 문학을 포함하여 유학·불교 등의 사상을 주요한 연구 주제로 삼았다. 1930년에는 경성제국대학 재학생을 중심으로 조선어문학회가 결성되었다. 여기에는 중국문학 전공의 김태준을 비롯해 조선어문학 전공의 김재철, 조윤제, 이희승 등이 참여했다. 김태준은 『조선한문학사』(1931)와 『조선소설사』(1933)를 출간했고, 조윤제는 『조선시가사강』(1937), 김재철은 『조선연극사』(1933)를 내놓아 한국문학 연구의 초석을 다졌다. 그런데 이들의 연구는 국학자들과의 활발한 교류 속에서 나온 것이 아니었고, 앞 세대의 연구 방법과는 상당 부분 단절된 채 경성제국대학의 일본인 교수에게 배운 실증주의 방법론에 바탕을 두고 진행되었다. 이들의 학문이 대학에 뿌리를 내리면서 후대 한국문학 연구의 방향이 잡혀갔다.

광복 후 1948년에는 경성제국대학 조선어문학과 졸업생들이 우리어문학회를 만들어 『국문학사』(1948)와 『국문학개론』(1949)을 잇따라 출간했는데, 방종현, 고정옥, 김형규, 구자균 등이 여기 속했다. 1952년에는 전쟁의 와중에 피난지 부산에서 젊은 학자들이 국어국문학회를 결성하여 연구에 박차를 가했다. 이 시기 학자로 정병욱, 장덕순, 김동욱, 이능우, 심재완, 최진원, 김기동, 강한영, 이두현, 이우성, 이가원 등을 꼽을 수 있다. 이들은 이후 주요 대학의 교수가 되었다.

6·25한국전쟁의 와중에 서울대학교에 적을 둔 교수와 학생 일부가 북한으로 넘어갔다. 서울대학교 사범대 교수 고정옥과 학생이었던 김하명이 대표적이며, 또 서울대학교 졸업생으로 김삼불도 있다. 이들은 북한에서 과학원이나 김일성대학에 자리를 잡고 민속학, 한문학, 판소리 등의 연구를 계속했고, 그 연구 성과는 몇 차례에 걸쳐 공식적인 문학사로 집대성되었다. 1959년 과학원 언어문화연구소 문학연구실에서 편찬한 『조선문학통사』, 1977년부터 1981년까지 출간된 사회과학원 문학연구소의 『조선문학사』, 1994년 사회과학원 주체문학연구소의 『조선문학사』(전 15권)를 북한의 공식적인 문학사로 볼 수 있으며, 최근에 나온 것으로는 2006년 김일성대학에서 간행한 『조선문학사』가 있다. 이들 문학사를 보면 초기에는 사회주의 사상에 기초하고 있으나, 주체사상이 정

립되면서 이에 맞추어 서술이 바뀌었다. 북한의 학문은 극소수의 연구자들이 정해진 시각으로 연구 성과를 도출하고 국가적 차원에서 출판하는 방식이라서, 다양한 시각의 연구가 풍부히 나오지 못했다.

한편 남한에서는 1960년대 이후 문학 연구가 비약적으로 성장했다. 초기 국학자들은 주로 역사 연구, 문화사 연구의 일환으로 문학을 연구했으니 대개 역사학자와 문학자를 겸했다고 할 수 있고, 그다음 시기의 학자들은 어문학 전공이라는 대학의 편제하에서 어학과 문학을 겸하는 경우가 적지 않았다. 조선어문학회 출신인 이희승은 어학이 전공이면서 문학까지 연구하였고, 이병기는 문학자로서 국어사전 편찬 작업에 힘을 쏟았다. 그런데 대학이 늘어나고 학자들이 많아지면서 전공 분야가 세분화하여 점차 어학과 문학의 경계를 넘나들기 어렵게 되었고, 나아가 문학 내에서도 현대문학이 고전문학과 나뉘어 연구되기 시작했다.

이후 1970년 한국고전문학연구회(현 한국고전문학회), 1975년 한국한문학회, 1988년 한국고소설학회, 1993년 한국구비문학회, 1996년 한국시가학회가 각각 설립되었다. 이들 세부 학회의 설립은 전문성 강화 및 인접 분야와의 단절 경향을 동시에 보여주는 표지이다. 1960년대 말에 비로소 문학 연구의 일부로 들어온 구비문학은 이십여 년이 지나 고전문학 분야의 확고한 일원이 되었고, 한글문학 중심의 한국문학 연구에서 부차적 지위를 차지하고 있던 한문학은 학회 설립을 통해 중심적 지위를 회복했다. 이 시기의 학자로 황패강, 김열규, 정규복, 이상택, 조동일, 임형택, 김흥규, 서대석, 조희웅, 성기옥 등을 꼽을 수 있다.

광복 이후 반백 년 동안 한국문학 연구는 민족문화 정리의 역사였다. 늘 사용하는 한국어를 소리 그대로 옮긴 한글이 한 번도 국가의 공식적인 문자가 되지 못했던 역사 끝에, 공식 문자인 한글을 교육하기 위해서라도 사전을 만들고 문학을 정리해야 했다. 문학이라면 한문학만 생각했던 역사를 넘어 처음으로 한글문학이 본격적으로 연구되었다. 자료를 수집하고 정리하며 장르 분류를 하고 역사를 기술하려고 했으나, 오랫동안 방치되었던 부분이라 많은 자료가 이미 사라져서 실상을 온전히 파악하기 어려웠다. 어렵게 수습한 자료들을 가지고 얼개를 짰으나 영성(零星)함을 면치 못했다. 이후의 고전문학 연구는 앞 시기 연구의 오류를 수정하고 보완하는 것이었다.

1990년대 이후는 남한에서 오랜 독재체제가 끝이 나면서 정치적 민주화가 한층 진전되고 경제 또한 일정 수준에 오른 시기이다. 세계 최고의 대학 진학률은 전국에 수많은 대학교를 만들었고, 거의 모든 대학교에서 한국문학을 가르쳤다. 한국문학을 가르치는 교수가 늘어났고, 교수를 양성하기 위해 대학원 과정이 열렸다. 연구자의 증가는 이전에 찾지 못한 새로운 자료를 찾게 했고, 이를 통해 문학사의 그림을 다시 그리게 되었다. 한편 21세기에 들어와서는 문화적·매체적 환경이 급격히 바뀌면서 문학 연구가 문화 연구의 일부로 포섭되어 콘텐츠에 더욱 주목하게 되었다. 이에 다채로운 정보가 많이 담겨 있는 한문학이 다시 주목을 받았다.

미래 사회는 전에 볼 수 없었던 새로운 시대가 될 것이다. 이미 20세기 말부터 급감한 출생률로 인해 대학 입학자의 수가 급격히 줄었고, 따라서 대학이 위기에 직면해 있다. 또한 의학의 발달로 수명이 늘어나서 고령인구의 비율이 급속히 높아진 상태이다. 여기에다 기존의 영화·라디오·텔레비전은 물론, 인터넷과 스마트폰이 새로운 매체 환경을 만들었고, 상당한 수준의 인공지능이 인간의 노동 환경뿐만 아니라 인간에 대한 이해를 완전히 바꾸고 있다. 근대의 민족주의는 힘을 잃었으며, 한국문학 연구의 자국학적 의의도 약해졌다. 이런 상황에서 한국문학 연구가 어디로 갈지, 어떻게 할지 예견하기 어렵다. 다만 현실 정치를 보면 세계 각국이 여전히 이익을 다투고 있고, 현실에서는 민족주의가 그리 약해지지도 않았다. 당분간 한국문학이 사라지지는 않겠지만, 문학

특히 고전문학 연구가 중대한 기로에 서 있음은 분명하다.

참고문헌

조동일, 『한국문학통사』(제4판, 전 6권), 지식산업사, 2005.

최원식, 「한국문학연구사」, 『한국문학연구입문』, 지식산업사, 1982.

정병설, 「조선시대 한문과 한글의 위상과 성격에 대한 一考: 心身寓言의 비교를 통하여」, 『한국문화』 48, 서울대학교 규장각한국학연구소, 2009.

정병설, 「17세기 동아시아 소설과 사랑」, 『관악어문연구』 29, 서울대학교 국어국문학과, 2004.

선행 한국고전문학 안내서

조동일 외, 『한국문학강의』, 길벗, 2015.
조규익 외, 『한국문학개론』, 새문사, 2015.
조동일, 『한국문학 이해의 길잡이』, 집문당, 1996.
장덕순 외, 『한국문학사의 쟁점』, 집문당, 1986.
김흥규, 『한국문학의 이해』, 민음사, 1986.
조동일 외 편, 『한국문학연구입문』, 지식산업사, 1982.

Ko, Mi Sook, Jung, Min & Jung, Byung Sul, translated by Pettid, Michael J. & Cha, Kil, *The History of Korean Literature: From Ancient Times to the Late Nineteenth Century*, Seoul: Literature Translation Institute of Korea, 2016.

Lee, Peter H. ed., *A History of Korean Literature*, New York: Cambridge University Press, 2003.

McCann, David R., *Early Korean Literature*, New York: Columbia University Press, 2000.

Kim, Kichung, *An Introduction to Classical Korean Literature*, New York: M.E. Sharpe, 1996.

한국문학사 연표

연대	역사	문학사
B.C. 2333	고조선 건국	「단군신화」
B.C. 108	한나라의 군현 설치	한문 사용
B.C. 1세기	한나라 군현 중 임둔 · 진번 축출, 북부여 · 신라 · 고구려 · 백제 및 가야 건국	「주몽신화」, 「김수로신화」, 「박혁거세신화」
4세기	고구려, 백제에 불교 전래	
5세기		이두 사용
6세기	신라의 불교 공인	
7세기	신라의 삼국 통일(676), 발해 건국(698)	
8세기		「제망매가」
9세기		『삼대목』(888, 失)
10세기	고려 건국(918), 발해 멸망(926) 및 신라 멸망(935)	『수이전』(失)
11세기		
12세기		『삼국사기』(1145)
13세기	몽골의 침략 및 지배	『해동고승전』(1215), 『동국이상국집』(1241), 『삼국유사』(1281), 『제왕운기』(1287),「한림별곡」
14세기	조선 건국(1392)	『역옹패설』(1342)
15세기	훈민정음 반포(1446)	『금오신화』, 성종의 시조
16세기	일본 침략(1592)	『설공찬전』, 「관동별곡」(1580)
17세기	만주족 침략	『구운몽』(1687)
18세기	천주교 세례 신자 출현(1784)	『춘향가』, 『완월회맹연』, 『청구영언』(1728)
19세기	강화도 조약(1876)	『한중록』(1795~1805), 이순이의 옥중편지(1801)
20세기	일제 강점(1910), 광복(1945)	『혈의 누』(1906), 『무정』(1917)

찾아보기

ㅇ

ㅈ

ㅊ

ㅋ

ㅌ

ㅍ

ㅎ